Kultplätze am Bodensee

Kurt Derungs

KULTPLÄTZE AM BODENSEE

Zeitreisen zu mythischen Orten

edition amalia

Das vorliegende Buch „Kultplätze am Bodensee“ ersetzt das im Jahr 2011 erschienene Buch „Magischer Bodensee“ in einer umfassenden Neuausgabe. Die Redaktion der Wochenzeitung DIE ZEIT schrieb damals:

„Der Landschaftsmythologe Kurt Derungs gibt der Natur nun ihre magische Anziehungskraft zurück: Er hat sagenhafte Plätze rund um den Bodensee ausfindig gemacht – Charmant und sachkundig fördert er ihre Geheimnisse zutage und regt dazu an, die Natur mal aus einem anderen Blickwinkel zu betrachten: aus dem unserer Vor-Vorfahren.“

Verlag edition amalia
Grenchen bei Solothurn
Gestaltung, Satz und Druck: EuroPB
Printed in Europe

ISBN 978-3-905581-40-9

www.amaliabooks.com

INHALT

EINLEITUNG

Der Bodensee ist eines der bedeutendsten Gewässer Mitteleuropas. Hier fließt der Alpenrhein in einem Flussdelta in den See, den er mit seinem frischen Wasser füllt, um dann wieder in ein Flusstal überzugehen. Für viele ist der See ein Erholungsgebiet, aber auch ein Ort der Inspiration für Geschichten und Kunst. Photographen lieben die Morgen- und Abendstimmung sowie die Föhnstürme, die das Wasser aufpeitschen und die Wellen an das Ufer schlagen. Der See kann ziemlich Hochwasser haben, aber auch zufrieren oder bei Sturm die Boote kentern lassen. Daher heißt es in den Sagen, dass er wie der Rhein jährlich einen Menschen zu sich in die Tiefe holt. Diese dunkle Welt unter dem Wasser war die Unterwelt, wo sich die Totengeister aufhalten. Legenden berichten überdies von namenlosen Berg- und Seegeistern, die einst Naturgottheiten waren. Ihnen wurden Gaben dargereicht sowie Steinstelen mit Inschriften geweiht, um ein gutes Schicksal zu erwirken. Ebenso errichtete man Bildnisse aus Stein, Metall oder Holz.

Doch der Bodensee ist nicht nur ein sagenumwobenes Gebiet, sondern auch reich an frühgeschichtlichen Funden. In der Altsteinzeit lebten am Rande der eisfreien Zone Jäger und Sammlerinnen in Zelten und folgten den Tieren. In der Jungsteinzeit siedelten die Menschen am Seeufer und schufen eine Ackerbau- und Viehzuchtkultur, die heute noch unsere Lebensgrundlage bildet. Außerdem bemalten die Pfahlbauer am Überlingersee Kultwände mit Frauendarstellungen und Brüsten, die auf eine Verehrung von Ahnfrauen hinweisen. Die kunstvollen Darstellungen sind historisch einmalig und erweitern das bestehende Wissen über die Frühgeschichte Mitteleuropas. Zudem lassen sie in die Mythologie der damaligen Menschen blicken. Als weitere Kunstschätze gelten ein Goldbecher, der etwa 4200 Jahre alt ist, sowie rätselhafte Mondhörner, die wahrscheinlich eine kultische Bedeutung hatten. Ebenso bedeutsam sind Grabhügel mit verzierter Keramik – sonderbare Farb- und Zeichenmuster, deren Interpretation immer noch eine Herausforderung darstellt. Das gilt ebenfalls für Grabhügel, worin die Toten im Kreis um einen Mittelpunkt begraben wurden.

Auch für die Kelten war die Bodenseeregion mit ihrem besonderen Klima, den fruchtbaren Böden und dem Fischreichtum des Sees eine attraktive Landschaft. Orts- und Flurnamen wie *Brigantion*, *Tasgetium*, *Renos*, *Kewen* oder *Craig* belegen ihre Anwesenheit. Am Untersee verehrten sie direkt am Ufer einen Ortsgeist in einer Holzfigur, und am Obersee eine göttliche Dreiheit. Spuren ihrer Mythologie finden wir auch in den Bezeichnungen *Dreischwestern* oder *Mägdeberg*, die in den örtlichen Sagen als drei Schenkerinnen von Gütern in Erinnerung geblieben sind. Zudem gehen so manche Feuerbräuche der Seeregion auf keltische und später alemannische Traditionen zurück.

Aufschlussreich ist ferner die spezielle Mythenlandschaft Bodensee, wie ich sie nennen möchte. Das beginnt schon mit dem See selbst, der eine natürliche Ausrichtung von Nordwesten nach Südosten aufweist. Damit ist er prädestiniert für die Beobachtung der Sonnenauf- und -untergänge zurzeit des Mittsommers beziehungsweise des Mittwinters. Die Reichenau war eine heilige Insel, bei der astronomische Ausrichtungen eine Rolle spielten. Ebenso bei der Insel Lindau mit ihren zauberhaften Sonnenuntergängen. Grundlegend ist aber das Zusammenspiel von See und Bergen. So zum Beispiel mit den Vulkanbergen im Hegau sowie dem Pfänder und dem Eichenberg bei Bregenz. Doch vor allem ist es der Alpstein, der mit der Bodenseeregion vielfach verbunden ist. Hier erhebt sich der heilige Berg Säntis, der vom Allgäu und von Oberschwaben, vom Hegau und vom Seebachtal immer wieder in wundervoller Weise sichtbar ist. Der Säntis ist ein Fixpunkt der Orientierung sowie ein mythischer Berg seit der Frühgeschichte. Zusammen mit der Silhouette des Alpsteins versinnbildlicht seine besondere Form eine Körperlandschaft, die vom Überlingersee genauso erkennbar ist wie vom Seebachtal. Schon die Siedler der Jungstein- und Bronzezeit müssen das beobachtet und entsprechend ihres Weltbildes mythologisiert haben. Die Zusammenhänge zwischen den Pfahlbausiedlungen am Bodensee und dem Mythenberg Säntis werden in diesem Buch erstmals beschrieben.

Die Kulturgeschichte des Sees ist somit außergewöhnlich reichhaltig. Hier lebten schon vor den christlichen Missionaren Einheimische mit einer jahrhundertelangen Tradition, so dass weder die Glaubensboten noch die Römer erst eine Kultur brachten. Dennoch stehen in Büchern über den Bodensee meistens römische oder christliche Stätten im Vordergrund. Oder es werden Sagen, archäologische Funde und Bräuche vereinzelt betrachtet. Ein Zusammenhang mit der besonderen Landschaft wird kaum hergestellt, obwohl diese oft eine Erklärung für Funde und Sagen bietet.

Dieses Buch geht daher einen anderen Weg. Wo immer es möglich ist, werden Funde und Kultplätze mit einem kulturgeschichtlichen Hintergrund betrachtet. Dabei sind Spuren einer alten Tradition wesentlich, ebenso die Mythologie einer Landschaft, die auch als geistige Topographie bezeichnet werden kann. Das Zusammenwirken von Archäologie, Ethnologie und Mythologie ist dabei ein Leitgedanke, der je nach Thema verschiedene Sichtweisen erlaubt, obwohl zu einzelnen Orten manchmal eine ausführliche Dokumentation fehlt. Trotzdem ist es erstaunlich, wieviel wir über die Geschichte des Bodensees von der Frühzeit bis zu den Alemannen wissen. Wird dieser kulturelle Hintergrund noch mit der Topographie verknüpft, können erstaunliche Einsichten entstehen, die einen Einblick in die Naturverehrung früherer Zeiten erlauben. Diese Verehrung hatte aber stets einen gesellschaftlichen Rückhalt, indem die Ahnen ein wesentlicher Bestandteil der Gemeinschaft waren. Ihr Wirken äußerte sich in der Natur genauso wie bei jahreszeitlichen Festen, wo ihre Anwesenheit symbolisch dargestellt wurde. Am Bodensee manifestieren sie sich in Kultgefäßen, in aufgerichteten Steinen, im Wasser oder in Anhöhen. In der ältesten Mythologie des Sees erscheinen die Ahnen in Gestalt von Urmüttern und Stierhörnern, die sowohl am Ober- wie auch am Überlingersee entdeckt wurden. Somit können wir gespannt sein, welche überraschenden Funde in den nächsten Jahren noch zum Vorschein kommen. Eine Entdeckungsreise zu den Kultplätzen am Bodensee ist aber jetzt schon mit diesem Buch möglich.

MYTHISCHE
ORTE
ERFAHREN

STEINZEIT UND EISZEITKUNST

In der Bodenseeregion finden wir die ersten menschlichen Spuren am Ende der Altsteinzeit zwischen 14000 und 8000 BC (Magdalénien-Kultur). Es handelt sich um kleinere Gruppen von Jägern und Sammlerinnen. Die Fundstellen dieser Menschen liegen entlang des Gletscherrandes aus der letzten Eiszeit (Würm-Glazial). Bekannte Fundstätten sind das „Kesslerloch" bei Thayngen in der Nähe von Schaffhausen und der „Petersfels" bei Engen unweit von Singen. Gejagt wurden hauptsächlich Rentiere und Wildpferde. Die sehr mobilen Menschengruppen lebten in Zelten und folgten den Herden. Das weitere Jagdwild war: Wisent, Elch, Hirsch, Gemse, Steinbock, Murmeltier und Schneehase. Hinzu kamen der Fischfang und das Sammeln von Vogeleiern, Beeren, Kräutern und Pilzen, die eine wesentliche Rolle bei der täglichen Nahrungsbeschaffung spielten. In den abgelagerten Schichten der Höhlen und an deren Vorplätzen entdeckte man perfekte Speerschleudern

Höhle „Kesslerloch" bei Schaffhausen-Thayngen.

Lagerstätte der Wildbeutergruppe in der Altsteinzeit.

und Harpunen sowie multifunktionale Steingeräte, um zum Beispiel Felle zu bearbeiten. Hervorzuheben sind verschiedene Kleinkunstwerke, die einen Einblick in die mythologische Gedankenwelt der Wildbeutergemeinschaften erlauben. Sie gehören zu den ältesten Kunstwerken der Menschheit, so beispielsweise Tierzeichnungen auf Geweih- und Knochengeräten oder geschnitzte Frauenfiguren aus Gagat (fossiles Holz), die als Ahnfrauen und schützende Amulette gelten.

Das Frauenfigürchen von Schaffhausen-Schweizersbild

Ein besonderes Fundstück aus dem Magdalénien ist das Frauenfigürchen vom Felsüberhang Schweizersbild bei Schaffhausen. Es ist aus schwarzem Gagat gefertigt und etwa drei Zentimeter hoch. Die 16000 Jahre alte Statuette wurde 1954 in einem Aushub entdeckt und kann heute im Museum Allerheiligen

Frauenfigürchen vom Felsen Schweizersbild bei Schaffhausen.

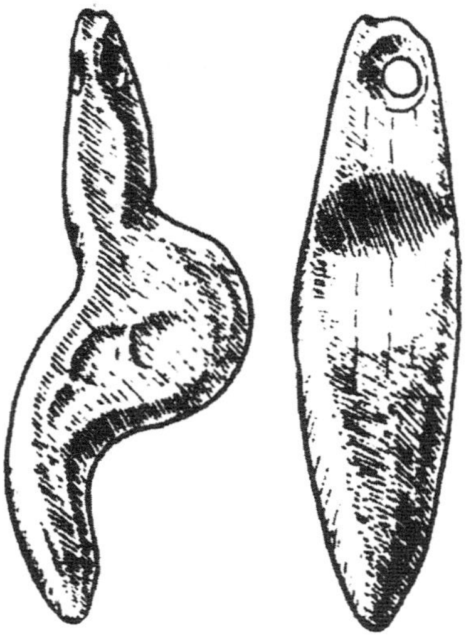

Frauenfigürchen vom Petersfels bei Engen.

bewundert werden. (Höneisen 1994) Sie gesellt sich zu den Ahninnenfigürchen vom Petersfels bei Engen, ist jedoch vom Stil her unterschiedlich gefertigt. Das Figürchen wirkt roh, Arme fehlen, und die Kopfpartie ist nur angetönt.

Zur Kennzeichnung der Brüste wurde am Oberkörper eine V-Kerbe eingeritzt. Im Vorder- und Hinterbereich erkennen wir ebenfalls V-Einschnitte, die zur Trennung der Beine dienen. Vielleicht war es ein Werkstück, doch ähnliche, sehr stilisierte Frauenfigürchen der Frühgeschichte sind weit verbreitet. Eine Öse fehlt, so dass die schwarze Ahnfrau nicht an einem Halsband getragen wurde. Dennoch kann es sich um ein schutzbringendes Amulett handeln, das bei einer bevorstehenden Geburt beistehen sollte. Oder es wurde dem neugeborenen Kind in das wärmende Fellkleid gesteckt, damit die Ahnfrau der Sippe dem jungen Leben Schutzgeist und Begleiterin werde.

Der Lochstab von Thayngen-Kesslerloch

Ebenfalls aus dem Magdalénien stammt ein Doppellochstab aus Rengeweih, der in Thayngen-Kesslerloch bei Schaffhausen geborgen wurde. Das Fundstück ist vielfach unbekannt, doch sein mythischer Sinngehalt ist für die Erforschung der Frühgeschichte äußerst wertvoll. Es öffnet sich ein Blick in das spirituelle Weltbild der frühen Menschen, wie wir dies schon bei den Ahninnenfigürchen gesehen haben. Zudem gibt es ähnliche Darstellungen in westeuropäischen Höhlen, die eine vergleichende Untersuchung erlauben.

Denn auf dem Thaynger Rengeweih finden wir interessanterweise ein zweites, lang ausgezogenes Geweih abgebildet – ein Ritzzeichen zwischen zwei Durchlochungen. Zu dieser Gravierung ist ein Geweihträger erkennbar: Eine

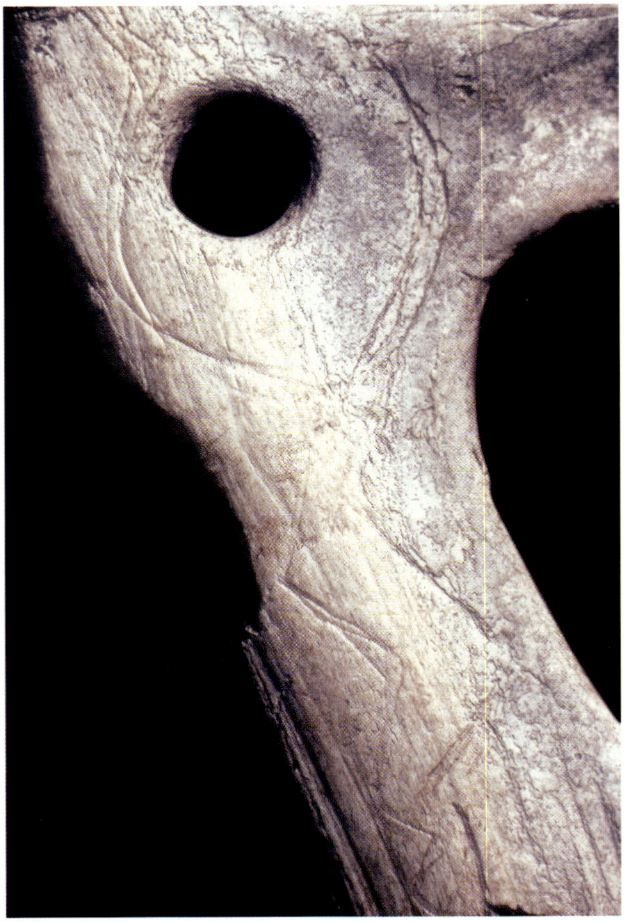

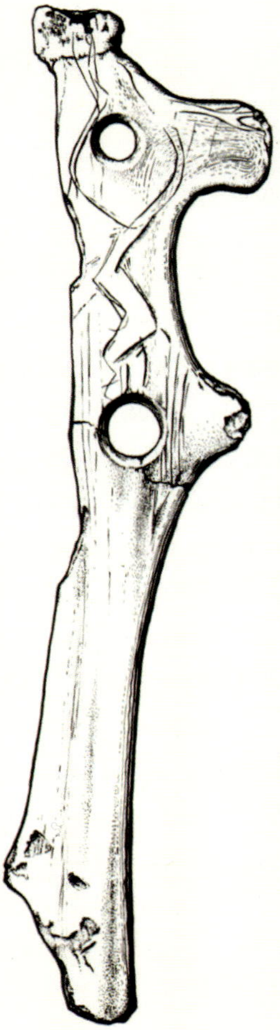

Doppellochstab von Thayngen-Kesslerloch mit Ritzzeichen einer gehörnten Mensch-Tier-Gestalt.

Gehörntes Mensch-Tier-Wesen. Höhle Le Gabillou, Dordogne (F).

aufrechte Figur mit auslaufenden Beinen, Gesäß, Brust und horntragendem Kopf. Das Mischwesen – halb Mensch, halb Tier – ist in dieser Art außergewöhnlich. Bemerkenswert ist zudem, dass die überdimensionalen Hörner bewusst eine Durchlochung umschließen und somit das Sinnbild von runder Scheibe und Horn ergeben.

Möglicherweise ist sogar eine Hornkrone dargestellt, welche die Sonne und den Sichelmond in einem mythischen Symbol kombiniert. Oder es wurden die drei Phasen des Mondes festgehalten: Vollmond sowie abnehmender und zunehmender Mond, der in hornförmigen Sicheln erscheint. Auf einer Schmalseite des Geweihs sind weitere Ritzungen erkennbar. Es handelt sich um eine Reihe paralleler Kerben, die auf einen kalendarischen Zeitablauf hinweisen könnten. Damit wäre ein Bezug zur (Mond)-Hornkrone gegeben.

Das Mensch-Tier-Wesen selbst wird im Vergleich mit ethnologischen Untersuchungen als „Schamane" gedeutet. (Höneisen 1986:32) Geweihe und Hornkronen sind in der schamanischen Tradition beliebte Utensilien. Sie zeigen, dass sich eine Person in ein Tierwesen verwandeln und in die Jenseitswelt der Ahnen reisen kann. Dabei umgibt sie sich oft mit einem Tierfell, so dass der Mensch zum dargestellten Tier wird. Diese Gestaltwandlung gilt in Kulturen mit einer totemistisch-schamanischen Tradition auch umgekehrt. So verwandelt sich ein verstorbenes Tier in ein menschliches Wesen, das dann in einer verwandtschaftlichen Beziehung zur entsprechenden Tiergruppe steht. Diese Wechselbeziehung führt zu einem mythologischen Gleichklang: Wenn ein Mensch stirbt, wird er zum Tierwesen, das wiederum beim Tod zum Menschen wird. Hinter der schamanischen Gestaltwandlung steckt somit eine verwandtschaftliche Naturverbundenheit. Die Reise des Schamanan in die Anderswelt der Ahnen und Tierwesen sowie seine Rückkehr in die Sphäre der Menschen verdeutlicht diese totemistische Mythologie.

Gehörnter Cernunnos auf dem keltischen Kultkessel von Gundestrup.

Eine vergleichbare Darstellung wie vom Kesslerloch ist in der französischen Höhle Le Gabillou in der Dordogne bekannt. Diese Kulthöhle birgt eine ganze Bilderwelt, und ihr leicht zugänglicher Korridor gilt als weiträumiges Heiligtum. Die bis zu einem Zentimeter tiefen Gravierungen stammen aus dem Magdalénien und waren mehrfach mit Ocker nachgezogen. Wie so oft bei solchen Höhlen mit früher Kunst wurden die Unebenheiten und natürlichen Formen des Felsens in die plastischen Bildnisse einbezogen. Zu erkennen sind Zeichen wie Rechtecke, Striche, Haken und Punktreihen. Außerdem Tiere (Pferde, Bisons, Rinder und Rentiere usw.) sowie Menschen wie die sogenannte „Frau im Anorak“ oder der „Zauberer“. Es handelt sich dabei um ein gehörntes Mensch-Tier-Wesen, das zu tanzen scheint. Auffallend ist auch hier das große Geweih sowie der halb menschliche und halb tierische Ausdruck. Nicht auszuschließen ist ein Fellkleid und eine Tiermaske. Ein schamanisches Ritual mit Tanz und Rhythmus wäre ebenfalls möglich. Erstaunlich ist aber, wie lange sich die Mythologie des gehörnten Mannes zurück verfolgen lässt, denn Jahrtausende später treffen wir ihn wieder im „keltischen“ Cernunnos mit Hirschgeweih.

JUNGSTEINZEIT UND PFAHLBAUTEN

Die Jungsteinzeit (Neolithikum 6000–3000 BC) ist geprägt durch die Domestikation von Pflanzen und Tieren sowie von der Sesshaftigkeit der Menschen. Das Wissen um die Pflanzenzucht und die Viehhaltung kann unabhängig an verschiedenen Orten entstanden oder von außen übernommen worden sein. Auch gab es Wanderungen von Menschen, die Land suchten sowie Ackerbau und Viehzucht betrieben. Über viele Generationen hinweg breitete sich die bäuerliche Lebensweise aus. Einmal vom Alten Orient über Kleinasien zum Balkan und entlang der Donau bis nach Mitteleuropa. Dann auch vom südwestlichen Mittelmeergebiet der Rhone entlang bis zur Bodenseeregion. Aus Wildbeutern wurden allmählich sesshafte Bauern. Die hauptsächlichen Getreidearten waren Einkorn, Emmer, Nacktweizen und Gerste. Milch und Fleisch lieferten Rinder, Schweine, Schafe und Ziegen. Die Jagd spielte nur noch eine untergeordnete Rolle. Neue Techniken kamen auf, so die Herstellung von Tongefäßen und geschliffene Steingeräte. Gepflegt wurde ein Ahnenkult, für den es typisch war, Dolmengräber und aufrechte Steine (Menhire) zu errichten. Am Bodensee standen zahlreiche Seeufersiedlungen auf Pfählen – entweder im feuchten Uferbereich oder auf ufernahen, kleinen Inseln und Halbinseln.

Pfahlbauten der Frühgeschichte. Unteruhldingen am Bodensee.

Der Dolmen bei Degernau-Erzingen

Zwischen Degernau und Erzingen im Klettgau befindet sich ein Megalith- und Dolmengrab auf der Flur „Toter Mann". Es handelt sich um eine Rekonstruktion von Grabresten, die nicht mehr am ursprünglichen Ort liegen. Die originale Deckplatte hat eine Dimension von 2,70 x 2,00 m mit einem Gewicht von etwas mehr als drei Tonnen. Die Frontplatte weist als Besonderheit eine kreisrunde Öffnung – ein sogenanntes Seelenloch – mit einem Durchmesser von 38 cm auf. Keramikreste, die in der Nähe des Grabes gefunden wurden und eine Beziehung zum Dolmen haben, datieren in die Horgener Kultur (3400–2800 BC) sowie in die frühe Bronzezeit. Die Bezeichnung „Seelenloch" stammt von den ersten Entdeckern solcher Megalithgräber. Sie glaubten, dass die Öffnung den Toten die Reise ins Jenseits ermöglichen sollte. Für andere wiederum war das Loch einfach der Zugang zum Inneren der Totenkammer. (Sangmeister 1958)

Allerdings wurden die Verstorbenen durch die Öffnung mit Speisen versorgt und so gleichsam am Leben erhalten. Auch die Kommunikation mit den Ahnengeistern war dadurch möglich. Andererseits konnten die Ahnenwesen

Dolmengrab bei Degernau im Landkreis Waldshut.

aus dem Grab steigen und ihr angestammtes Heim besuchen. Bei einem solchen Fest – denken wir an Allerseelen oder an die geisterhafte Mittwinterzeit – wurden die Verstorbenen von den lebenden Sippenmitgliedern bewirtet, oder man feierte ihre baldige Wiederkehr. Denn noch lange war es in der europäischen Volkstradition Brauch, dass Frauen, die sich ein Kind wünschten, zu Megalithgräbern gingen, um dort zu empfangen. Geboren wurde ein verjüngter Ahne, was auch unsere Sprache zum Ausdruck bringt: *Enkel* oder *Ähnchen* bedeutet „kleiner Großvater/Großmutter". Das Motiv der Wiedergeburt geht später einher mit der Idee der Heilung. Noch im 19. Jahrhundert glaubte man an die Heilwirkung der Steine, indem kranke Glieder oder auch kranke Kinder durch die Öffnung geschoben wurden.

Die ursprüngliche Grabanlage dürfte einst astronomisch orientiert gewesen sein, was wir an ähnlichen Bauten der Megalithzeit beobachten können, die eine dunkle Kammer und eine Öffnung mit Lichteinfall aufweisen. Jeweils zu einer bestimmten Jahreszeit – zum Beispiel Anfang November oder zur Wintersonnenwende – scheint die Sonne in entsprechende Anlagen, um die Lebenserneuerung der Toten zu bewirken.

Der Menhir bei Degernau

Etwa 400 m vom Degernauer Dolmengrab entfernt befindet sich eine Hügelkuppe mit der Flur „Bühlhölzle", wo heute auf dem höchsten Punkt ein aufgerichteter Stein steht, ein sogenannter Menhir. Der etwa zwei Meter hohe Stein ist vom Dolmengrab sichtbar. Obwohl die Entfernung der beiden Steinsetzungen weiter ist als üblich, besteht offenbar eine Beziehung zwischen Grab, Menhir und Hügel. Dazu gibt es auch eine interessante Entdeckungsgeschichte.

In den 1930er Jahren begann Joseph Schneider, ein Lehrer aus Degernau, nach dem Kultstein zu suchen. Er fand jedoch das erwähnte Dolmengrab, und so hoffte er, auch bald den Monolith zu finden. Denn er kannte einen um 1700 angefertigten Gemarkungsplan, in dem der alte Flurname „Beim langen Stein" bzw. „Vorm langen Stein" erwähnt ist. Doch der Menhir lag inzwischen umgekippt flach im Boden und ragte nur 10 cm aus der Erde. Es war das Glück eines Schülers von Schneider, der den Stein 1954 schließlich auf der Hügelkuppe entdeckte. Bei der archäologischen Untersuchung kamen unter anderem viereckige Steinbeile sowie Keramik aus der jungsteinzeitlichen Horgener Kultur

Menhir zwischen Degernau und Erzingen, Landkreis Waldshut.

zum Vorschein. Der umgestürzte Menhir wurde 1971 wieder aufgerichtet, erwähnt wird auch ein zweiter Stein. (Groht 2013:88)

Möglicherweise handelt es sich einst um eine größere Steinstätte auf der Anhöhe. Ein Versammlungsplatz ist denkbar, bei dem man Feste im Jahreskreis feierte. Dies auch in Verbindung mit den Ahnen, denn die nahe Dolmen-Grabkammer mit den Verstorbenen liegt nur wenige Schritte entfernt. Auffallend ist zudem die Sichtverbindung zu anderen Hügeln der Gegend.

Die Bedeutung des Menhirs ist noch nicht geklärt. Ist er ein Seelensitz einer Person, die sich im Stein verkörpert? Repräsentiert er eine mythische Ahnengestalt, die man um Segen und Schutz bat? Versinnbildlicht der Monolith eine lebensschenkende Ahnfrau, von der die Frauen die kleinen Kinder empfingen? Den nächstgelegenen Menhir finden wir in Tiengen wenige Kilometer entfernt. Er wird „Langer Stein" genannt und weist eine deutliche Nische als Schoßöffnung auf. Der zweite Name des 5,50 m hohen Riesen ist „Kindlistein". Hier wurden gemäß der aufschlussreichen Bezeichnung die Kinderseelen geholt – ein alter Brauch, der vermutlich auch beim Degernauer Menhir einmal gepflegt wurde.

BRONZEZEIT UND SYMBOLZEICHEN

Die Bronzezeit (2200–850 BC) setzte die bäuerliche Lebensweise fort, jedoch war sie geprägt von der Metallverarbeitung. Die Kenntnis, aus Kupfer und Zinn den neuen Werkstoff Bronze herzustellen, verbreitete sich schnell. Der benötigte Rohstoff wurde aus den Alpen oder von England importiert. Begehrte Handelsgüter waren Geräte, Waffen und Schmuck aus Bronze. Der Ackerbau intensivierte sich, und die Bevölkerung wuchs an. Angebaut wurden unter anderem Dinkel und Hafer. Neue Berufe entstanden wie Schmiede und Händler. Bronzedolch und Schwert waren Statussymbole, und erstmals lassen sich sogenannte Kriegergräber feststellen. Die Verstorbenen wurden in ihrer Tracht in Hügelgräbern beigesetzt. In der mittleren Bronzezeit gab es sowohl Brand- wie auch Körpergräber. Viele Grabhügel dienten über Generationen hinweg als Bestattungsplatz einer Siedlung. Eine andere Grabsitte, die ab 1400 BC aufkam, war die Urnenbestattung in großen Flachgräberfeldern. Man spricht daher von der Urnenfelderzeit (bis 850 BC). Bekannte Ufersiedlungen am Bodensee und an den Binnengewässern stammen aus dieser Zeit: Unteruhldingen, Rorschach, Altenrhein-Au, Arbon, Seebachtal und Eschenz.

Die Brotlaibidole von Bodman-Schachen

Ein besonderer Fund aus der Bronzezeit stammt aus der Seeufersiedlung Bodman-Schachen am Überlingersee. Hier am Schachenhorn, einem alten Mündungsgebiet der Stockacher Aach, wurde schon 1860 eine Pfahlbausiedlung entdeckt, die dann aber erst in den 1980er Jahren systematisch ausgegraben wurde. Geborgen wurden u.a. gemusterte „Tonidole“, die wie Brotlaibe aussehen. Daher werden sie in der Fachwelt als „Brotlaibidole“ bezeichnet. Wie die meisten solcher Tonobjekte sind auch diejenigen vom Schachenhorn nur wenige Zentimeter lang und breit. Sie weisen Punkte und Linien auf und sind etwa 3600 Jahre alt. Ihre Bedeutung ist immer noch rätselhaft, obwohl das Phänomen die Archäologen seit über 100 Jahren beschäftigt.

Die Brotlaibidole sind schwach gebrannte oder an der Luft getrocknete Tonformen. Sie kommen in Rumänien, in Serbien, im Donaugebiet bis nach Mitteleuropa und in Südfrankreich vor, wobei Norditalien mit der Poebene und dem Gardasee ein wichtiges Zentrum war. Sie wurden etwa 700 Jahre lang verwendet, d.h. von 2100–1400 BC, und hatten dann offenbar keine

Brotlaibidol aus Süddeutschland.

Funktion mehr. Soweit das Material der bisher 355 Tonidole untersucht werden konnte, besteht dieses aus ortsüblichem Keramikton. Es handelt sich demnach um kein Importgut, sondern die gemusterten Tonobjekte wurden jeweils vor Ort hergestellt. (Köninger 2016:436f.) Jedoch bestand ein Austausch der Idee zur Herstellung der Tonidole. Man geht von einem regen Kontakt zwischen den Kulturgruppen nördlich und südlich der Alpen aus. Zudem gab es weitreichende Handelsbeziehungen zwischen Nord- und Südeuropa, die Waren aber auch neue Ideen mitbrachten.

Die Form der Tonidole kann unterschiedlich sein. Sie sind länglich, rundlich (oval), fast rechteckig oder stempelförmig, dazu flach oder aufgewölbt. Die Verzierung ist ein- oder zweiseitig, jedoch immer systematisch angebracht. Die regelmäßigen Zeichen haben dazu geführt, von einem bronzezeitlichen Code zu sprechen, dessen Sprache aber verloren gegangen sei. Das häufigste Muster sind Längs- oder Querlinien sowie Gruppen von Punkten. Hinzu kommen Blüten- und Muschelsymbole, Striche, Dreiecke und Kreuze sowie konzentrische Kreise. Manche weisen eine Öse auf, so dass das Tonidol als Amulett getragen werden konnte. Zudem kommen Einlagen (Inkrustationen) vor, wie zum Beispiel im Donaugebiet von Lepenski Vir. Ebenso aus Serbien (Banatska Palanka) kennen wir ein Fundstück, auf dessen Musterseite rote Farbreste zu entdecken sind. Wellenlinien, Schälchen und eine Doppelspirale ergänzen den Zeichenschatz der Tonformen. Allgemein ist zu sagen, dass diese Symbole auch auf Steinstelen (Menhiren), Keramik und als Felszeichen erscheinen. (Aenigma 2011)

Über die Herkunft und Bedeutung der gemusterten Tonobjekte ist viel gerätselt worden. Vorbilder gibt es schon in der jungsteinzeitlichen Donaukultur Südosteuropas. Ähnliche Tontäfelchen kommen auch im ostmediterranen Raum vor, so zum Beispiel im minoischen Kreta. Sicher ist, dass ein Zentrum der Ideenverbreitung in der norditalienischen Gardaseeregion lag. Bei der

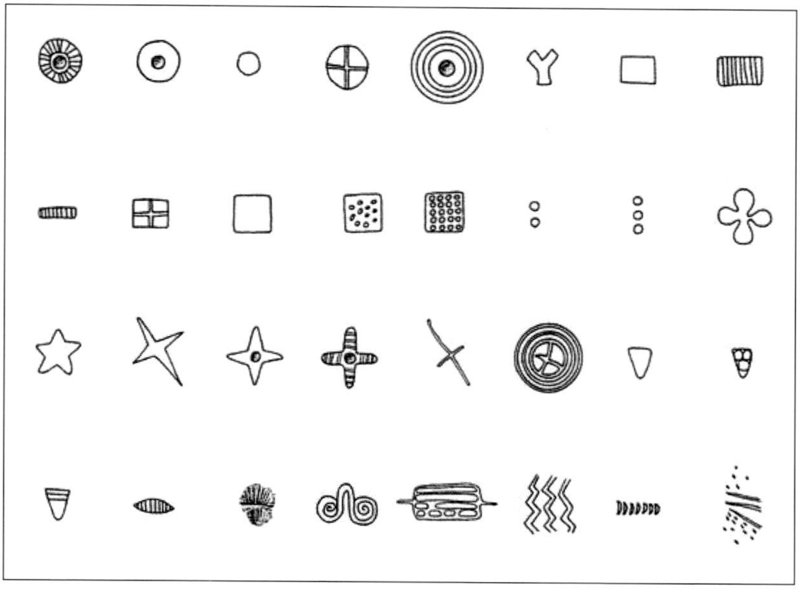
Zeichen auf Brotlaibidolen (nach Trnka 1992).

Verwendung der Tonidole liegen die Meinungen weit auseinander. So wurde in ihnen ein Kennzeichen beim Warenaustausch gesehen oder frühe Formen der Schrift. Auch an ein Zahlensystem wurde gedacht, so dass es sich um Zähltäfelchen der Güterware handeln würde. Denkbar ist auch das Aufzeichnen zyklischer Geschehnisse im Kalender. Oder es sind symbolische Kennzeichen unterschiedlicher Clans, die den Besitz und die Herkunft dokumentieren? In dieser Hinsicht könnten die Tonobjekte als Stempel gedient haben.

Vielleicht wurden sie als Fruchtbarkeitssymbole und magische Zeichen gebraucht, die das Korn gedeihen und das Brot vermehren sollten. Entsprechende Rituale mit Körnern pflegten die Bauern an Neujahr, um eine gute oder schlechte Ernte voraus zu sagen. Diejenigen Brotlaibidole mit einer Öse dürften auf Amulette hinweisen, so dass sie als schützende Talismane getragen wurden. Oder die Amulette finden bei einer Geburt Verwendung. Wenn jeweils ein Kind geboren wurde, erstellte man ein Tonidol mit magischen Schutzzeichen der Schicksalsfrauen. Dieses steckte die Mutter dann dem Kind ins Fellkleid. Es wäre meines Erachtens interessant, gerade bei diesen mysteriösen Symbolmustern die Sichtweise der Archäologie zu ergänzen und im „Aberglauben" der europäischen Volkstradition nach Antworten zu suchen. Ähnliche Schutzzeichen und Symbole einer mythischen Ahnfrau gibt es in der Volksüberlieferung einige.

Die Mondhörner der Insel Werd

Eine besondere Fundstätte der Bodenseeregion ist die Insel Werd bei Stein am Rhein und Eschenz. Vor etwa 6000 Jahren kamen Bauern vom Donautal an den Untersee und siedelten an dessen Ufern. Ihre Spuren lassen sich ab 3800 BC auch auf der Insel Werd nachweisen und gehören zur Pfyner Kultur. Die sesshaften Ackerbauern und Viehzüchter hinterließen u.a. Keramikgefäße und Textilien. Um 2500 BC unterbrach der Anstieg des Seespiegels das Dorfleben auf der Insel. Gesiedelt wurde nun auf höheren Lagen. Erst einige hundert Jahre später ab der Bronzezeit (um 2200 BC) war es dann wieder möglich, auf der Insel zu leben.

Schon um 1858 entdeckte man auf der Werdinsel Reste dieser frühgeschichtlichen Siedlungen. Umfangreiche Ausgrabungen fanden dann in den 1930er Jahren statt. Aus den Pfahlbausiedlungen der Jungstein- und Bronzezeit barg man zum Beispiel Feuersteingeräte und Tierknochen. Besonders fundreich vertreten ist die Spätbronzezeit (1300–800 BC). Aus dieser Epoche sind Pfostenlöcher, Lehmestriche, Herdstellen, Gruben und Steinsetzungen bekannt. Unter der Keramik entdeckte man zu aller Überraschung „stehende, gehörnte Tonobjekte“. Die Menge ist erstaunlich, denn es handelt sich um mindestens

Bronzezeitliche Mondhörner der Insel Werd.

36 „Mondhörner", deren Bedeutung und Funktion bis heute ungeklärt ist. (Hager 2007)

Mondhörner, Mondidole oder Tonhornobjekte wurden während 500 Jahren in Mitteleuropa und dessen Ausläufern verwendet. Sie gelten als ein Phänomen der Urnenfelderkultur. Normalerweise bestehen diese Geräte aus Keramik und weisen ein, zwei oder drei Standfüße auf. Auf diese ist jeweils eine liegende Mondsichel angebracht, deren Hörner mehr oder weniger ausgeprägt erscheinen. Der Stand und das Mondhorn können auch zu einem einzigen Tonhornkörper verschmelzen. Die symmetrischen Gebilde weisen oft eine dekorierte Vorderseite und eine undekorierte Rückseite auf. Die Verzierungen sind systematisch angebracht worden und bestehen aus Rillen, Einstiche, Eindrücke, Ritzlinien und Leisten. Zum Symbolcharakter gehören Striche und Strichgruppen, Zick-Zack-Linien und X-Muster, Dreiecke und Linienbögen, Punkt-Loch-Systeme, konzentrische Kreise oder Wellenbögen. Die Spannweite der Mondhörner liegt etwa zwischen einem halben Meter und wenigen Zentimetern bei Miniaturobjekten.

Wie die erwähnten Brotlaibidole sind auch die rätselhaften Mondidole seit dem 19. Jahrhundert in der Wissenschaft bekannt. Entsprechend gibt es verschiedene Erklärungsversuche. Fraglich ist aber, ob alle Objekte immer die gleiche Funktion hatten. Zudem ist die Trennung zwischen einem alltäglichen und einem sakralen Gerät in jener Zeit nicht vorhanden. Gefunden wurden Mondhornobjekte in und um Wohngebäuden, an Herdstellen und in (Frauen)-Gräbern. Ohnehin ist bei der weiten Verbreitung der Fundstücke von einer mehrfachen Funktion auszugehen.

Immer noch beliebt ist die Deutung als sogenannte Feuerböcke. Schon allein die geringe Dimension und die schwache Qualität der Tonhornobjekte, die nicht auf Dauerhaftigkeit angelegt ist, widersprechen dieser Vermutung. Etwaige Brandspuren stammen von Hausbränden, die oft vorgekommen sind. Zudem spielen gewisse Mondhörner beim Hausaltar eine wichtige Rolle. Beim Altar selbst sind Gaben und Feuerkulte bedeutende Ritualhandlungen. Manchmal wird auch erwähnt, dass die liegende Mondsichel eine Barke oder ein Schiff darstelle. Tatsächlich gibt es in der Mythologie die Sonnenbarke, den Sonnenwagen aber auch das sichelförmige Mondschiff, das am Himmelszelt über das Nachtmeer fährt. Verschiedene Mondidole weisen außerdem regelmäßige Striche und Punkte auf. Es ist möglich, hier ein Zahlen- und Zählsystem zu sehen, das auf einen Mondkalender hinweist. Besonders intensiv wurde dieser Aspekt beim gemusterten Tonhorn von Zürich-Alpenquai diskutiert.

Noch kaum erörtert wird die Frage nach der Herkunft des Mondhornidols. Erscheint dieses Sinnbild plötzlich in der Spätbronzezeit, oder gibt es Einflüsse durch Vorgänger- und Nebenkulturen? Besitzt nicht das minoische Kreta einen ausgeprägten Stier- und Mondhornkult? Stier- und Kuhhornverehrung gibt es schon in der Jungsteinzeit in Kleinasien und in der Donaukultur Südosteuropas. Es ist nicht ausgeschlossen, dass die Tradition des Tonhornobjektes eine Spielart der frühgeschichtlichen Rinderschädel mit Gehörn ist. Auch im jungsteinzeitlichen Mitteleuropa gab es die Verehrung gehörnter Tierschädel an der Hauswand, im Kultraum oder im Umkreis des Dorfes. Ein gutes Beispiel dazu ist aus der Pfyner Kultur die Seeufersiedlung Arbon-Bleiche 3 (3384–3370 BC) am Bodensee. Hier entdeckten Archäologen etwa 22 besonders präparierte Stirnschädel mit Hornzapfen, sogenannte Bukranien, die an Hauswänden aufgehängt waren. (Deschler-Erb 2002)

Offenbar repräsentierten diese Schädel Tierahnen, den gehörnten Mann, den Herrn/die Herrin der Tiere oder das Mondhorn. Als Ahnenwesen sollten sie Haus und Hof schützen und dem Anwesen Segen bringen. Dazu Unheil von Menschen und Tieren abwehren sowie die Fruchtbarkeit der Felder fördern. Gleichzeitig sind sie schicksalsbestimmend und Stellen eine Verbindung zur Anderswelt dar.

Auch die Tonhornobjekte der Spätbronzezeit waren um das Haus sowie beim Hausaltar der Ahnen aufgestellt. Sie sollten ebenfalls Schutz, Segen und Fruchtbarkeit bewirken. Doch wen repräsentieren die Mondidole? In ihrem Sinnbild stellen sie die Mondsichel des Frühlings sowie die mythische Ahnfrau der Erneuerung dar. Das weiße Sichelmond-Symbol der Mondphasen verweist auf die Frühlingsgöttin, die das Wachstum der Pflanzen und die Wiederkehr der Erdkräfte aus der Unterwelt bewirkt. Zudem befördert sie die Lebenskräfte bei Menschen und Tieren. Auch sie hat ihre zyklischen Jahresabläufe und erneuert sich immer wieder von selbst, was durch die Herstellung eines neuen Mondhorns gefeiert wurde. Und nicht zuletzt wird sie im Ahnenkult am Hausaltar angerufen, um den Rat der Schicksalsfrau zu erfragen.

Der Goldbecher von Eschenz

Einen außerordentlich schönen Fund machte 1906 ein Bauarbeiter östlich des heutigen Bahnhofs von Eschenz. Es handelt sich um einen Goldbecher, der heute im Museum für Archäologie in Frauenfeld ausgestellt ist. Die genaue

Goldbecher von Eschenz bei Stein am Rhein.

Fundstelle liegt auf einer Terrasse, die sich zum Eschenzerhorn ausformt und vom Müüsbach durchflossen wird. Von hier hatte man eine gute Sicht auf den Seeausfluss des Bodensees (Untersee), der allmählich zum Rheinfluss übergeht. Ebenso war die historisch bedeutsame Insel Werd im Nordwesten erkennbar. Der Goldbecher lag etwa 1,5 m tief in der Erde, zudem kamen einige Knochen zum Vorschein, die aber leider nicht erhalten sind. Die Fundstücke und die Erdtiefe weisen auf eine Grabstätte hin, die hier ganz bewusst unmittelbar beim Eschenzerhorn errichtet wurde. (Leuzinger 2003)

Ein besonderes Merkmal des Gefäßes ist seine Glockenform. Es ist etwa 111 mm hoch und gliedert sich in einen ausladenden, glatten Rand, eine gemusterte Wand sowie einen verzierten Boden. Die Verzierung selbst besteht aus Punktbuckelchen, größere und kleinere Buckel, horizontal verlaufende Rippen, parallele Striche und einen konzentrischen Kreis. Diese Muster sind häufig auf Goldarbeiten der Jungstein- und Bronzezeit feststellbar. Als Vorbilder für den Goldbecher dienten wahrscheinlich ähnliche Tongefäße der Glockenbecherkultur (2600–2200 BC), die sich auch in Mitteleuropa ausgebreitet hat. Entsprechend kann man den Eschenzer Goldfund auf ein Alter zwischen 4400 und 4200 Jahren einschätzen. Er liegt damit im Übergangsbereich zwischen dem Ende der Jungsteinzeit und dem Beginn der Bronzezeit.

Noch nicht geklärt ist, wo der Goldbecher hergestellt wurde. Handelt es sich um eine lokale Produktion oder um ein Importgut? Eine Untersuchung des Metalls könnte hier Antworten geben. Außerdem gibt es in Europa ähnliche Fundstücke. So zum Beispiel den Ringlemere Gold Cup aus der englischen Grafschaft Kent. Dieser stammt aus einem runden Grabhügel, der von einem Graben umgeben war. Der sogenannte Rillaton Gold Cup in Cornwall (Bodmin Moor) wurde ebenfalls zusammen mit einem Grabhügel gefunden. Bergleute entdeckten 1837 am östlichen Rand des Hügels eine Steinkiste aus Granit. Darin lagen ein menschliches Skelett, ein Kupferdolch, Keramik, Perlen sowie ein Goldbecher. Sehr aufschlussreich ist der Goldbecher aus Gölenkamp in Niedersachsen. Er wurde aus einem Gräberfeld geborgen und enthielt schwarze Erde. Darin konnte man Reste angebrannter, menschlicher Knochen und Haare sowie Stärkekörner feststellen, die auf eine Brandbestattung hindeuten.

Abschließend möchte ich nochmals auf den Fundort von Eschenz zurückkommen. Hier lag wahrscheinlich ebenfalls ein Grab mit dem Goldbecher. Sollte es eine Weihung sein, wäre der Becher für einen Ortsgeist bestimmt gewesen, der sich im Rheinfluss verdeutlicht. Im Wasserkult wird in den Tiefen die Anderswelt der Toten gesehen. Ein solcher Ortsgeist wurde im keltischen Eschenz am Bodenseeufer in einer menschenförmigen Holzfigur dargestellt. Aber auch das vermutete Grab liegt an einer ganz besonderen Stelle der Wasserlandschaft. Von der Fundstelle beim Eschenzer Bahnhof blickte man einst in nordöstlicher Richtung zum Untersee nach Wangen und Hemmenhofen. Mit einer Orientierung von etwa 65°-67° Nordost sieht man am Horizont die mythische Insel Reichenau. Dort lag in Mittelzell eine alte Kultstätte, die später christianisiert wurde. Zudem geht vom Eschenzer Goldbecherplatz in dieser Himmelsrichtung jeweils die Sonne Anfang Mai und Anfang August auf. Im alteuropäisch-keltischen Jahresfestkalender ist damit das Licht- und Feuerfest Beltane im Mai verbunden, das den Sommeranfang bezeichnet. Im August ist dies dann Lugnasad, das den Beginn der Erntezeit und den Herbstanfang verdeutlicht. (Birkhan 1997:790f.)

Darüber hinaus bilden landschaftsmythologisch betrachtet die topographischen Erscheinungen Eschenzerhorn, Untersee im Nordosten und Rheinfluss im Nordwesten ein geographisches V in diesem Wassergebiet. Dabei bezeichnet der Eschenzer Goldbecherplatz einen Mittelpunkt, von dem aus die Sonne an Beltane und Lugnasad im Nordwesten zwischen Rodenberg und Rheinhalde untergeht. Andererseits kann man von der Insel Reichenau beobachten, wie die Sonne Anfang November und Anfang Februar in südwestlicher Richtung beim

Goldbecherplatz untergeht. Zu dieser Zeit wurde in der alteuropäisch-keltischen Tradition Samhain im November gefeiert, d.h. der Beginn des Bauernwinters sowie die Begegnung der Toten mit den Lebenden. Im Februar hieß das Jahreszeitenfest Imbolc oder Brigid, an dem das Ende des Bauernwinters mit einem Reinigungs- und Lichterfest gefeiert wurde. Im Brauchtum wurden dabei verschiedene Strohfiguren hergestellt, die zum Beispiel die Vegetationsgöttin Brigid verkörperten. Die Strohpuppen dienten bei verschiedenen Ritualen als Heils- und Schutzzeichen des Hauses.

Gemäß dieser topographischen Betrachtung wird ersichtlich, dass der Goldbecher von Eschenz nicht versteckt oder zufällig vergraben wurde. Er war Teil eines ehemaligen Grabes, das ganz bewusst an einem speziellen Ort angelegt war. Bei der Grabanlage spielte der Ahnenkult genauso eine bedeutende Rolle wie die Flusslandschaft oder die astronomischen Beobachtungen. Sonnenauf- und -untergänge verweisen auf den Jahreskalender der Vegetation, mit dem auch Ritualfeste verbunden waren. Ein zentraler Ort war dabei der Eschenzer Goldbecherplatz.

EISENZEIT UND KELTEN

Die Eisenzeit (850–15 BC) ist geprägt durch das neue Metall Eisen. Es wurde ab dem 9. Jahrhundert zum wichtigsten Rohstoff zur Herstellung von Werkzeugen und Waffen, obwohl Bronze weiterhin zur Produktion von Schmuck und Trachtzubehör verwendet wurde. Entscheidend war, dass das begehrte Eisenerz in der Nähe zur Verfügung stand. So in den Kalksteinschichten der umgebenden Höhenzüge und der Schwäbischen Alb. Es war also nicht mehr nötig, Rohstoffe teuer einzuhandeln. Keltenfürste wurden reich und mächtig und konnten sich kostbare Luxusgüter leisten. Davon zeugen auch monumentale Grabhügel mit prunkvoll ausgestatteten Grabkammern. Ab dem 7. Jahrhundert wurden die Toten nicht mehr verbrannt, sondern in ihrer Tracht beigelegt. Solche Gräber wurden oft in bestehende ältere Grabhügel eingebracht. Ab 450 BC setzte dann die sogenannte Keltenwanderung ein, verursacht durch größere Umwälzungen: soziale Unruhen, Missernten, Klimaveränderung und Völkerverschiebungen, die zum Beispiel die Germanen in Nordeuropa verursachten. Entsprechend eroberten keltische Stämme Westeuropa, Oberitalien und Kleinasien. Im Bodenseeraum sind Funde aus der keltischen Latènezeit (450–15 BC) noch gering.

Die Holzfigur von Eschenz

Ein besonderer Fund aus der späten Eisenzeit ist die Holzstatue von Eschenz. Sie wurde 1977 bei einer Notgrabung gefunden und war in einem Holzkanal versteckt. Die Statue selbst ist etwa 61 cm groß und besteht aus Eichenholz, ein Material, das nicht zufällig gewählt wurde, da die Eiche auch in der keltischen Tradition ein heiliger Baum war. Zu erkennen sind die Gesichtszüge einer männlichen Figur mit schulterlangem Haar und einem langen Kapuzenmantel – bei den Kelten ein typisches Kleidungsstück. Im unteren Bereich wurde eine zapfenförmige Verlängerung angebracht, so dass die Statue auf einer Säule stand. Ähnliche Holzfiguren finden wir am Genfersee (Genf, Villeneuve) oder am Neuenburgersee (Yverdon). Hervorzuheben sind die Kultfiguren der Seine-Quelle im Osten Frankreichs. Eine dieser Statuen ist derjenigen am Bodensee sehr ähnlich und kann heute im Museum von Dijon bewundert werden. (Leuzinger 2002:86)

Ein gemeinsames Merkmal dieser Holzfiguren ist ihr Bezug zum Wasser – zum Quellgebiet eines Flusses oder zu einem See. Die Verbindung zur Unterwelt, die unter dem Wasser oder Moor verortet wurde, ist offensichtlich. In diesem Totenreich halten sich die Schicksalsmächte auf, die Segen, Schutz und Heil bewirken. Gleichzeitig fördern sie das Wachstum der Felder und Früchte. Durch eine Gabe an die Naturmächte bekommen diese ihren Anteil an der Ernte, denn die Ahnengeister gehören genauso zur Gemeinschaft wie die Lebenden. Meistens sind es Speisegaben wie Brot oder Käse, später auch Münzen, Broschen oder Schwerter, die ins Wasser geworfen wurden. Die Holzfigur von Eschenz stand ebenfalls am Wasser in einem kleinen Hain. Sie ist Ausdruck des Ortsgeistes (Genius loci) und verdeutlicht die Verbindung zwischen dem Gebiet der Menschen und der Reichtum spendenden Jenseitswelt unter dem Wasser.

In Europa gibt es verschiedene Vorgänger der menschenförmigen Holzfiguren. Diese sind aber vielfach gesichtslos und sehr einfach gehalten. Es genügt zum Beispiel ein aufgerichteter phallischer Holzpfahl, der einen männlichen Ahnengeist versinnbildlicht. Der weibliche Holzpfahl erscheint oft als Astgabel bzw. umgekehrtes Y, bei dem die gespreizten Äste die Ahnfrau charakterisieren. Durch eine weitere Ausformung bekommt der Holzpfahl ein menschliches Gesicht, oder die Geschlechtsteile werden hervorgehoben. Die keltischen Holzfiguren sind vielfach bekleidet, und das Gesicht ist fein ausgearbeitet. Häufig ist ein Halsschmuck erkennbar.

Keltische Holzfigur von Eschenz.

Der Eschenzer Ortsgeist, der auch einen sicheren Übergang von einem Ufer des Rheins zum anderen gewährleisten sollte, wurde in römischer Zeit ab 50 AD aus seinem sakralen Umfeld entfernt. Die Holzfigur verschwand aus dem heiligen Hain und gelangte in den Holzkanal. Doch wer hat sie dort versteckt? Wollte man das einheimische Bildnis vor einer Zerstörung bewahren? Hat die keltische Oberschicht die römische Götterwelt übernommen und die alte Holzfigur verbannt? Die Römer hatten oft kein Problem, die alteingesessenen Götter in ihrem Sinn umzudeuten und weiter zu verehren. Konflikte gab es aber, wenn die Verehrung politischen Zielen entgegen stand.

RÖMISCHE ZEIT UND ORTSNAMEN

Die römische Zeit (15 BC bis 400 AD) beginnt mit der Eroberung des Voralpenlandes durch die Legionen des römischen Reiches. Die Besiedlung des Bodenseeraums wurde dadurch stark geprägt. Im Alpenfeldzug des Drusus und Tiberius, Adoptivsöhne von Kaiser Augustus, zogen römische Heere von Westen und Osten heran und vereinigten sich am Bodensee. Es ist sogar von einer Seeschlacht mit den keltischen Vindelikern die Rede. Durch die Verschiebung der römischen Grenze nach Germanien hinein wurde die Bodenseeregion „befriedetes“ Hinterland. Kelten und Räter wurden rasch „romanisiert“, Landstücke vermessen und parzelliert sowie Handels- und Militärstraßen gezogen. Hauptorte waren zum Beispiel Iuliomagus (Schleitheim in Schaffhausen) und Brigantium (Bregenz). Ein wichtiger Ort war auch Tasgetium (Eschenz). Ehemalige Offiziere der römischen Armee erhielten große Landgüter (villae rusticae) zur feudalen Bewirtschaftung. Im Jahr 259/260 konnten die Römer die obergermanisch-rätische Grenzbefestigung (Limes) nicht mehr halten, die zuvor das römische Reich vom unbesetzten Germanien trennte. Die römischen Truppen und die Siedler mussten sich vor den germanischen Stämmen wieder an den Rhein und an den Bodensee zurückziehen. Um 300 wurden zur Sicherung vor den Alemannen (ein Gemenge verschiedener Germanenstämme) die römischen Kastelle Arbor Felix (Arbon), Konstanz, Ad Fines (Pfyn) und Stein am Rhein errichtet. Dieser Grenzverlauf schützte die Gebiete südlich des Bodensees. Jedoch wurde dann kurz nach 400 auch diese römische Verteidigungslinie am Rhein aufgegeben.

Keltisch-römische Darstellung der Göttin Epona. Fundort Köngen (Lkr. Esslingen).

Arbon und Arbor Felix

Aus der Zeit vor und während der Romanisierung erscheinen inschriftlich belegte Ortsnamen am Bodensee. Da die (vor)keltische Bevölkerung eine Tradition der mündlichen Überlieferung pflegte, sind wir hauptsächlich auf griechische und römische Geographen angewiesen, die frühe Formen der Ortsnamen erwähnen. So wird zum Beispiel *Arbon* am Obersee um 280 AD *Arbor Felix* genannt. Eine Übersetzung aus dem Lateinischen ergibt dazu die Bedeutung „Glücklicher Baum“ und soll auf eine Gastwirtschaft hinweisen. Jedoch liegt hier ein Missverständnis vor, denn die römischen Gelehrten konnten den alten Ortsnamen nicht mehr deuten und passten ihn ihrem eigenen Sprachverständnis an. Zugrunde liegt nämlich eine Form **ar-b-or-a*, worin die alteuropäische Sprachwurzel **ar-* „Wasser" überliefert ist. Entsprechend bedeutet *Arbon* „Wasser-Ort", was sich mit der Lage am Bodensee und den Zuflüssen zeigen lässt. Die Wasserbezeichnung **ar-* ist sehr alt und geht mit der frühgeschichtlichen Besiedlung Arbons vor etwa 6000 Jahren einher.

Rhein und Renos

In Eschenz wurde eine Weihe-Inschrift aus frührömischer Zeit entdeckt, in welcher der Flussname Rhein erwähnt ist. Die Nennung lautet: *[F]lum(ini) Rheno* „an den Fluss Rhein". Der Flussname selbst wird auf eine keltische Form **renos* bzw. auf das lateinische *rhenus* zurückgeführt. Darin soll die indoeuropäische Sprachwurzel **rei-* „fließen" vorkommen. Andererseits könnte der Name *Rhein* noch älter sein und auf einer alteuropäischen Form **ar-en-a* beruhen, worin die Sprachwurzel **ar-* (Kurzform **r-*) tradiert ist und „Wasser, Fluss" bedeutet. Fluss- und Gewässernamen gehören in Europa oft zur ältesten Sprachschicht und lassen Rückschlüsse auf eine frühe Besiedlungsgeschichte zu.

Eschenz und Tasgetium

Eschenz selbst hieß in keltisch-römischer Zeit *Tasgetium*. Eine erste Erwähnung in griechischer Schrift lautet um 155 AD *Taxgaition*. Normalerweise wird der Ortsname Tasgetium vom keltischen Personennamen *Tasgetios* hergeleitet, der hier Land besessen haben soll. (Urner-Astholz 1939:158) Leider ist aber eine solche Person in Eschenz nicht belegt, so dass es sich um eine Vermutung handelt. Eine Alternative ist die Herleitung von Tasgetium von einer geographischen Bezeichnung. Meistens sind die Landschaftsnamen, die eine topographische Gegebenheit vor Ort beschreiben, recht genau. Denn bei Eschenz geht der Bodensee in den Untersee über bzw. in den sogenannten Rheinsee, wo der Rhein aus dem See mündet und ein Flusstal bildet. Diese Wasserlandschaft wird mit dem alten Wort *Tasgetium/Taxgaition* beschrieben, das auf eine alteuropäische Form **tag-s-eg-a* (> **tasega* > *tasgetium*) beruht, worin die Sprachwurzel **tagus* „Fluss, Flusstal, Mündung" bedeutet. Auch dieses Wort stammt aus der Frühgeschichte des Bodensees, die mit den Funden aus der Pfyner Kultur auf der Insel Werd vertreten ist. Zudem charakterisiert der Gewässername **tagus* die See-, Flusstal- und Mündungslandschaft am Untersee bei Eschenz in guter Weise. (Vennemann 2003:460) Man vergleiche dazu den Fluss *Tejo* auf der Iberischen Halbinsel, der in römischer Zeit *Tagus* genannt wurde. In diesem Sinn bedeutet *Eschenz/Tasgetium* „Ort an der Flusstalmündung“, wie es mit dem Rhein und dem Rheinsee gegeben ist.

Bodensee und Lacus Venetus

Der Bodensee wiederum hat in seiner Geschichte sehr unterschiedliche Namen erhalten. So erwähnt zum Beispiel der römische Geograph Pomponius Mela in seiner Weltbeschreibung um 43 AD das Gewässer als *Lacus Venetus*, mit dem er den Obersee meint, und als *Lacus Acronius*, das den Untersee bezeichnet. Bei der Form *venetus* lässt sich die alteuropäische Sprachwurzel **van-* oder **ven-* erkennen, die allgemein „Wasser“ bedeutet. In keltischer Zeit siedelten die Vindeliker, zu denen mehrere Stämme gehörten, zwischen Bodensee und Inn. Ihr Name dürfte ebenfalls ein Gewässername sein, genauso wie bei den ihnen zugehörigen Likatier, die sich vom Flussnamen Lech herleiten. Die Schreibweise *Lacus Venetus* ist somit eine Doppelbezeichnung „See-Wasser“ oder „See-See“, jedoch ist Venetus der ältere Sprachteil.

Lacus Podamicus – Der Boden See. Kupferstich um 1640.

Auch beim alten Namen des Untersees, Lacus Acronius, liegt eine Doppelnennung vor. Die vorrömische Überlieferung *Acronius* (< **acr-on-ius*) mit der ursprünglichen Form **acr-a* „Wasser“ wird hier mit dem römischen *lacus* „See“ ergänzt. Zur Wortform **acr-a* lässt sich der toskanisch-ligurische Fluss Magra vergleichen, der vor 2000 Jahren *Macra* hieß. Entsprechend bedeutet auch *Lacus Acronius* einfach „See-Wasser“, jedoch kommen in dieser Bezeichnung verschiedene Zeitschichten vor.

In römischer Zeit erscheinen noch weitere Namen für den Bodensee. So wird er beispielsweise *Lacus Brigantinus* genannt, gemäß der keltisch-römischen Siedlung Bregenz/Brigantion. Dieser Ortsname lässt sich einerseits vom keltischen *briga* „hoch, Anhöhe, Hügel, Seeufer“ ableiten, so dass *Bregenz* „erhöhter Ort am Seeufer“ bedeuten würde. Andererseits gibt es in unmittelbarer Nähe den Fluss *Bregenzer Ach*, die westlich von Bregenz in den Bodensee mündet. Liegt hier vielleicht mit **briga* eine ganz andere, alteuropäische Sprachwurzel vor, die auf einen Gewässernamen schließen lässt?

Auch zum Namen *Bodensee* gibt es verschiedene Überlegungen. Die meisten Sprachforscher sehen darin das deutsche Wort „Boden“, das beim Ortsnamen *Bodman* am Überlingersee wiederkehrt. Dieser soll auf ein althochdeutsches *Bodamon* „auf den Böden“ bzw. „auf einer ebenen Fläche am See“ zurückgehen. Bodman selbst war im frühen Mittelalter Königspfalz und Herzogssitz, so dass der bedeutende Ortsname auf den *Bodensee* „See, an dem Bodman liegt“ übertragen wurde. In gelehrter, lateinischer Form erscheint der Seename dann im 9. Jahrhundert als Lacus Potamicus.

Obwohl diese Herleitung einiges für sich hat, könnte der Name *Boden-See* auch wieder ein alter Gewässername in Doppelform sein. Denn der Wortteil *Pot-*(amicus) und *Bod-*(ensee) erinnert sehr an den ligurischen Flussnamen *Bodincus* bzw. *Bodencus*, der im lateinischen *Padus* überliefert ist – der alte Name des norditalienischen Flusses Po. (Vennemann 2003:85f.) Die entsprechende, alteuropäische Sprachwurzel dazu ist **bod-* oder **bat-* im Sinn von „Wasser, Sumpf“. In dieser Hinsicht meint *Bodensee* „Wasser-See“ bzw. „Sumpf-See“, was sicher zutreffen würde. Überraschend ist aber wiederum die Zeitstufe der Sprachwurzel, denn auch sie geht in die frühgeschichtliche Besiedlung zurück.

FRÜHES MITTELALTER UND ALTE KULTE

Durch die Rücknahme der römischen Grenze um 260 an den Rhein und an den südlichen Bodensee wurden weite Gebiete frei. Dieses Land wurde jedoch nur zögerlich wieder besiedelt. Die Alemannen mussten sich erst noch finden und zu einem Volksstamm werden, denn sie bestanden aus einer Vielzahl elbgermanischer Stämme, so zum Beispiel aus Sueben und Semnonen. Im 4. Jahrhundert ließen sich erste Alemannen in verlassenen römischen Gutshöfen nieder. Ebenso entstehen erste Dörfer im Hegau. Ab dem 5. Jahrhundert geschieht dann die alemannische Landnahme auch südlich des Bodensees. Reiche Grabausstattungen einer Oberschicht mit importierten Schmuckstücken aus dem römischen Reich zeigen, dass mannigfaltige Kontakte gepflegt wurden. Reihengräberfelder, die am Rand der alemannischen Siedlungen entstanden, belegen die kontinuierliche Landnahme. Die Toten wurden in West-Ost-Orientierung bestattet: Männer mit reich verzierten Waffengürteln, Frauen mit umfangreichem Schmuck.

Um 506 besiegte der Frankenkönig Chlodwig I. (Merowinger) die Alemannen und setzte einen entsprechenden Herzog ein. Zur karolingischen Herrschaft gehörten die irischen Mönche Columban und Gallus, die am Ende des 6. Jahrhunderts am Bodensee missionierten. Um 612 soll Gallus eine Einsiedlerzelle gegründet haben, aus der dann das Kloster Sankt Gallen hervorging. Auf der Insel Reichenau begründete der iro-fränkische Bischof Pirmin um 724 ein Kloster. Nur zögerlich gaben die Alemannen den paganen Glauben und die alten Gräberfelder auf und bestatteten ihre Toten bei den entstehenden Ortskirchen. Weitere, mächtige Klöster wie Konstanz und Schaffhausen entstanden.

Pirmin und der Volksglaube

Der heilige Pirmin (670–753) gründete mehrere Klöster zwischen Schwarzwald und Vogesen. Er kam auch an den Bodensee, wo er auf der Insel Reichenau die klösterliche Anlage Mittelzell begründete. Die alemannische Region rund um den See muss ihm bekannt gewesen sein, ebenso Bräuche im mitteleuropäischen Gebiet. Etwa in der ersten Hälfte des 8. Jahrhunderts schrieb er das sogenannte Missionsbüchlein (Scarapsus), worin er einige Glaubensvorstellungen der Volkstradition erwähnt. (Engelmann 1976) Seine Absicht war, diese einheimischen Praktiken als „Aberglauben“ zu brandmarken und zu verbieten. Ob ihm dies gelungen ist, sei dahingestellt, jedenfalls berichtet er im Kapitel 21 und 22 seiner Schrift zahlreiche ethnologische Informationen, die wir in einen kulturgeschichtlichen Zusammenhang stellen können. Denn er nimmt einzelne Motive der Volkstradition heraus, um diese Handlungen ohne kulturellen Hintergrund in ein negatives und „dämonisches“ Licht zu setzen. Offenbar hat er kein Verständnis für die alte Tradition und die ansässigen Menschen, die eine überlieferte Mythologie besaßen. Er stellt keine einzige Frage, warum die Leute ihre oft naturbezogenen Handlungen ausübten, und was der ursprüngliche Sinn dabei sein könnte. Zudem hatten die Einheimischen eine jahrhundertealte Geschichte, die weit in die vorchristliche Zeit zurückreicht.

Minerva und Kräuterwissen

Gleich am Anfang der beiden Kapitel beschimpft Pirmin schwangere Frauen, die einen Trank zu sich nehmen, um das Kind nicht anzunehmen. Offenbar hatten die Frauen medizinisches Kräuterwissen, das sie seit Generationen weitergeben. Er erwähnt nämlich auch, dass sie ein flüssiges Verhütungsmittel einnehmen, um nicht zu empfangen. Somit war eine gewisse Geburtenkontrolle in den Händen der Frauen, die dadurch bestimmten, wieviele Kinder sie aufziehen wollten. Zu den Frauen sagt Pirmin weiter, dass sie beim Weben die Göttin Minerva anrufen und vor allem den Tag der Venus zur Hochzeit wählen. Die römisch-etruskische Minerva wurde in der Antike mit der griechischen Göttin Athene gleichgesetzt. Ihr besonderer Bereich war das (Herd)-Feuer und der Handel sowie Musik, Poesie, Medizin, Weisheit und Webkunst. In der nordeuropäischen Tradition wurde die römische Göttin Venus der Freya oder Frija angeglichen. Der Freitag war ihr geweiht, der auch Freyjudagr oder Frjadagr hieß. In der keltischen Tradition wurde Minerva mit den Göttinnen Sulis, Belisama oder Brigantia verglichen.

Bildsäule, Brigachquelle und Baumkult

Pirmin schreibt nun weiter, dass man Bildnisse verehrte und bei Felsen, Bäumen, Ecksteinen, Quellen und Kreuzwegen Sprüche aussprach sowie Gelübde schwor. In Eschenz wurde wie schon erwähnt eine keltische Holzfigur

Dreigötterstein der Brigachquelle bei St. Georgen im Schwarzwald.

am Seeufer in einem Hain aufgestellt. Sie repräsentierte einen Schutzgeist (Genius) des Ortes. Auch in Tuggen am östlichen Ufer des Zürichsees verehrten die Einheimischen im 6. Jahrhundert hölzerne Ahnenfiguren. Gleichzeitig errichteten gemäß der Galluslegende die Bewohner von Bregenz drei säulenartige Götterbildnisse.

Wie eine Bildsäule ausgesehen hat, zeigt uns der Dreigötterstein an der Brigachquelle, der am ehemaligen Quellheiligtum vor mehr als hundert Jahren entdeckt wurde. Der Stein aus dem frühen 2. Jahrhundert AD weist keltische und mediterran beeinflusste Motive auf. Zu sehen sind drei Köpfe in gleicher Höhe. Zwei schauen zur Mitte, wo der dritte Kopf auf einer Säule ruht und zum Betrachter blickt. Zudem sind drei Tiere erkennbar: Ein schreitender Hirsch, ein springender Hase und ein in die Gegenrichtung blickender Vogel. Bei der zentralen Figur handelt es sich um den Genius der Brigachquelle, die damit auch das numenhafte Wesen der Donauquellen verdeutlicht. Vermutlich ist es die mythische Ahnfrau Abnoba des Schwarzwaldes. Die Sprachwurzel **ab-a* ihres Namens *Abnoba* bedeutet schon „Wasser, Quelle". In römischer Zeit wurde sie mit der Göttin Diana gleichgesetzt.

Zum von Pirmin verleumdeten Baumkult existiert in St. Corneli bei Feldkirch-Tosters die „tausendjährige" Eibe als Beispiel aus dem Volksglauben. Dort nahmen die Leute früher etwas Rinde vom Baum mit, um sie für Heilzwecke zu verwenden. In Schleswig wiederum ist das Gebet von einem Bauern überliefert, der die Äste eines Holunders stutzen musste. Er sprach den Baum wie folgt an: „Frau Elhorn, gib mir was von deinem Holze, dann will ich dir von meinem auch was geben, wann es wächst im Walde." Eine Aufzeichnung im nahen Dänemark berichtet um 1722, dass man nach alter Überlieferung den Holunder nur anschneiden dürfe, nachdem man die Erlaubnis erbeten hatte: „Mutter des Holunders, erlaube mir, deinen Wald anzuschneiden." (Caminada 2010:91) Außerdem war es üblich, Milch auf die Wurzeln zu gießen und eine Opferspeise darzubringen. Erst danach wagte man, den Baum zu schneiden.

Holden und Kniestein

Ebenso war auch der Steinkult am Bodensee zurzeit der Missionare stark verbreitet. Einige der mythischen Steine waren beim Volk so bedeutsam, dass diese durch mehr oder weniger glaubwürdige Legenden den Heiligen zugeschrieben wurden. So soll der hl. Gallus oberhalb von Bregenz in einer Felsnische gehaust haben, dem sogenannten Gallenstein. (Niederstätter 2012:110) Diese Bezeichnung bezieht sich aber nicht nur auf den Fels, sondern besonders auf eine flache Steinplatte in der Höhle, worauf der Sendbote geschlafen und seine menschliche Gestalt hinterlassen habe. Die Steinplatte selbst hieß Gallen- oder Fieberstein und soll heilkräftig gewesen sein. Allerdings setzt sich Gallus hier auf einen archaischen Kultstein, der schon in (vor)keltischer Zeit aufgesucht wurde. Seine menschengestaltige Form verkörperte ein Ahnenwesen, mit dem Heilungsrituale, Tempelschlaf und Fruchtbarkeitsbräuche verbunden waren. Leider wurde der Gallenstein um 1850 gänzlich weggesprengt.

Noch zu sehen ist aber der weiße Kultstein von Götzis-Arbogast, wo die heutige Wallfahrtskirche so über dem Stein gebaut wurde, dass er halb an der südlichen Seitenmauer herausragt. Der Stein selbst hat eine stattliche Öffnung. Diese soll durch den hl. Arbogast im 6. Jahrhundert entstanden sein, der auf dem Stein gekniet und dadurch seinen Abdruck hinterlassen habe. Die Legende ist zwar kaum überzeugend, sie hat aber genügt, den alten Stein zu christianisieren und damit vor der Zerstörung zu retten.

Früher lag der mythische Stein in einem Eichenhain, der sicher schon vor Arbogast ein sakraler Ort war. Die naturverbundenen Rituale, die mit dem Ahnenstein verbunden waren, sind teilweise noch bekannt. So gilt er als heilkräftig bei Fußleiden oder sonstigen Gebrechen. Vielfach genügt es, ihn zu be-

Kultstein von Götzis-Arbogast bei der Wallfahrtskirche.

rühren, um geheilt zu werden oder etwas zu erbitten. Sehr archaisch ist es aber, wenn Frauen in die Öffnung hineinknien und sich einen Bräutigam wünschen. Hinter dieser einfachen Handlung steckt allerdings ein ganz anderes Ritual. Denn der Kultstein ist mit seiner außerordentlichen Öffnung kein Kniestein sondern ein Vulvastein. Diesen Schoß berührt die Braut, um ein kleines Kind zu empfangen. In Arbogast finden wir somit einen weiblichen Heil- und Kinderherkunftsstein, der einer mythischen Ahnfrau geweiht war.

In Götzis war diese Kinder schenkende Ahnin aus vorchristlicher Zeit um 1500 noch bekannt. Etwa einen Kilometer vom Kultstein entfernt liegt die Örfla-Schlucht. In dieser Kluft galten Felsen als Wohnstätten von „Unholden", worunter man damals noch „holde" Wesen verstand und keine Hexen. (Tschaikner 2008) Sie waren wohlwollende, mythische Frauengestalten, die in der Nacht durch die Luft fuhren und einzelne Menschen mitnahmen. Diese unterrichteten sie und zeigten ihnen die Zukunft. Die Holden waren Wesen des Totenreichs und der Anderswelt. Sie hausten überwiegend in den Bergen und erinnern an das umziehende Nachtvolk. Erst später wurden diese Ahnengeister zu Dämonen gemacht.

Feuerkult und Funkenfeuer

Des Weiteren wendet sich Pirmin gegen das „Fest der Frühlingsfeuer". Damit sind Feuer am Ende des Winters und im (Vor)Frühling gemeint, so zum Beispiel die Funken- oder Osterfeuer. Entsprechende Feuerkulte gibt es bei verschiedenen Völkern Europas, so dass diese nicht auf einen einzigen Ursprung zurückzuführen sind. In Mitteleuropa und in der Bodenseeregion sind die Funkenfeuer immer noch beliebt. Sie dürften hier indirekt auf einer keltischen Tradition beruhen. Aber auch im römischen Jahresbrauchtum existierten ähnli-

Traditionelles Funkenfeuer in Dornbirn.

Rotierende Scheiben beim Funkenfeuer in Dornbirn.

che Feuerkulte zum Jahresanfang am 1. März. An diesem Tag wurde im Tempel der Göttin Vesta das heilige Feuer neu entzündet. Dies geschah bei den Kelten jeweils am Beltanefest Anfang Mai. Dabei wurde das Herdfeuer gelöscht und mittels eines Feuersteins neu entfacht. Hinter dem Verbrennen von Stroh, Holz oder einer Strohfigur steht ein alter Vegetationsbrauch. Vielfach wird der Winter als dürre Gestalt oder Strohpuppe personifiziert, welche der oder die Alte heißt. Im Vorfrühling soll der Winter dann allmählich weichen und sich zum Grünen Mann oder zur Frühlingsbraut wandeln. Das Verbrennen der mythischen Naturwesen ist dabei kein Sterben sondern eine Transformation. Der Winter verjüngt sich zum Frühling, genauso wie die Landschaft selbst.

Möglicherweise wurde der keltische Feuerkult durch den römischen Vestabrauch beeinflusst. Doch erst im 11. Jahrhundert legte die Kirche die Funkenfeuer auf den Aschermittwoch fest. In der ersten Hälfte des 8. Jahrhunderts verdammte Pirmin den alten Jahresbrauch noch. Es brauchte fast 400 Jahre, bis er in den Kirchenkalender integriert wurde. (Zender 1980)

In seiner Schrift könnte Pirmin mit „Frühlingsfeuer" auch das sogenannte Scheibenschlagen gemeint haben, das vielerorts in der Nacht gepflegt wird. Dabei halten die jungen, unverheirateten Männer an einer langen Gerte eine Holzscheibe solange ins Feuer, bis sie glüht. Dann nehmen sie diese von der

Feuerstelle, schwingen sie um die eigene Körperachse und schlagen die brennende Scheibe an einem Holzbock ab. Dadurch fliegt die Feuerscheibe mit einem langen Schweif in die Dunkelheit hinaus. Sie macht einen riesigen Bogen, und je weiter die Scheibe fliegt, desto gesegneter und fruchtbarer wird das neue Jahr.

Das Scheibenschlagen ist ursprünglich ein Männerbrauch aus vorchristlicher Zeit. Die jungen Burschen stellen in diesem Feuerkult den frühlingshaften Mann dar. Er vertreibt durch das Fruchtbarkeitsritual den Winter, während die glühende Scheibe den Sonnenlauf versinnbildlicht. Die feurige Scheibe wird aber für jemanden geschlagen, nämlich für die Geliebte des Jungen. Sie wird mit einem Spruch in dieser Nacht besungen, und an der Scheibe wurden einst magische Zeichen angebracht. Diese gelten der mythischen Geliebten, sei diese die Mond- oder Venusgöttin.

In der Bodenseeregion werden die Feuerbräuche in Oberschwaben, im Allgäu, im Schwarzwald, in Vorarlberg und in der Ostschweiz gepflegt. So kennt zum Beispiel Stetten bei Meersburg als auch Dornbirn das Funkenfeuer und das Scheibenschlagen. Funkenfeuer sind in Langenargen, in Geißau im Rheindelta, in Herisau und Waldstatt sowie südlich von Stein am Rhein bei Unterstammheim bekannt.

QUELLEN UND GEWÄSSER

Als die Mönche Columban, Gallus und Pirmin in der Bodenseeregion die Alemannen missionierten, hatten sie gegenüber der altheiligen Glaubenswelt der Germanen keinen leichten Stand. Die fränkische und alemannische Oberschicht war aus machtpolitischen Gründen zwar bereit, das Christentum anzunehmen, jedoch pflegte das Volk noch lange herkömmliche Traditionen einer bäuerlichen Gemeinschaft. Wie die Kelten und Räter feierten auch die Alemannen die Naturzyklen des Jahres, indem sie Frühlings-, Sommer-, Herbst- und Winterbräuche pflegten. Zudem verehrten sie heilige Bäume, Steine, Felsen, Berge, Hügel, Quellen und Flüsse. Sie sahen in der Natur wirkende Kräfte von „Geistwesen", und ihre Glaubenswelt war geprägt von der Natur- und Ahnenverehrung. Die Ahnen waren die helfenden Mächte, an die sich die Sippenmitglieder wandten – sei es in der Not oder um einen Ratschlag zu erhalten. Die Natur selbst wurde als beseelt und belebt aufgefasst, in der sich die geisterhaften Ahnen aufhielten. Entsprechendes galt für die ganze Natur, die man sich oft als großes Wesen und als einen wandelbaren Körper vorstellte. Ein

Quellen sind immer noch Heiligtümer. Münzen in der Donauquelle von Donaueschingen.

schönes Sinnbild dafür ist Frau Welt, die als universelle Gestalt die Erde und den Kosmos verkörpert. So verehrten die alten Stämme einen mächtigen Baum aus verschiedenen Gründen: Weil sie darin die Lebenskraft der Natur sahen, das Wirken eines göttlichen Wesens (Baumgöttin) oder den Seelensitz einer verstorbenen Person. Ebenso war eine Quelle der heilige Schoß einer Erdgöttin, die Heilung oder neues Leben schenkte.

Allgemein lässt sich sagen, dass die Alemannen, Kelten und Räter eine Mythologie hatten, die auf einer Naturverehrung, Ahnenverehrung und einem Wiedergeburtsglauben beruhte, so unterschiedlich ihre Traditionen auch ausgeprägt waren. Hinzu kommen eine animistische und schamanische Weltsicht, die in Resten vorhanden war. Wenn also zur römischen Zeit und im frühen Mittelalter noch solche Bräuche bestanden, wie viel ausgeprägter waren sie in der Frühgeschichte, wo sie ihre Wurzeln haben.

Wassergeist und Seeopfer

Das animistische Weltbild lässt sich sehr schön am Beispiel der Gewässer zeigen. Gemäß der Lebensgeschichte des hl. Gallus soll dieser einmal am Bodensee gestanden sein. In der Stille der Nacht warf er am Seeufer seine Netze ins Wasser. Da hörte er plötzlich seltsame Stimmen. Er vernahm, wie ein Geist von einem benachbarten Berg herab mit lauter Stimme einen anderen Geist mit Namen rief. Dieser wohnte in der Tiefe des Sees und antwortete dem Berggeist: „Hier bin ich!“ Da sprach der Geist auf der Höhe: „Erhebe dich zu meiner Hilfe, auf dass wir jene Fremdlinge vertreiben, die, aus der Ferne daherkommend, meine Bilder im Tempel zerbrochen und das Volk von mir abgewendet haben. Lass uns die gemeinsamen Feinde über die Grenzen jagen!“ Der Seegeist antwortete: „Wehe, dass du die Wahrheit sprichst! Das erfahre ich an mir selber; denn einer von ihnen plagt mich im Wasser und verödet meine Reiche.“ (Schöppner 1852:29f.)

In dieser Episode aus der frühen Christianisierung des Bodensees stehen auf der einen Seite die See- und Berggeister der animistischen Welt und auf der anderen die Missionare, die nur ihren Gott gelten lassen. Entsprechend vertreiben die Mönche die Wasser- und Berggeister, d.h. sie entzaubern die Landschaft, indem sie die Ahnen- und Naturwesen verdrängen: „Kaum hatten sie angefangen zu beten, als sie auch das Geschrei der Geister vernahmen, die sich mit verworrenen Klagen über die Berge und den See flüchteten. Einer jener

Berg- und Seegeist am Bodensee in der Abendstimmung.

Verscheuchten, nach der Sage eine Hexe, soll in der Bedrängnis in drei Absätzen über den See gesprungen und dann weiter geflohen sein."

In unserem Zusammenhang ist es von Interesse, dass hier der Bodensee einen Geist besitzt, ja der See selbst ein Wesen ist. Der See spendet Nahrung wie Fische und Trinkwasser, fordert aber auch jährlich eine Gabe. Vom Rhein wird gesagt, dass er ein Opfer haben will, und auch der Walensee holt sich einmal im Jahr einen Mann ins Wasser. Im Hochsommer zur Johanniszeit (24. Juni) – also zur Sommersonnenwende – fährt kein Fischer mit seinem Kahn hinaus auf den Bodensee, denn schon manchen habe es am Netz in die Tiefe hinabgezogen. Ebenso warnt man die Jungen, dann zu baden. Sollte der See sich seinen Menschen nicht an Mittsommer holen, so am Magdalenentag (22. Juli). In Graubünden opferte man dem Rhein jeweils ein junges Fohlen, bis dieser Brauch von der Obrigkeit verboten wurde. In einer Sage aus Eriskirch und Markdorf mit dem Titel „der feurige Fischer" geht hervor, dass ein ertrunkener Mann zu einem Seegeist werden konnte und der tiefe See als Anderswelt aufgefasst wird.

Der feurige Fischer Früher sah man auf dem Bodensee zur Nachtzeit oftmals einen feurigen Mann, den man nur den feurigen Fischer nannte. Der lief auf der ganzen Fläche des Sees umher und neckte die Fischer, die bei Nacht fuhren, und setzte das oft so lange fort, bis sie ihm ein Band oder ein gewobenes Seil zuwarfen und ihm zuriefen: „Fischer, hier hast du ein Bändel!" Dann kam er sogleich ans Schiff und nahm das Bändel oder Seil und zündete es an, und manchmal soll er gesagt haben: „Solang dies Bändel brennt, solang darf ich ruhen von meinen höllischen Qualen." Man hat ihn an allen Orten, die am Bodensee liegen, schon gesehen. Da geschah es dann wohl, dass die Spinnerinnen, die den feurigen Fischer auf dem See erblickten, ihm zuweilen einen lang und dick gesponnenen Faden zum Fenster hinaushielten und ihm zuriefen. Augenblicklich stand er hinter dem Fenster und nahm den Faden. Wenn dieser recht lang war, schlug er ein helles Freudengelächter auf und begab sich wieder auf den See und zündete den Faden an. (Wolf 1853:439f.)

Wahrscheinlich erinnern die „Spinnerinnen" in dieser Sage an die drei Schicksalsfrauen, die jedem Menschen den Lebensfaden spinnen, ablängen und zerschneiden – um ihn dann wieder erneut zu spinnen. In diesem Sinn wäre der gesponnene Faden des Fischers sein Lebensfaden, der ihm anzeigt, dass er aus der Anderswelt wiederkehren wird. Einst war der „feurige Fischer", der sich nun in einem Jenseitsort aufhält, eine „Opfer"-Gabe für den See. Durch christlichen Einfluss wurde diese Unterwelt zu einer „Hölle" dämonisiert. Die Lebenskraft der Schicksalsfrauen mit ihrem Faden bewirkt jedoch, dass der Seegeist bald wiedergeboren wird. Somit schließt sich der Kreislauf von Leben und Tod, der in der alten Mythologie nur ein Zwischenbereich der Erneuerung war.

Herkunftsorte der kleinen Kinder

Besonders die vielen Herkunftsorte der kleinen Kinder erinnern noch an die animistische Glaubenswelt. Hier holten bzw. empfingen die Frauen die Seelen der verstorbenen Sippenmitglieder, um diesen durch eine Wiedergeburt ein neues Leben zu schenken. Dabei spielen Brunnen, Quellen und Gewässer eine außerordentliche Rolle, die als Seelensitze der Verstorbenen gelten. Zudem ist Wasser das Lebenselexier schlechthin, das aus dem Schoß der Erde hervorquillt. In Tuttlingen, Blaubeuren und Rottenburg erzählt man, dass die Hebamme einen geheimen Brunnen habe, aus dem sie die kleinen Kinder fische. Bevorzugt wird das frische, klare Quellwasser der Brunnenstuben als Aufenthaltsort der Kleinen. Oder das heilkräftige Wasser wie in Brackenheim, Cannstatt und Crailsheim. In Ulm nennt man den Butzenbrunnen (*Butz* gleich Geist, kleiner Mensch), in Ebersberg den Aunzenbrunnen (*aunzen* ist wimmern) als Kinderort.

Nebst dem Brunnen wird auch ein See, ein Weiher oder ein Bach erwähnt. In Leutkirch werden die kleinen Kinder von der Iller angeschwemmt, in Gaildorf vom Kocher. In Rottenburg kommen sie aus der Quelle des Seltenbaches. Ebenso bringt das Altwasser der Donau in Laupheim und des Neckars in Esslingen die Kinder. In Holzmaden (Kirchheim) sagte man früher, die Hebamme pfeife den Neugeborenen mit einem Pfeiflein. Sie trägt die Kinder in der Schürze, in einem Korb (Leutkirch, Ravensburg) oder in ihrem großen Kopftuch. Im Korb oder im Butten holte man sie früher aus den Siebenröhrenbrunnen in Heilbronn nach Sontheim.

Auch Steine und Höhlen bergen Kinder, wobei das Vorhandensein von Wasser vorausgesetzt wird. In Agenbach (Calw) zieht die Hebamme die Kinder unter einem großen Stein am Heldenbrunnen hervor. In Neuhausen (Tuttlingen) holt sie diese im Steinbruch. In Heubach (Gmünd) in einer Höhle am Rosenstein, in der sich ein Brunnen befindet. Und in Schlattstall (Kirchheim) aus einer Felsenspalte – dem sogenannten Goldloch.

Die Quelle als weiblicher Ort des neuen Lebens.

Die Zauberfrau im Duttental

Ein schönes Beispiel, wie eine keltische, römische oder alemannische Göttinnenverehrung noch weit in die christliche Zeit fortlebte, zeigt das Bildnis der Dutt. Anton Birlinger (1861:2) erwähnt in seinem Sagenbuch folgende Begebenheit: Das Tal zwischen Tuttlingen und der badischen Stadt Möhringen heißt Duttenthal. Dort soll eine Göttin namens Dutt verehrt worden sein. Einst habe man im Tal eine weibliche Figur unter dem Moos gefunden. Sie sei von blauem Sandstein, schlank und von Menschengröße. Dazu habe sie einen kleinen Kopf, zwei Gesichter und eine Doppelbrust von großem Umfang. Das Bildnis der Göttin wurde nach Tuttlingen gebracht und sei mehrere Jahrhunderte auf dem Stadtbrunnen gestanden. Eines Tages wurde das Bild jedoch verkauft und von einem Maurer zerschlagen. Stücke davon seien noch in Mauern vorhanden.

Diese Beschreibung ist sehr konkret und kaum phantasievoll. Es könnte sich beim Göttinnenbildnis um eine griechisch-römische Tyche-Fortuna handeln, die auch doppelgesichtig dargestellt wurde. Die Dutt selbst soll eine Zauberfrau im Duttental gewesen sein, die man Duttfee oder Dupfee nannte. Der Name könnte keltischen Ursprungs sein. Zudem dürfte die Bezeichnung *dut-* oder *dup-* „Wasser" bedeuten. Man vergleiche dazu den Flussnamen Le Doubs im Jura.

Nicht weit von Tuttlingen, in Fridingen an der Donau, ist auch von einer schwarzen Frau die Rede. Diese wohnt dort, wo die Donau eine halbe Stunde unterhalb Fridingen eine Schlucht bildet. Die Stelle trägt den Namen „Weibels Teich". In Ertingen östlich von Sigmaringen soll einmal ein Kind in eine Brunnenstube gefallen sein. Trotz der geringen Tiefe des Wassers ist es spurlos verschwunden. Man sagt, in der Tiefe des Brunnens sei eine behagliche Stube, in der eine alte Frau wohne. Diese locke die Kinder mit allerlei Versprechungen zu sich hinab. Später wurde der Brunnen zugeschüttet. Doch noch immer könne man am Boden horchen und die Alte mit ihren Kindern reden hören.

Der Schlangenbrunnen von Munderkingen

In Munderkingen an der Donau hören wir eine seltsame Geschichte von einer Schlange im Brunnen. Hier ist es also nicht eine alte oder schwarze Frau, die in der Tiefe wohnt, sondern eine mächtige Schlange – das Symboltier der

Schwangere Frau beim Schlangenbrunnen von Munderkingen.

Wasser- und Erdgöttin. Der altheilige Quellort war einmal eine Kultstätte, an der die Frauen die Kinderseelen empfingen und schwanger wurden. Das neue Leben wurde von der „Schlange“ geschenkt. Dies geht deutlich aus einer lokalen Legende hervor. Doch die Schilderung entstellt die ganze Mythologie des Naturortes, indem den Frauen Angst vor dem Wasser und der Schlange gemacht wurde. So soll um 1498 die Frau des Mesners aus dem heiligen Brunnen neben der Wallfahrtskirche auf dem Brunnenberg Wasser geschöpft und getrunken haben. Bald darauf sei sie wie eine Schwangere geworden und bekam einen dicken Bauch. Nachdem sie Gott und Maria angerufen habe, hätte sie unzählige Schlangen von sich gegeben. Im Brunnen fand man darauf eine riesige Schlange und Schlangenlaich.

Der Quellortforscher Klaus Kramer schreibt zu dieser phantasiebeladenen Geschichte treffend: „Besonders in Süddeutschland findet man viele Wallfahrtskirchen und Kapellen neben altheiligen Quellen. Ein typisches Beispiel ist die Wallfahrtskirche auf dem Brunnenberg bei Munderkingen. Schon der Flurname weist darauf hin, dass sich an dieser Stelle einst ein bedeutendes alemannisches Quellheiligtum befand. Die ausgestreuten Sagen und Legenden lassen vermuten, dass das Trinken des Quellwassers aus dem heute noch vorhandenen Brunnen den Frauen Kindersegen versprach. Spätestens um 1340 entstand auf dem Brunnenberg eine Kapelle, mit der man dem heidnischen Brunnenkult entgegenzuwirken versuchte. Den Bau des Gotteshauses an diesem Platz erklärte man den Menschen mit folgender Legende: Ein frommer Bauer namens Hess habe beim Pflügen seines Feldes am Brunnenberg ein Marienbild gefunden. Als er dieses von seinem Feld fortbringen wollte, kehrte es auf wundersame Weise immer wieder an den Fundort zurück. Die Figur wollte scheinbar ausschließlich an diesem Ort verehrt werden. (Eine solche Begründung für den Bau von Kapellen auf vorchristlichen Kultplätzen findet man vielerorts.) Wie die erste Kapelle mit angebauter Klause und der Brunnen ausgesehen haben mag, kann man auf dem unten gezeigten Ölbild erkennen. Trotz Kirchenbau und Anwesenheit eines Klausners wird die Anziehungskraft des alten Heiligen Brunnens auf die Frauen der Umgebung nicht nachgelassen haben. Trotz christlicher Verbote und Warnungen pilgerten die Frauen auch weiterhin zum Fruchtbarkeit verheißenden Frauenbrunnen, um dessen Wasser zu trinken.

Nun wurde eine weitere Legende verbreitet: 1498 habe auch die Frau eines Mesners aus dem Brunnen getrunken, um Kinder zu bekommen. Hierbei habe sie mit dem Wasser auch Schlangenlaich heruntergeschluckt, der sich im Brunnen befand. Ihr Leib sei daraufhin so prall und schwer geworden, dass sie die hl. Maria in der Brunnenbergkapelle um Hilfe angefleht habe. Dank ihrer inbrünstigen Gebete und Marias Hilfe seien schließlich 57 junge Schlangen aus dem Leib der Mesnerin gekrochen. Beim anschließenden Ausräumen des Brunnens soll man darin eine mächtige ‚alte Schlange' von ‚20 Werkschuh und 3 Zoll' Länge gefunden haben. Mit dieser Geschichte dürfte die Wallfahrt der Frauen zum heiligen Brunnen beendet gewesen sein. Denn wer wollte schon statt eines gesunden Kindes eine vielköpfige Schlangenbrut gebären? Um das Volk vor den bösen Schlangen im Brunnen zu ‚beschützen', wurde der heilige Brunnen mit einer Haube abgedeckt. Das in der Kirche gezeigte Ölgemälde, bei dem eine gefährlich aussehende Schlange aus dem Brunnenschacht blickt, warnte die Bevölkerung fortan in anschaulicher Weise davor, den Brunnen zu benutzen. Unter der Empore wurde die große Schlange, die man angeblich im Brunnen fand, in voller Länge abgebildet. Selbst der einfältigste Analphabet war so in der Lage, die eindeutige Bildersprache zu lesen, um das Dargestellte zu glauben.“ (Kramer 2017)

Trotz dieser Schauergeschichte konnte sich in Munderkingen der Brunnenkult als Fastnachtsbrauch erhalten. Und zwar als Brunnenspringen am Aschermittwoch. Zwei Brunnenspringer tauchen nach mehreren Trinksprüchen und einem Becher warmen Weins in das kalte Wasser des Marktbrunnens und dürfen anschließend die umstehenden Mädchen nass spritzen und küssen. Vermutlich handelt es sich bei diesem Wasserritual ursprünglich um einen alten Vegetationsbrauch von Tod und Erneuerung im Jahreskreis: Der junge Mann erlebte eine Jenseitsreise in die Unterwelt (Brunnentiefe) sowie eine Wiederkehr von den Reichtum spendenden Ahnengeistern. Anschließend feierte er mit der Frühlingsbraut Hochzeit.

Diese mythischen Hintergründe werden jedoch nur noch verkürzt im Fastnachtsbrauch gespielt. In der Schweiz heißt der Grüne Mann im Aargau Pfingstlümmel. Er geht in Begleitung umher und wühlt das Wasser der Brunnen auf. In Bad Ragaz verdeutlicht der verhüllte Maibär das Wachstum der Felder. Er zieht mit seinem grünen Kleid aus Blättern und Ästen durch die Gassen und springt schließlich von einer Brücke in den Tamina-Fluss. Diese fließt in den Rhein und weiter in die Anderswelt, bis der Maibär im nächsten Jahr wiederkehrt. In Deutschland muss sich der am spätesten zurechtgekommene Bursche als Pfingstling und, wo ein Teich oder Bach ist, als Wasservogel darstellen. Er reitet inmitten seiner Kameraden in den nächsten Wald, wo man ihn mit Laub und Zweigen einbindet. Dann wird das Dorf im Triumph durchritten. Alle folgen dem Zug zum Bach, wo der Pfingstlümmel oder Wasservogel vom Pferd herab feierlich ins Wasser geworfen wird.

In Munderkingen gibt es zum Brunnenspringen verschiedene Erklärungen, die jedoch als neuere Begründungen zu sehen sind: Der Sprung sei ein Bußesprung zum Abwaschen der Sünden der Fastenzeit. Auch zur öffentlichen Erneuerung der Taufe. Oder: Mit dem Sprung gelinge dem jungen Burschen die Aufnahme in die Zunft der Handwerker im Rahmen des Hochzeitsbrauchs.

Die Notburgaquelle in Bühl

Noch phantasievoller als die Schlange auf dem Brunnenberg bei Munderkingen ist die Legende der Notburga von Bühl im Klettgau bei Waldshut. Hier wurde offenbar eine keltisch-römische Quellgöttin verehrt, die Kinder schenkte und das Land fruchtbar machte. Gemäß der Legende soll die Königin Notburga aus Schottland stammen und von dort im 9. Jahrhundert geflohen sein, nachdem ihr Gatte ums Leben gekommen sei. Sie ging schwanger durch England, setzte nach Ostende über und kam rheinaufwärts über Aachen, Mainz und Säckingen schließlich in Bühl an. Dort habe sie sich beim Dorfhügel niedergelassen und eine Klause bewohnt, in deren tiefem Kellergewölbe eine Quelle sprudelte, die auf Geheiß der Heiligen entsprungen sei. Am 24. Juni 820 habe sie dann neun Kinder geboren, von denen eines starb. Aus einem Fels, den sie mit einem Stab berührt habe, sei eine weitere Quelle entsprungen, aus deren Wasser sie ihre Kinder taufte.

Auffallend ist bei dieser Notburga die Neunlingsgeburt, die nur von einer mythischen Ahnfrau bewirkt werden kann, sowie die enge Verbindung zum Wasserkult. Sie lässt mühelos zwei Quellen hervorsprudeln. Ebenso bezeichnend ist der Tag ihrer Niederkunft: der 24. Juni. Dies ist der Liebes- und

Heilige Quelle der Notburga im Wald nördlich von Bühl im Klettgau.

Notburga mit ihren neun Kindern. Dorfkirche in Bühl im Klettgau.

Fruchtbarkeitstag Johannis, der wiederum auf die Sommersonnenwende hinweist. Im mythischen Jahreskreis entspricht dieser Tag der Heiligen Hochzeit zwischen einer Muttergöttin und dem Vegetationsheros, damit die Natur reiche Früchte trägt. Ferner ist erstaunlich, dass hier die Christianisierung einer alten, kinderschenkenden Erdgöttin noch im 9. Jahrhundert geschieht, und zwar nicht mit der Gestalt der Maria, sondern mit einer Königin aus Schottland. Damit wären wir wieder bei der iro-schottischen Missionierung der Alemannen in der Bodenseeregion angelangt.

Verena und Diana Abnoba

Interessant wäre natürlich zu wissen, welche Fruchtbarkeit spendende Ahnfrau hinter der legendenhaften Klettgauer Notburga steckt. Nicht weit von Bühl rheinabwärts liegt Zurzach, wo die mythische Verena mit einer Quelle verbunden war und den Frauen Kinder schenkte. Dieselbe Verena wurde im Verenenbad von Baden verehrt. Dort gingen die Frauen jeweils zur Quellfassung, um vom heilsamen Wasser zu empfangen. In Wettingen bei Baden ist eine römische Weihinschrift entdeckt worden, die eine Verehrung der Göttin Isis belegt. Hier wurde in römischer Zeit die keltische Verena mit der Wasser- und Nil-Göttin Isis gleichgesetzt. Darum heißt es in der Verena-Legende vielfach, dass sie aus Ägypten stammen soll. Der Name *Verena* überliefert eine alteuropäische Sprachwurzel **ver-* „Wasser“, die über das Keltische tradiert wurde. Entsprechend ist die mythische Verena selbst schon das lebensspendende Quellwasser. Von Baden nach Zurzach und von dort nach Bühl sind es jeweils weniger als 20 Kilometer. Daher vermute ich, dass es sich bei der „keltischen Notburga“ um die mythische Verena der Quellen handelt.

Eine andere Spur führt ins Rheinland zwischen Aachen und Mainz, wo in keltisch-römischer Zeit Hunderte von Weihesteinen den Muttergöttinnen aufgestellt wurden. Sie waren für Segen und Schutz des Landes zuständig, erhielten Gaben bei jahreszeitlichen Festen und schenkten den Frauen die erwünschten Kinder. Daher ist es vielleicht nicht zufällig, dass sich Notburga in der Region von Aachen und Mainz aufgehalten habe.

Etwas näher zu Bühl liegt der Schwarzwald, die Brigachquelle und Badenweiler. In dieser Landschaft wurde die keltische Göttin Abnoba verehrt. Auch ihr Name bedeutet wortwörtlich (Quell)-Wasser, obwohl sie in römischer Zeit mit der Diana verbunden wurde und somit einen neuen Sinn bekam. In unserem Zusammenhang ist nun das keltisch-römische Badenweiler aufschlussreich. Dort fand man bei den Bädern einen Weihestein an die Diana Abnoba, auf dem wahrscheinlich eine Figur der Göttin stand. Aus der Forschung ist bekannt, dass das Wasser von Badenweiler bei Kinderwunsch helfen sollte und die Frauenabteilung in den Thermen ziemlich groß war. Abnoba gilt hier als eigentliche Fruchtbarkeitsgöttin, die im doppelten Sinn Kinder hervorbringen kann: Einmal als Schöpferin des neuen Lebens und einmal als Kinder schenkende Ahnin der Frauen. Genau diese Funktion hatte auch die keltische und später legendenhafte Notburga von Bühl. Ihr Heilwasser sprudelt immer noch in einem nahen Wald des Dorfes, wo der Born Notburgaquelle heißt.

STEINE UND KULTFELSEN

Als der heilige Gallus im 7. Jahrhundert in Arbon am Bodensee die Menschen zum Christentum bewegen wollte, war er dabei so eifrig, dass er seinen Fußtritt auf einem Stein hinterließ. Ebenso soll er in Bregenz auf einem flachen Stein geruht sein, der seine Form annahm. Im 4. Jahrhundert soll die heilige Aurelia in Bregenz-Fußach wegen ihres Glaubens verfolgt worden sein. Sie rettete sich mit einem einzigen Schritt von Fußach über den Bodensee nach Lindau, wo auf einem Stein im See der Abdruck ihres Fußes zu sehen ist. In Füssen im Allgäu missionierte im 8. Jahrhundert der heilige Magnus. Am rechten Ufer des Lech zeigt man einen Fußtritt im Felsen, den man den Magnustritt nennt. Die Legende will, dass der Heilige von hier an das jenseitige Ufer hinüber geschritten sei, als er entschlossen war, am linken Lechufer ein Kloster zu gründen.

Der rötliche Quarzmarmorstein auf dem Liebfrauenberg von Rankweil.

Bei Götzis in Vorarlberg soll der heilige Arbogast im 6. Jahrhundert auf einem weißen Kultstein seine Knieabdrücke hinterlassen haben, die während seines Betens entstanden seien. Im gleichen Jahrhundert spielt die Legende des heiligen Fridolin unweit von Götzis in Rankweil. Hier soll er auf einem Stein im nahen Wald so heftig gebetet haben, dass sich auf wundersame Weise der Stein erweichte und sich die Knie eindrückten. Dieser rötliche Quarzmarmorstein soll heilkräftig sein und befindet sich nun auf dem Liebfrauenberg von Rankweil in einer kleinen Kapelle. Die verschiedenen Beispiele zeigen, wie vielfältig der Steinkult noch im frühen Mittelalter war. Die Missionare kämpften einerseits gegen den „heidnischen" Steinkult an, andererseits wurden die alten Steinstätten durch Wundergeschichten in die christliche Legende einbezogen und so selbst zu Steinen der Heiligen.

Belebte und verehrte Steine

Tatsächlich ist der Steinkult so alt wie der Quellenkult. Schon das Alte Testament erwähnt eine umfangreiche Steinverehrung, wie das Beispiel der Masseben (Malsteine) zeigt. Es handelt sich dabei um aufgerichtete Steine, ähnlich den europäischen Menhiren. Masseben sind Weihe- oder Kultsteine, die zur Erinnerung an besondere Ereignisse, zu Ehren von Persönlichkeiten oder für die Ahnen aufgestellt wurden. Eine biblische Geschichte erwähnt, dass Jakob an einem Stein schlief, der ihm als Kopfkissen diente. Dann nahm er den Stein, stellte ihn auf, übergoss ihn mit Öl und nannte den Ort *Bethel*, d.h Stein oder Haus Gottes. An anderer Stelle wird berichtet, dass Jakob einen Malstein an der Stelle errichtete, wo er mit dem Göttlichen in Kontakt kam, und goss Trankopfer darauf. Hier findet also die Verehrung der jenseitigen Mächte in Form eines aufgerichteten Steines statt. Bald wurden aber auch im Alten Testament die heiligen Steine dämonisiert – ein ähnlicher Vorgang wie später in Europa, wo das Christentum die Verehrung der Ahnensteine verbot. Die altheiligen Weihe- und Massebensteine werden durch eifrige Propheten zu „heidnischen" Monumenten erklärt: „Ihr sollt euch keine Götzen machen und euch weder Bild noch Steinmal aufrichten..." (3. Buch Mose 26,1). Damit verneinen die Propheten ihr eigenes Kulturerbe, wie wir oben mit dem Kultstein Bethel gesehen haben. Mit den Umwälzungen im 8./7. Jahrhundert BC der Könige Hiskias und Josias von Juda wurden die Masseben vernichtet. Ungeachtet des Verbotes und der Bekämpfung der Steinverehrung sind viele Masseben aber erhalten geblieben.

Nicht viel besser war es im christlichen Europa. Die Kirche dämonisierte die Kultsteine oder ließ sie zerstören – jedoch mit geringem Erfolg. Deshalb änderte man die Strategie: Nicht durch Zerstörung der Steine, sondern durch Vereinnahmung sollten sie in die christliche Glaubenswelt einbezogen werden. Dies geschah auf unterschiedliche Weise. Durch Aufsetzen eines Kreuzes oder durch Eingravieren christlicher Symbole. So stellte man die mythischen Steine in den Dienst der eigenen Religion. Der angelsächsischen Missionar Willibrord (658–739) soll zum Beispiel den oberen Teil des Menhirs auf dem Ferschweiler Plateau in der Eifel in ein christliches Symbol – das sogenannte Fraubillenkreuz – umgewandelt haben.

Andere Steine wurden in den Dienst des neuen Glaubens gestellt, indem man sie in Kirchen brachte, einmauerte oder unter den Altar stellte. So auch den Langen Stein von Kirchhain-Langenstein bei Marburg. Er ist der höchste Menhir Hessens und steht dicht neben der Kirche, teilweise in die Kirchhofsmauer einbezogen. Der Archäologe Detert Zylmann schreibt dazu: „Was doch wohl ein Hinweis darauf ist, dass manche dieser Steine bis in die Zeit der Christianisierung in gewisser Weise ihre alte Bedeutung bewahrt hatten, so dass es geraten schien, sie in den christlichen Bereich einzubeziehen und so dem Christentum entgegenwirkende Kräfte aufzufangen." Weniger Glück hatte ein Menhir in Cornwall. Als der heilige Samson von Wales in die Bretagne reiste, wurde er Zeuge von Einheimischen, die um einen Kultstein tanzten. Er empörte sich über diesen alteingesessenen Brauch und ließ den Menhir zerstören.

Dennoch überlebten zahlreiche Bräuche. Bereits im 13. Jahrhundert wird urkundlich erwähnt, dass sich einige Menhire an Feiertagen oder an Neujahr drehen sollen. Legt man überdies das Ohr an gewisse Steine, so sind Weh- und Klagelaute zu hören. Für viele sind die Steine immer noch Träger besonderer Kräfte, und in der Bretagne haben sie Einfluss auf Liebe und Kindersegen. Der Menhir von St. Cado bei Ploërmel beispielsweise macht sterile Frauen fruchtbar, wenn sie ihren Schoß an einer bestimmten Stelle des Steines reiben. In der Gegend von Carnac umtanzten kinderlose Paare verschiedene Steine, oder sie vereinigten sich in der Nacht bei ihnen. Rituelle Tänze im Kerzen- und Fackelschein sowie die Salbung mit Öl sollten die fruchtbar machende Wirkung der Menhire verstärken. Außerdem sind manche Steine zu Wallfahrtsorten geworden. Kranke, welche die Steine berühren, erhoffen sich Heilung. Personen, die am Fuß der Steine übernachten, wachen morgens erlöst von ihren Leiden auf. Die Steine haben somit unterschiedliche Heilkräfte. Wurden sie umkrochen oder berührte man sie mit den schmerzhaften Gliedmaßen, so nahm der Stein die Beschwerden.

In der Sagenwelt kommt sehr oft die Versteinerung eines Menschen vor. Entweder wünscht er sich dies selbst wie bei den Brautsteinen in Norddeutschland, oder es handelt sich um eine Strafe für einen Frevel. Sagenumwoben ist die Steinerne Jungfrau von Halle-Dölau (Sachsen-Anhalt). Man erzählt, dass hier einst eine Riesin in ein Gewitter geraten sei. Um ihr Kleid nicht zu beschmutzen und um trockenen Fußes voranzukommen, warf sie ihre Brote in die Pfützen. Wegen dieses Frevels wurden die Brote und sie selbst auf der Dölauer Heide versteinert. Zur Steinernen Jungfrau in Dölau gesellt sich das Steinerne Weib bei Wiesensteig im Landkreis Göppingen. Es handelt sich um eine mächtige Felsensäule links der Straße nach Westerheim über dem sogenannten Kessel. Diese Säule hat die Gestalt einer Riesenfrau, die einen Obstkorb auf dem Kopf trägt. Einst soll dort eine hartherzige Frau gelebt haben, die sogar ihre eigenen Kinder umbrachte. Am Ort, wo sie diese Tat vollbracht haben soll, wurde sie zur Strafe in ein steinernes Weib verwandelt. Wahrscheinlich ist diese Sage jedoch sehr verzerrt überliefert. Denn ursprünglich hat wohl die Steinahnin die Kinder nicht getötet, sondern wie so oft beim Kultstein den Frauen in einem Ritual geschenkt.

In anderen Sagen sind die Steine beseelt. Sie bewegen und drehen sich um die eigene Achse, gewöhnlich um Mitternacht, am Mittag oder um elf Uhr. In der Bretagne sollen einige ans Wasser gehen, sich tränken und wieder an den Steinort zurückkehren. Mit den Steinen ist die Vorstellung von einst belebten Wesen und Personen verbunden, die geheimnisvolle Kräfte besitzen. Deshalb muss ihnen mit Respekt begegnet werden.

Der Heidenstein von Schwörstadt

Sehr spannend sind auch die Steinkultstätten in Baden-Württemberg. Bekannt ist zum Beispiel das jungsteinzeitliche Großsteingrab von Schwörstadt im Landkreis Lörrach. Es handelt sich um ein ehemaliges, etwa 5500 Jahre altes Steinkistengrab, das einst als Rebhäuschen genutzt und im Volksmund „Heidentempel“ genannt wurde. Noch zu Beginn des 19. Jahrhunderts waren die Seitenwände, die Rückwand und die mächtige Deckplatte erhalten. Heute sehen wir nur noch die trapezförmige Frontplatte (Muschelkalktafel) mit einem ovalen „Seelenloch“. Der Archäologe Rolf Dehn schreibt dazu:

Heidenstein von Schwörstadt, Landkreis Lörrach.

„Nach Auflassen der Weinberge wurden leider die aus rotem Sandstein bestehenden Seitenwände und die rückwärtige Abschlussplatte zerschlagen und das Material beim Straßenbau verwendet. Die Deckplatte holte sich der Schmied, um sie als Schleifstein zu verwenden. Nur die Frontplatte mit der auffallenden Öffnung, dem ehemaligen Einstieg in das Grab, galt wohl als nicht geheuer und blieb deshalb erhalten. Grabungen, die 1922 und 1926 durchgeführt wurden, konnten einen trapezförmigen Grundriss der Anlage nachweisen mit einer Länge von 3,00 m und einer Breite von vorne 2,60 m und hinten 2,30 m. Obwohl das Innere des Grabes stark gestört war, ließen sich noch 19 menschliche Bestattungen feststellen. Die Grabbeigaben, u.a. eine Dolchklinge aus Feuerstein und durchbohrte Tierzähne, sind heute im Museum in Bad Säckingen ausgestellt." (www.schwoerstadt.de)

Menhire in Menschengestalt

Im Landkreis Tübingen wurde zwischen 1984 und 1995 in Rottenburg-Lindele ein Gräberfeld aus der Eisenzeit (800–200 BC) ausgegraben. Dabei kamen seltsame Menhire zum Vorschein, die eigentlich nicht in die Eisenzeit

Menschenförmige Steinstele von Rottenburg-Lindele. Heute im Archäologischen Museum Konstanz.

gehören, sondern aus dem 3. Jahrtausend stammen. Sie gelangten in einer Zweitverwendung in das spätere Gräberfeld. Die Stelen weisen menschenförmige Umrisse auf, so sind beispielsweise Kopf und Schulterpartie erkennbar. Der etwas kleinere der beiden Menhire ist gebrochen. Bei ihm sind Augen, Nase und vielleicht Mund durch einfache Vertiefungen angegeben. Am Hals könnte ein Halsring dargestellt sein. Zweifellos handelt es sich um die Darstellung einer „versteinerten" Person, d.h. um einen Verstorbenen oder um ein Ahnenwesen. Auch an eine Wächtergestalt ist zu denken.

In Tübingen-Weilheim wurde 1985 beim Bau eines Hauses in der Nähe des Neckars ein bedeutender Menhir aus der Bronzezeit entdeckt. Der etwa 4000 Jahre alte Monolith besteht aus Stubensandstein und hatte ursprünglich eine Länge von 4,5 Metern. Unweit des Fundorts ist heute eine Nachbildung aufgestellt. Der Stein ist nördlich der Alpen bisher ohne Vergleich. Auf der ursprünglich nach Westen orientierten Vorderseite sind fünf „Stabdolche" zu erkennen, dazu eine ovale Scheibe oder eine Mondsichel. Diese wird auch als Sonne gedeutet. Auf der Rückseite finden sich zahlreiche Schälchen und Rinnen, die seine kultische Bedeutung nochmals hervorheben. Der Menhir wurde bereits in mehrere Fragmente zerbrochen aufgefunden.

Der Bethenstein von Reute

Von besonderer Bedeutung ist der Steinkult in Reute zwischen Bad Waldsee und Ravensburg, der bisher nur in der Volkskunde eine Rolle spielte. Auf dem Reutener Klosterberg wird den Besuchern ein grauer, flacher Stein gezeigt, worauf verschiedene Spuren zu erkennen sind. Gemäß der Gründungslegende des

Kultstein der Bethe auf dem Reutener Klosterberg.

Franziskanerinnenklosters soll auf diesem Stein die Mystikerin Elisabeth Achler (1386–1420) gekniet und ihre Abdrücke hinterlassen haben. Ursprünglich lag der Kultstein im Klostergarten neben der Gartenlaube und hieß im Volksmund „Bethenstein". Zu diesem seltsamen Stein gesellt sich im Kloster auch ein sogenannter „Bethenbrunnen", den die Mystikerin erwirkt habe. Sie selbst wird im Volk nur die „gute Bethe" genannt und gilt als der „gute Geist" des Ortes.

Jedoch ist hier nicht sicher, wen das Volk mit der Bezeichnung „gute Bethe" oder „Bethen"-Stein wirklich meint. Denn die Benennung ist doppeldeutig. Vordergründig weist „Bethe" auf die Mystikerin Elisabeth hin, doch mit dem Ausdruck schwingt noch eine andere Volkserinnerung mit. Wir finden diese zum Beispiel in Leutstetten bei Starnberg (Oberbayern) in der St. Alto Kirche wieder. Darin hängt das Bildnis der drei heiligen Frauen Ainpet, Gberpet und Firpet, die als Schützerinnen gelten. Ebenso finden wir im Wormser Dom die drei gekrönten „Prinzessinnen" Einbede, Warbede und Willebede, die drei burgundische Königstöchter gewesen sein sollen. Der Wortteil *Bede* oder *Pet* steht zwanglos mit *Bethe* der Reutener „guten Bethe" in einer Bedeutungsreihe. In der kulturgeschichtlichen Forschung ist nun bekannt, dass die halb christliche Bethenverehrung auf einem alteingesessenen Dreifrauenkult beruht, der wiederum in Mitteleuropa auf den keltisch-römischen Matronenkult zurückgeht. Entsprechend dürfte auch der „Bethen"-Brunnen oder der „Bethen"-Stein in Reute ursprünglich auf die Mythologie der Matronen- und Schicksalsfrauen zurückgehen.

Der Blaue Stein bei Randen

Zwischen Schaffhausen und Blumberg befindet sich die Ortschaft Randen. Etwa zwei Kilometer östlich davon liegt in einem Wald eine imposante Steinstätte mit der Bezeichnung „Blauer Stein". Es handelt sich dabei um eine Felsformation aus einem basaltähnlichen Gestein, das während des Hegau-Vulkanismus entstanden ist. Die verschiedenen Basaltsäulen sind bis zwölf Meter hoch und bilden zusammen eine beeindruckende Felskulisse. Auf den Steinen konnte man einst weit ins Hegau blicken, jedoch ist dies heute wegen der Überwaldung nicht mehr möglich. Dennoch ist bei diesen Steinen ein Phänomen zu beobachten, das auch bei anderen Felsen in Erscheinung tritt. Je nach Licht und Schatten und besonders bei Nebel erkennt man beim Blauen Stein unterschiedliche Gestalten und Gesichter. Diese „versteinerten

Menschen" oder „Menschen im Stein" sind so deutlich, dass man die Felsen als ehemalige Kultstätte betrachtet.

Leider ist mit diesem Platz keine Sage überliefert, aber das Motiv des „Steinmenschen" erscheint in der Gegend gleich mehrfach. So zum Beispiel westlich von Randen bei Blumegg, wo oberhalb der Wutach die gleichnamige Burgruine liegt. Ebenfalls über der Wutachschlucht und in der Nähe der Ruine erhebt sich ein freistehender Felsturm, der entweder „Lunzistein" oder „Brautfelsen" genannt wird. Diese Bezeichnungen werden durch eine Sage erklärt. So soll einst in der Gegend der Freibauer Lunzi gewohnt haben, der mit der edlen Frau von Blumberg namens Mechthild verlobt war. Doch auch der Burgvogt von Blumegg begehrte die schöne Frau. Nachdem es einmal zwischen den Männern zu einem handfesten Streit kam und Lunzi den Vogt niederschlug, musste der Bauer mit seiner Braut fliehen. Die beiden Liebenden versteckten sich beim erwähnten Felsturm, doch der Burgvogt stellte die Fliehenden, und es kam zum Zweikampf. Nun berichten die einen Sagen, dass Lunzi den Vogt erschlug und dann floh, während in anderen Schilderungen der Freibauer am Felsen zu Tode kam. Daher der Name *Lunzistein*. Mechthild jedoch sprang vom hohen Felsen in den Tod, so dass der Felsturm *Brautfelsen* heißt.

Die Sage dürfte in dieser Weise nicht sehr alt sein, denn der Verfasser überformt einen mythischen Kern mit einer möglichen Lokalgeschichte. Die alte Spur finden wir hingegen beim Flurnamen „Brautstein" oder „Brautfelsen". Diese Benennungen sind in der europäischen Ethnologie bestens bekannt. So in Norddeutschland im Landkreis Oldenburg mit der Großsteinanlage Visbeker Braut. Vielfach handelt es sich bei diesen sagenumwobenen Steinen um eine in Stein verwandelte Braut oder um eine verzauberte Hochzeitsgesellschaft. Ebenso wurde früher bei Brautsteinen geheiratet. (Meier 1996) Beim Kultfelsen im Wutachtal können wir von einem ähnlichen Hintergrund ausgehen. Zudem erscheint die „Braut im Felsen" als eine versteinerte Person. Der Fels muss einmal ein Gesicht bzw. die Form einer Frau gehabt haben, worauf der Stein als „Braut" bezeichnet wurde. Doch wer ist eigentlich diese Braut im ursprünglichen Sinn? Interpretieren wir die Sage in einem mythologischen Kontext und entfernen differenziert die historischen Anlagerungen, so erscheint sie als junger, wunderschöner Aspekt einer Landschaftsahnin.

Eine solche Ahnfrau war auch in Schaffhausen bekannt. Unmittelbar im Norden, wo der Hämetalerbach entspringt, durchfließt der Bach das sogenannte Felsental. Über diesem Tal war einst in halber Höhe ein weißer Fels gut sichtbar. Zu erkennen waren der Kopf und der Körper einer Frau. Eine

Steingesicht der Felsgruppe Blauer Stein bei Randen.

Langer- oder Kindlistein von Tiengen bei Waldshut.

spätere Legendenbildung machte aus der mythischen Ahnfrau eine Maria mit Kind. Ihr alter Name ist leider nicht überliefert. Bis ins 19. Jahrhundert war die Steinmaria von weitem sichtbar, dann geriet sie in Vergessenheit. Die Felswand überwucherte gänzlich und das Bildnis verschwand. Zudem wurde es durch Kletterer teilweise zerstört.

Eine weitere Steinfrau erscheint in Tiengen bei Waldshut als ein mächtiger Nagelfluhfelsen. Der Menhir wird Langer Stein genannt und befindet sich auf einem abgeschlossenen Sportplatzgelände. Er ist knapp sechs Meter hoch und hat einen Durchmesser von bis zu 1,70 Meter. Im Mittelalter diente der Steinplatz als Richtstätte. Sein eigentlicher Name ist jedoch nicht Langer Stein sondern Kindlistein, was seinen mythologischen Hintergrund zum Ausdruck bringt. Verschiedene Sagenreste überliefern, dass dort Geister umgehen und vom Stein die kleinen Kinder kommen. Eine Fee soll in ihm wohnen, und die Hebamme hole aus seinem verborgenen Schoß in der Nacht die neugeborenen Kinder hervor. (Groht 2013:92) Trotz der Verwitterung kann man im Kindlistein die Gestalt einer Frau sehen. Und an der Vorderseite ist eine schoßförmige Nische sichtbar, von der die Amme die Neugeborenen herausnahm.

Es ist nun interessant zu sehen, dass auch dieser Kultstein wie die bisher beschriebenen keinen Eigennamen hat. Entweder werden die Steine nach ihrer Eigenschaft – Blauer Stein bzw. Kindlistein – benannt, oder es wird eine anonyme Braut erwähnt, die erst später rückwirkend einen historischen Namen bekommt. Dasselbe gilt für das Marienbildnis. Hier wurde ebenfalls der Marienname nachträglich auf den Frauenfelsen aufgesetzt. In der Sprachgeschichte ist es oft sehr schwierig, hinter die Zeitstufe der Historisierung und Christianisierung von Überlieferungen zu treten, um damit den alten Namen einer vielleicht alemannischen, römischen oder keltischen Gottheit herauszufinden. Eine Möglichkeit besteht darin, in römischen Inschriften nach keltischen Namen zu suchen, was im Fall der Göttin Abnoba im Schwarzwald gelungen ist. Oder die Fundorte liegen recht nah beeinander, so dass von einem Ort auf den anderen geschlossen werden kann. Dies ist zum Beispiel bei der Isis-Inschrift in Wettingen und mit dem alten Verena-Heilbad in Baden möglich.

Die Göttin Bittin und Maria

Beim Blauen Stein, der als möglicher Kultplatz gilt, liegt eine Ortschaft ebenfalls sehr nah. So finden wir nur fünf Kilometer nördlich vom Blauen Stein Hondingen bei Blumberg. Dort gehen die Anfänge der Dorfkirche bis ins 11. Jahrhundert zurück. Aus dem Jahr 1869 ist eine Schrift von dem damaligen Pfarrer Franz Sales Dörler erhalten. Er schreibt, dass hier ein Tempel für die Göttin Bittin stand. Aus der ganzen Gegend seien die Leute zur Verehrung der Ahnfrau zusammengekommen. Überhaupt hätten die Hondinger nur widerwillig das Christentum angenommen, und zwar wegen des alten Heiligtums. Das Bildnis der Bittin, eine Statue aus dem 8. Jahrhundert, wurde auf dem Kirchenspeicher aufbewahrt. Dann kam das Jahr 1706. Anlässlich einer Umdeckung des Kirchendaches wurde das „Götzenbild" auf dem Speicher entdeckt und dann auf dem Kirchplatz in Anwesenheit des Volkes verbrannt. Es soll die Inschrift „dea petitiones" getragen haben. Nach der Verbrennung der „heidnischen" Göttin trat an ihre Stelle die Jungfrau Maria, die seither viele Wallfahrer angezogen habe. (Kraus 1890:31)

Die Bezeichnungen *Bittin* oder *Dea Petitiones* stehen m.E. in einer Bedeutungsreihe mit der *guten Bethe* im Kloster Reute als auch mit dem Ortsnamen *Betenbrunn* bei Heiligenberg. Dabei werden in Reute wie in Betenbrunn ein heiliger Stein und ein Brunnen verehrt. Den Namen gemeinsam ist, dass sie auf einen mythischen Frauenkult hinweisen, der auch beim Mägdeberg erscheint. Dieser liegt nur 18 Kilometer von Hondingen entfernt, und die Indizien weisen darauf hin, dass dort die „Jungfrauen" auf die keltischen Bethen zurückgehen, die in keltisch-römischer Zeit als Muttergöttinnen verehrt wurden.

Wir wissen nicht, wie das „Götzenbild" der Bittin im 8. Jahrhundert ausgesehen hat. Wahrscheinlich war das Bildnis eine sitzende Frau, was der vorchristlichen Tradition entspricht. Maria trat dann an ihre Stelle, jedoch mit anderen Vorzeichen. Erstaunlich ist aber, wie lange das Volk an ihrer alten Ahnfrau hing. Während der hl. Pirmin im 8. Jahrhundert predigte, man soll keine Bildnisse verehren, kümmerte das in Hondingen niemanden. Und der Blaue Stein mit seinen Gesichtern im Fels? Er dürfte ebenfalls der Bittin geweiht gewesen sein.

HÖHLE UND ERDBAUCH

Das Eintreten in eine Höhle ist immer ein Übergang in eine andere Welt. Dazu auch ein Wechsel vom hellen Tageslicht in die dunkle Welt der Erde. Dabei spielt es keine Rolle, ob es sich um einen kurzen Erdgang handelt oder um eine riesige Karsthöhle mit seltsamen Stalaktiten. Selbst eine Felsnische unter einem mächtigen Steinblock kann das Gefühl geben, zwar in einem geschützten, aber doch in einem düsteren Raum zu sein. Manche fühlen sich in einer Höhle geborgen, für andere wiederum ist es ein schrecklich dunkler Ort der Stille. Doch immer hat die Höhle etwas Geheimnisvolles an sich und weckt die Neugier, was in ihr verborgen liegt. Wer einmal in einer absolut dunklen Grotte ein Höhlenerlebnisse hatte, der erlebte in der völligen Absonderung, wie man auf seinen eigenen Körper, seinen Atem und die Geräusche zurückgeworfen ist. Es ist ein Urerlebnis, das wir im Bauch der Mutter zuerst erfahren haben. Nur die inneren Bilder sind erkennbar, die uns wie ein Traum oder eben eine Anderswelt vorkommen. Dazu hören wir in leisen Abständen Wassertropfen von einem Kalkstein in ein Becken fallen, wodurch wir einen

Eiszeit-Höhle Petersfels bei Engen im Hegau.

Schwarzes Frauenfigürchen vom Petersfels bei Engen.

sanften Rhythmus schlagen hören. Dabei können uns die fallenden Tropfen selbst in einen Gleichklang bringen.

Es ist daher nicht erstaunlich, wenn sich schamanisierende Personen in Höhlen begeben und dort gleichsam zum Ursprung ihrer Existenz zurückkehren. Sie erfahren eine Jenseitsreise mit einem Tod- und Wiederkehrerlebnis. In der Kulturgeschichte ist die Höhle ein Gang zur Unterwelt der Schatten, wo das Reich der Ahnen liegt. Wer als Lebender dorthin gelangt und die Vorfahren befragt, hört von ihnen Ratschläge und Prophezeiungen. Das Schattenreich ist mit Orakel und Weisheit verbunden, aber der Zugang ist wie die Höhle selbst nicht ohne Gefahren. In der Ethnologie erscheint die Höhle auch als Herkunftsort der kleinen Kinder. Die Hebamme oder eine Frau, die sich ein Kind wünscht, tritt in die Höhle ein, um eine Kinderseele von der Anderswelt zu empfangen. Manchmal ist damit auch der „Tempelschlaf" verknüpft, denn der Traum gilt als Verbindung zur Jenseitswelt. In der Mythologie wiederum ist die Höhle das Reich der Schicksal bestimmenden, schwarzen Erdmutter der Unterwelt. Sie ist die Herrin der Tiere, die sie wie die Pflanzen durch ihre Lebenskraft den Menschen schenkt. Als Große Ahnfrau hat sie die Welt geschaffen und schützt die Menschen, die von ihr abstammen. Und als Tod-im-Leben-Ahnin holt sie die Verstorbenen in ihr dunkles Reich. Die Toten regenerieren sich durch ihre Erneuerungskraft und werden zu kleinen Kindern verjüngt. Diese Kinderwesen schenkt sie dann den Frauen, die sie aufsuchen. In der Landschaftsmythologie indes gilt die Höhle als Schoß der mythischen Ahnfrau, so wie der Grabhügel oder ein Berg ihren Erdbauch verkörpern kann. Der natürliche Innenraum ist einer der ersten Ritualorte der Geschichte und wird bis heute im Tempelbau nachgebildet.

Die Petershöhle bei Engen

Bei Engen im Hegau zwischen Singen und Tuttlingen liegt im Osten der Stadt Richtung Bittelbrunn das Brudertal. Hier befindet sich die sogenannte Petershöhle, die eher eine mächtige Felsnische darstellt als einen tiefen Höhlengang. Dennoch ist das Raumgefühl beeindruckend, und die Felshöhle ist groß genug, um einer Gruppe von Menschen Schutz zu bieten. Sie hatte mehrere Funktionen, so als Jagd- und Lagerplatz oder als Ritualstätte bei Initiationen. Auch Begräbnis-Zeremonien sind denkbar. Das Brudertal, das von Nordost nach Südwest verläuft, entstand während der letzten Eiszeit vor etwa 22000 Jahren. Dabei schuf die Natur die Petershöhle sowie die nahe gelegene Gnirshöhle. Beide Höhlen wurden von Eiszeitmenschen vor 16000 bis 13000 Jahren immer wieder als Platz genutzt. Durch das enge Tal mussten auch die Tiere durchziehen, die somit von den Jägergruppen leicht gejagt werden konnten. In unserer Zeit errichtete man beim Petersfels einen Eiszeitpark, der auf den ersten archäologischen Grabungen der 1920er Jahre beruht.

Der Hausberg von Engen ist der Hohenhewen (846 m), und eine Wanderung auf den Vulkanberg lohnt sich. Nach dem Anstieg von etwa 300 m bis zu einer Ruine erlebt man eine zauberhafte Aussicht über den gesamten Hegau und bei guter Sicht sogar bis zum Bodensee und zu den Alpen. Ein Aussichtsturm befindet sich auf der Bergspitze, um noch höher hinaufzukommen. Vor allem bei Sonnenuntergang ist es ein Genuss, das Lichtspiel bei den gut sichtbaren Anhöhen Mägdeberg, Hohenkrähen und Hohentwiel zu beobachten.

Bei den archäologischen Grabungen im Brudertal war man erstaunt, dass mehr als 2000 Nähnadeln aus Knochen zum Vorschein kamen. Berühmt wurde der Petersfels aber durch die schwarze Ahnfrau sowie durch weitere Schmuckanhänger aus Stein oder Knochen. Die Funde können im Museum von Engen bewundert werden.

Das stilisierte Frauenfigürchen vom Petersfels ist etwa 15000 Jahre alt und weist eine Öse auf, so dass die Ahnfrau als schützendes Amulett getragen wurde. Noch älter ist das ausgeprägte Frauenfigürchen vom Hohlen Fels bei Blaubeuren-Schelklingen am Südfuß der Schwäbischen Alb. Dieses ist etwa 35000 Jahre alt und besitzt eine Art Öse über den Schultern. Demnach wurde es ebenfalls als Anhänger getragen. Darauf deuten entsprechende Polituren in der Öse hin. Beide Darstellungen gelten im süddeutschen Raum als Urmütter der Steinzeit. Die Ahnfrau von Schelklingen ist die bisher älteste Menschendarstellung überhaupt.

Zum schwarzen Frauenfigürchen aus Kohlenstoff (Gagat) gibt es leider kein schriftliches Dokument, das uns seine Bedeutung überliefert. Dennoch können wir ethnologische und mythologische Vergleiche anstellen und im Sinn der oben skizzierten Gedanken zur Höhle etwa folgendes dazu bemerken: Den Eiszeitmenschen vom Petersfels waren die Höhlen schützender Fels, doch auch Sinnbild des Bergenden und der mütterlichen Erdgöttin. Diese schenkte den Frauen die kleinen Kinder, die als wiedergeborene Ahnen aufgefasst wurden. Sie ließ die Pflanzen wachsen, damit sich Menschen und Tiere von ihren Früchten ernähren können. Gleichzeitig war sie Herrin der Tiere, die ihre Schützlinge zurückhielt oder vermehrte. Daher hing das Jagdglück davon ab, die Ahnfrau nicht zu verärgern und sich mit ihr gut zu stellen. Entsprechend wurde sie in schamanischen Ritualen angerufen und durch eine Jenseitsreise besucht.

Hohenhewen und schwarze Ahnfrau

Außerdem besteht eine landschaftliche Verbindung zwischen der Höhle und dem Ahninnenfigürchen. Die Höhle ist dabei der Schoß der Erde und das Figürchen die Verkörperung der Erdmutter, die sich im Petersfels manifestiert. Gleichzeitig gibt es noch ein weiteres Naturphänomen, welches das Brudertal mit der umliegenden Landschaft verbindet. Wie schon erwähnt, verläuft das Tal von Nordost nach Südwest, was nicht ohne Bedeutung ist. Von der Petershöhle, d.h. von einem erhöhten Felsen direkt ihr gegenüber, erblickt man talauswärts am Horizont den Hohenhewen. Dieser runde und etwas langgezogene Berg erscheint wie ein schwangerer Erdbauch. Mythologisch betrachtet verkörpert der bauchige Vulkanberg die Landschaftsahnin der Region Engen-Brudertal. Und auch dieses natürliche Sinnbild verdeutlicht sich im schwarzen Frauenfigürchen. Die Bergahnin und das geschwungene Ahninnenfigürchen sind nicht nur sinnbildlich miteinander verbunden, sondern sie bringen auch eine gemeinsame, mythologische Weltanschauung zum Ausdruck.

Der mythische Berg Hohenhewen als Erdbauch.

Diese Naturmythologie lässt sich in der Landschaft durch eine weitere Beobachtung etwas näher charakterisieren. Vom Brudertal im Umkreis der Höhle geht die Sonne jeweils an Mittwinter im Südwesten beim Hohenhewen unter. Sie stirbt gleichsam an diesem tiefsten Punkt des Jahres, um nach der abendlichen Sonnenwende am Morgen wiederzukehren. Die Regeneration der Sonne und der Vegetation geschieht durch die schwangere Bergahnin, die eine Garantin des Lebens ist und das sie durch eine mythische Geburt stets erneuert.

Doch zunächst ziehen sich alljährlich die Lebenskräfte in ein Totenreich zurück. Einen solchen Totenhügel verkörpert der Hohenhewen, der im Westen wie ein riesiger Grabhügel erscheint. Der Berg war gleichsam eine enorme Erdbauchhöhle der mythischen Ahnfrau, und die Jäger und Sammlerinnen glaubten in ihrem animistischen Weltbild, dass die Toten in den schwangeren Erdbauch übergingen, wo sie sich durch die Lebenskraft der Erdmutter verjüngten. Diese Erneuerung geschah um die Wintersonnenwende, und im folgenden Jahr wuchs das neue Leben wieder. Pflanzen und Tiere kehrten zurück, und nach einer gewissen Zeit auch die Verstorbenen, die als kleine Kinder von den Frauen der Sippen wiedergeboren wurden.

Damit erhält das schwarze Frauenfigürchen vom Petersfels einen ganz neuen Hintergrund. Das Kunstwerk ist einiges vielschichtiger, als man durch seine einfache Art zunächst denken könnte. Es war gewiss ein Amulett, mit dem man sich mit der Ahnfrau des Clans verbinden konnte. Doch die schwarze Gestalt verkörpert auch die universelle Schöpferin des Lebens, die eine animistische Naturphilosophie zum Ausdruck bringt. Wie das Beispiel vom Petersfels zeigt, ist diese Naturphilosophie mindestens 15000 Jahre alt.

Eine Erdstallhöhle bei Weinfelden

Das sogenannte Bruder- oder Heidenloch liegt südlich von Konstanz zwischen Weinfelden und Bischofszell nur eine halbe Stunde vom Bodensee entfernt. Die Höhle befindet sich westlich von Schönholzerswilen am rechten Randabbruch des Itobels versteckt und ist an der Straße mit einem Schild beim Parkplatz ausgewiesen. Zum Eingang findet man auf einem schmalen Weg, der Trittsicherheit verlangt. Gleich nach der Öffnung bog einst der etwa 1,5 Meter hohe Hauptgang fast rechtwinklig ab. Er endet etwa nach dreizehn Metern. Vom Hauptgang können links die „Angefangene Kammer“ und die „Quellen-Kammer“, rechts die „Altarkammer“ und die „Große Kammer“ erreicht werden.

Eine der wenigen Personen, die sich eingehender mit dieser Höhle beschäftigt haben, ist der Archäologe Karl Keller-Tarnuzzer, der darüber 1924 eine kleine Schrift verfasst hat. Er schreibt: „Die Höhle ist keine Naturhöhle, sondern von Anfang bis zu Ende ein Werk von Menschenhand. Sie ist in tertiäre Nagelfluh, die von Sandsteinbändern durchzogen wird, eingehauen. Sie besteht aus einem durchschnittlich 90 cm breiten gewölbten Gang, von dem aus drei Kammern und eine unvollendete Kammer betreten werden können. Anfänglich ein Meter hoch, steigt der Gang leicht an und wird nach innen etwas höher, doch nur soweit, dass die Höhle in der Großen Kammer Stehhöhe erreicht. Der Gang ist in seinem Hauptstück ziemlich gerade, biegt sich nur in seinem hintersten Teil ein wenig nach rechts, aber nicht mehr, als dass man auf der linken Seite des Höhlengrundes den ganzen Gang bis zum Knick übersehen kann. In der Höhle befinden sich nach innen und außen verschließbare Türfalze, Lichtnischen, eine Sitzbank und eine altarähnliche Nische, hingegen kein Luftloch.“

Höhlenfrau und Hebammendienst

Solche Höhlen, die in der Fachwelt Erdställe genannt werden, bleiben bis heute ein Rätsel. Auszuschließen ist, dass sie als Vorratsräume, Wasserstollen, Bergwerke oder Wohnhöhlen genutzt wurden. Ursprünglich sind sie auch

Zugang zur Höhle Bruderloch bei Schönholzerswilen.

keine Zufluchtsstätten, denn vielfach herrscht in ihnen räumliche Enge, Sauerstoffmangel, Kälte und Nässe. Die meisten Erdstallforschenden sehen in ihnen unterirdische Kultstätten. Ortsnamen, Sagen, Siedlungsgeschichte und der Vergleich mit ähnlichen Anlagen legen einen Ahnenkult nahe. Gebeine oder Grabbeigaben enthalten die Erdställe allerdings keine. Eine Deutung geht dahin, in ihnen Leergräber zu sehen, d.h. Heimstätten für die Seelen. Im frühen Christentum war die Vorstellung von einem Zwischenzustand der Seelen bekannt, die in unterirdischen Gefilden auf ihre Auferstehung warten müssen. Dies würde wiederum auf die Ahnengeister verweisen, die in den Sagen zu hilfreichen „Zwergen" wurden. Sie bringen Schutz und Segen für die Familie. Eine weitere Funktion kann man im verbreiteten Durchschlupfbrauch sehen, um Heilung zu erlangen. Damit verbunden ist die Verwendung für Initiations- und Wiedergeburtsriten, wobei die Einzuweihenden in den „Bauch der Erde" eindringen und sich durch enge Schlupfe wie durch die „Gebärmutter" einer Ahnfrau zurück ins Leben pressen. Eine entsprechende Sage mit dem Motiv des Hebammendienstes ist für unsere Kulthöhle erwähnt:

Die Höhlenfrau Die Frau eines in der Höhle hausenden Waldbruders kam einmal in große Not, und der Bruder holte mitten in der Nacht die bekannte Helferin in Mettlen, die dann auch kam und der Frau beistand. Als alles gut vorüber gegangen war, gab der dankbare Waldbruder der Helferin eine Anzahl steinartiger Brocken, die er ihr in die Schürze legte, so dass sie schwer daran zu tragen hatte, und ihrer besonderen Sorgfalt empfahl, da die Steine einen großen Wert für sie hätten. Allein die Beschenkte war misstrauisch und glaubte nicht an des Bruders Worte, weshalb sie alle Steinbrocken bis auf einen, den sie wundershalber mit sich heimtrug, in eine Dornhecke schüttete. Wie bereute sie es aber, als sie den vermeintlichen Stein am folgenden Tag betrachtete und bemerkte, dass es ein Klumpen puren Goldes sei. Die Frau begab sich eilends zur Hecke zurück, wo sie die andern Steine weggeschüttet hatte. Aber sie suchte vergeblich: diese waren aus der Hecke auf Nimmerwiedersehen verschwunden. (nach Keller-Tarnuzzer)

In Europa ist diese Sage sehr verbreitet und geht oft mit den Erdställen einher. Nur haben der „Waldbruder" und seine Frau die Funktion übernommen, die normalerweise Zwerge oder jenseitige Wesen innehaben. Die Hebamme wiederum ist niemand anderes als eine jüngere Frau einer Sippe, die eine Ahnenstätte aufsucht, um die Seele einer verstorbenen Person aufzunehmen und wieder

Kleine Quelle in der Höhle Bruderloch.

ins Leben zu führen. Es ist daher folgerichtig, wenn in diesem Sagentyp überwiegend Frauen von den jenseitigen Wesen in die Höhle (Unterwelt) gerufen werden, um den Hebammendienst auszuführen. In dieser Hinsicht war die Erdhöhle „Heidenloch“ die Anderswelt der Ahnen, allen voran einer mythischen Ahnfrau und ihres männlichen Begleiters. Gemäß der Sage erscheint diese als Höhlenfrau, und ursprünglich war es so, dass die schwangere Erdmutter der jungen Frau ein kleines Kind schenkt. Dieses Motiv fehlt jedoch in der Sage, und geblieben ist, dass die Frau die Schätze der Erde „in die Schürze“ bekommt und aus der Unterwelt mit in die diesseitige Welt nimmt. Solche Schätze werden in der Mythologie vielfach als Gold bezeichnet – eine Umschreibung für die Früchte der Erde, welche die Erdgöttin hervorbringt und den Menschen schenkt.

Von Bedeutung ist in diesem Zusammenhang ein Frühlingsfest, das noch um 1850 gefeiert wurde. Es war Brauch, am ersten Maisonntag zur Höhle zu gehen und dort den beginnenden Frühling mit Tanz, Gesang, Musik und einem Festmahl zu feiern. In der Höhle wurde im Licht von brennenden Kerzen

Kegelförmiger Stein aus der Höhle Bruderloch. Heute im Archäologischen Museum Frauenfeld.

und Kienspähnen ein Feuer entzündet, wobei man auf eine möglichst intensive Rauchentwicklung achtete. Aus diesem Grund sind die Wände der Höhle schwarz. Auf dem Plateau über der Höhle waren Verkaufsstände aufgeschlagen. Erkennbar sind bei dieser Maifeier Reste eines alten Frühlingsfestes, das die Vegetation und das Wachstum der Früchte feierte. Interessant ist auch die „intensive Rauchentwicklung“. Wahrscheinlich hat sie einen naturmagischen Sinn. Denn je mehr Rauch aus der Unterwelt aufsteigt, umso größer ist das Wachstum der Felder und Früchte. Diese sind aber, wie oben beschrieben, ein Geschenk der Erdgöttin.

Ferner ist im Heidenloch eine Art Sitzbank oder Altarnische erkennbar. In einer Kammer quillt auch eine kleine Quelle hervor, deren Wasser in einem feinen Rinnsal aus der Höhle fließt. Ebenso befand sich einst ein kleiner Stein in der herausgearbeiteten Höhle, der Mitte November 1923 am Bruderloch entdeckt wurde. Am ovalen Sandstein sind Pickspuren, Löcher, Kerben und eine Standfläche feststellbar. Ob der kegelförmige Stein liegend oder stehend Verwendung fand, ist unklar. Jedenfalls wurde er direkt unter dem Höhleneingang gefunden, genau dort, wo er hinfallen musste, wenn er aus der Höhle hinausgeschafft wurde. Der rätselhafte Stein galt lange Zeit als verschollen, kann aber heute im Depot des Museums für Archäologie in Frauenfeld besichtigt werden.

Zur Bedeutung des eigenartigen Steines gibt es leider keine weiteren Hinweise. War er als Votiv- und Altarstein in der Höhle aufgestellt? Sind die verschiedenen Ritzungen natürlich entstanden oder bewusst angebracht worden? Warum hat er beidseitig in der Mitte eine Vertiefung? Wo lag seine ursprüngliche Position im Bruderloch und warum landete er im Itobel? Gehört diese kleine Schlucht mit dem Bach, die schon einen Zugang zur Unterwelt darstellt, auch zur Höhle? Der Stein könnte eine einfache Spielart eines Votivsteines sein. Ähnliche Kegelsteine gibt es in Höhlen Europas, die zum Beispiel Baba-Höhlen heißen. Baba bedeutet „Großmutter" oder „Alte Frau", womit wir wieder bei der Höhlenfrau der Bruderlochsage wären.

Leider wurde die Höhle archäologisch nicht weiter untersucht. Vielleicht finden sich in ihrem Sediment Spuren, die auf ihr Alter schließen lassen. Erdställe werden gemäß ihrer Bearbeitung in die Spätantike sowie in das Frühe Mittelalter datiert. Dieser Zeitraum dürfte auf das Bruderloch zutreffen. Außerdem ist es bemerkenswert, dass der Kegelstein als einziges Objekt im Erdstall lag, denn sonst sind diese meistens fundleer. Es wäre aufschlussreich, die wenigen Funde aus entsprechenden Höhlen mit dem Kegelstein zu vergleichen, um eine breitere Basis für eine Interpretation zu erhalten.

GRABHÜGEL HEIDENBÜHL

Im nordwestlichen Gebiet des Bodensees liegt eine mächtige Landzunge, der sogenannte Bodanrück. Dieser erstreckt sich im geographischen Dreieck der Orte Konstanz, Bodman und Radolfzell, dazu finden wir im Norden den Überlingersee und im Süden die Insel Reichenau. Diese Landzunge oder riesige Halbinsel ist ein beliebtes Erholungsgebiet mit Wiesen, Äckern, kleinen Seen und einer ausgiebigen Bewaldung. Dem Wald und den Hainen verdanken wir es auch, dass auf der Bodanrück verschiedene Grabhügel der Frühgeschichte erhalten blieben. Vielerorts sind durch den Ackerbau solche Hügel über Jahrhunderte hinweg abgetragen worden, wo der Wald keinen Schutz mehr bot. Dennoch finden wir auf einigen Fluren den „urtümlichen“ Zustand von Grabhügeln, die beinahe 3000 Jahre alt sind und in die Hallstattzeit (900–500 BC) reichen. Entsprechende Waldfluren sind zum Beispiel der Geißbühl und der Schwarzenberg im Umkreis des Ortes Hegne. Zudem liegt im Süden von Dettingen nicht nur der Verenenberg, sondern auch der Ameisenberg, der mit Grabhügeln regelrecht übersät ist. Vielleicht hat er durch die markanten Erderhebungen der zahlreichen Buckel seinen charakteristischen Namen erhalten.

Grabhügel Heidenbühl auf Bodanrück bei Kaltbrunn.

Die Grabhügel von Orsingen-Nenzingen

Nicht mehr auf Bodanrück jedoch unmittelbar in der Nähe entdeckte man vor über hundert Jahren Grabhügel in Orsingen-Nenzingen westlich von Stockach. Bei den Ausgrabungen fanden Archäologen sowohl Körper- als auch Brandbestattungen von Menschen, denen man verschiedene Gaben mit ins Grab legte. Dabei handelt es sich zum Beispiel um Ringe, Gürtel, Fibeln oder Schweine, die den Verstorbenen als Speisegaben mit auf dem Weg in die Anderswelt gegeben wurden. Zum Totenkult jener Zeit gehört auch eine besonders kunstvolle Keramik, die man speziell für die Totenpflege herstellte und als Grabbeigabe hinerließ. Im Alltag verwendete man eine eher schmucklose Keramik, was die ornamentierte Grabkeramik noch mehr hervorhebt. Die prachtvollen, mit geometrischen Mustern sowie weißer, roter und schwarzer Farbe verzierten Kunstwerke gehören zur schönsten Keramik Südwestdeutschlands überhaupt. In der Fachwelt hat sie den Namen Alb-Hegau-Keramik erhalten.

Auffallend sind nebst den Formen und den erwähnten Farben auch die überschwänglichen M- und W-Verzierungsmuster, die wir seit der Jungsteinzeit auf Keramik kennen. Archäologische Forschungen und Kulturvergleiche wei-

Verziertes Keramikgefäß aus einem Grabhügel von Orsingen-Nenzingen.

Verziertes Keramikgefäß aus einem Grabhügel von Allensbach-Ochsenberg.

sen darauf hin, dass diese Verzierungsmuster Wasser- oder Schlangensymbole sein könnten, aber vor allem Körpersymbole weiblicher Schöpfungskraft. Die Gestik der erhobenen Arme sowie diejenige der gespreizten Beine werden als Gebärhaltung einer lebensschöpfenden Ahnfrau gedeutet. Die körperbezogenen Symbole werden dann auf der Keramik stilisiert als M- und W-Muster dargestellt, wobei das vielfach vorkommende V als weiblicher Schoß gedeutet werden kann. Dieser erscheint auch als doppeltes V bzw. als Raute. Häufig kommen M/W/V-Muster auch in Kombination vor, was als Abstammungslinie mit einer Generationenfolge gedeutet wird. (Schlichtherle 2014:120f. und 2010:269f.)

Im Rahmen dieser Ahninnen-Symbolik, die am Bodensee durch die Rekonstruktion von frühgeschichtlichen, verzierten Kultwänden mit weiblichen Brüsten (siehe Ludwigshafen und Sipplingen) gestützt wird, lassen sich auch die drei hauptsächlich verwendeten Farben Weiß, Rot und Schwarz erklären. Es sind Symbolfarben einer vielgesichtigen Ahnfrau, die als Frühlingsgöttin (Weiß), Kornmutter (Rot) und Winteralte (Schwarz) erscheinen kann. Dabei handelt es sich um drei mythische Gestalten im Jahreslauf. Die Dreigestaltigkeit setzt sich sogar bis in die keltisch-römische Zeit fort, was die unzähligen Matronensteine von Mittel- bis Nordeuropa zeigen.

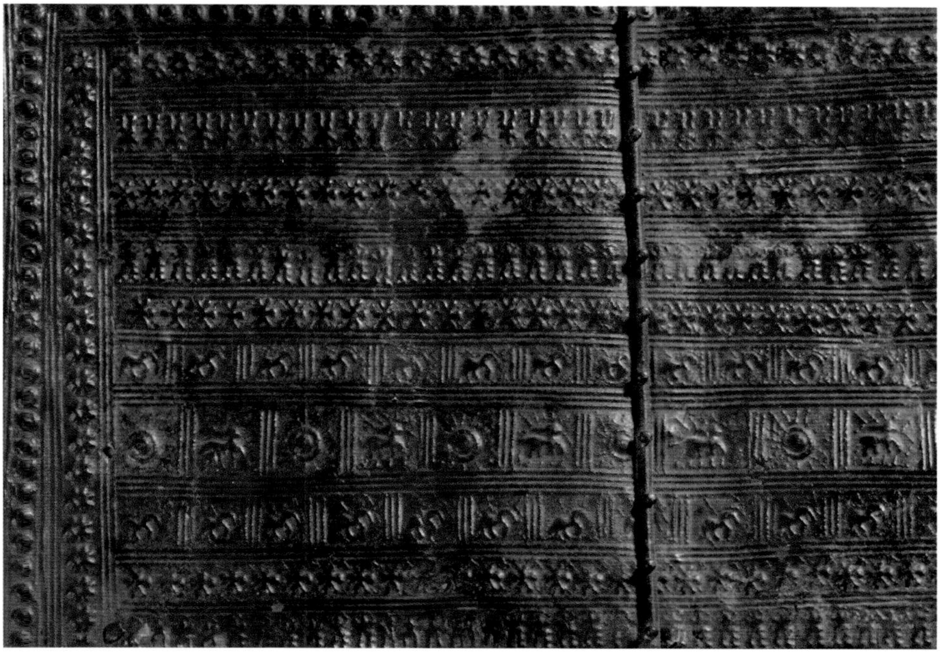

Gürtelblech aus dem Grabhügel Heidenbühl: Stilisierte Tier- und Menschenfiguren sowie astrale Symbole.

Was bedeutet das nun für die Grabhügel der Alb-Hegau-Kultur mit ihrer beeindruckenden Keramik? Offenbar wurden die Toten in die mütterliche Erde gelegt und Speisen für die Andersweltreise mitgegeben. Dabei dürfte das Schwein auch ein Symboltier einer Muttergöttin sein und auf ihre regenerativen Kräfte hinweisen. Bei der Architektur der Hügelgräber ist es auffallend, dass der Grabhügel mit seiner verborgenen Höhle eine Jenseitswelt darstellt. Zudem versinnbildlicht er auch den schwangeren Erdbauch einer Landschaftsahnin. Damit wird deutlich, dass die Toten zum Ursprung des Lebens zurückkehren, nämlich zum Mutterschoß, aus dem sie einmal geboren wurden. Dieser ist der geheimnisvolle Ort, wo neues Leben entsteht, und in der Grabsymbolik halten sich dort die Toten auf, die wieder zu kleinen Kindern werden. Dies geschieht durch die Lebenskraft der Erdgöttin, die dann einer Frau aus der eigenen Sippe eine „Kinderseele" schenkt, damit die verstorbene Person wiedergeboren wird. Die bauchigen Keramikgefäße mit den Farbsymbolen und den M-Mustern verdeutlichen in diesem Kreislauf von Tod und Wiederkehren ebenfalls die mythische Ahnfrau.

Ochsenberg bei Allensbach

Leider sind die Grabhügel von Orsingen-Nenzingen dem Kiesabbau zum Opfer gefallen, so dass wir nur noch die Funde im Museum von Singen bestaunen können. Ebenfalls zerstört ist das Grabhügelfeld der Flur Ochsenberg bei Allensbach auf Bodanrück. Hier hat der Straßenbau der B33 vollendete Tatsachen geschaffen. Jedoch konnten Archäologen in den Jahren 1960/61 bei den acht Hügelgräbern vorher Notgrabungen durchführen und zahlreiche Funde bergen. (Löhlein 2012) So fand man auch hier Reste von Brand- und Körperbestattungen sowie ein in beide Hälften zerteiltes junges Schwein als Speisegabe. Ebenso reichverzierte Gefäße mit kunstvollen Mustern, worin einst Speisen und Getränke für die Jenseitsreise lagen. Die Ausgrabungen beim Ochsenberg brachten auch eine Bronzedolchklinge zu Tage. Diese Klinge belegt, dass schon 700 Jahre vor der Eisenzeit bronzezeitliche Grabhügel um 1500 BC an dieser Stelle errichtet wurden. Die Tradition der Hügelgräber wurde dann in der keltischen Hallstattzeit fortgesetzt, indem neue Grabhügel aufgeschüttet wurden.

Der Heidenbühl auf Bodanrück

Der imposanteste Grabhügel auf Bodanrück liegt ziemlich genau nördlich des Ochsenberges beim Gemeinmerker Hof und südöstlich des Mindelsees. Er ist etwa 6 Meter hoch und hat einen Durchmesser von 40 Metern. Im Volksmund wird der Hügel „Heidenbühl" genannt, was auf eine vorchristliche Herkunft deuten soll. Schon um 1864 fanden mit den damaligen, eher rauhen Methoden Ausgrabungen statt. Die Archäologen entdeckten Reste von insgesamt 18 Bestattungen, die über mehrere Generationen hinweg angelegt waren. (Dehn 1982) Die Gräber waren alle kreisförmig um die Hügelmitte platziert, ein eigentliches Zentralgrab fehlt offenbar. Von der neueren Forschung wird jedoch angenommen, dass noch weitere Gräber enthalten sind. Das gilt auch für das Mittelgrab, über welches der mächtige Hügel ursprünglich errichtet wurde.

Vielleicht war dieses sogar ein Fürstinnengrab. Jedenfalls kennen wir vom Heidenbühl ein reich ausgestattetes Frauengrab aus dem 6. Jahrhundert BC. Darin wurde ein bronzenes Zierblech entdeckt, das auf einen Ledergürtel aufgenäht war. Auf dem Gürtelblech sind bemerkenswerte Symbole erkennbar, die auf eine mythologische Gedankenwelt hinweisen. Zu sehen sind Menschen mit erhobenen Armen, verschiedene Tiere (Pferde, Hirsche?) sowie astrale Symbole wie Sterne und Sonnenscheiben. Die Astralmythologie ist in der Frühgeschichte ein wesentliches Thema sowohl in der Grabsymbolik als auch in künstlerischen Ausdrucksformen. Nicht auszuschließen ist eine schamanische Lesart dieser vielschichtigen Bildersprache. So könnten die dargestellten Menschen eine Zeremonienreihe bilden. Das Pferd weist auf einen Übergang von der Welt der Menschen in die Sphäre der Oberwelt hin, die mit den astralen Symbolen Sonne und Sterne bezeichnet ist. Die Trägerin des einzigartigen Zierstückes dürfte eine mediale Person gewesen sein, die das Diesseits der Menschen und die Anderswelt der Ahnen zu verbinden wusste. Eine Fürstin der Hallstattzeit hatte dabei sowohl weltliche als auch spirituelle Funktionen. Jedenfalls zeichnete das Gürtelblech mit seiner mythischen Bilderwelt eine Persönlichkeit aus.

Der Magdalenenberg bei Villingen-Schwenningen

Außerdem möchte ich nochmals auf die besondere Architektur des Heidenbühls hinweisen. Alle Gräber wurden wie erwähnt kreisförmig um das Hügelzentrum angelegt. Es handelt sich dabei um eine ganz bewusste Gestaltung, die sehr außergewöhnlich ist. Vielleicht wollte man den Erdkreis abbilden, der sich um einen mythischen Mittelpunkt gruppiert. Dieser kann ein Berg oder ein Hügel sein. Jedenfalls finden wir diese spezielle Architektur im größeren Stil beim Grabhügel Magdalenenberg in der Nähe von Villingen-Schwenningen wieder. Der mächtige Hügel hat einen Durchmesser von etwa 104 Metern sowie eine Höhe von 10 Metern. Die Zentralgrabkammer und die Aufschüttung stammen aus dem späten 7. Jahrhundert BC. In den nachfolgenden Jahrzehnten wurden um das Mittelgrab herum ungefähr

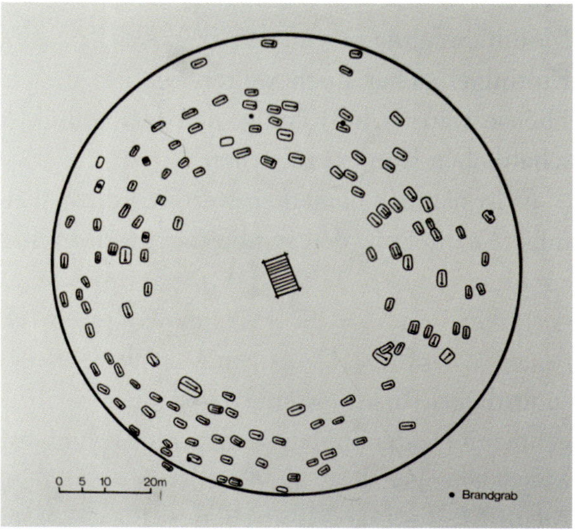

Grabhügel Magdalenenberg: Kreisförmige Anlage der Gräber um ein zentrales Mittelgrab.

Grabhügel Magdalenenberg bei Villingen-Schwenningen.

126 Gräber kreisförmig angelegt, was ebenfalls der zirkulären Grabkonstruktion des Heidenbühls entspricht.

Gemäß einer Untersuchung aus dem Jahr 2011 sollen die vielen Grabanlagen des Magdalenenberges den Sternenhimmel des Jahres 618 BC abbilden, und zwar zur Sommersonnenwende. Diese These steht immer noch zur Diskussion. Unbestritten ist jedoch, dass sich die Gräber um eine sakrale Erdmitte formieren und in dieser Weise einen ewigen Kreislauf bilden. Beachtenswert ist zudem, dass hier wie beim Keltenhügel am Glauberg (Hessen) Stangensetzungen geborgen wurden. Diese dürften zur astronomischen Beobachtung gedient haben. Am Magdalenenberg setzte man diese Stangen zur Erkundung der Mondbewegungen ein. Weitere Abklärungen werden diesen einzigartigen Kulthügel sicher noch weiter mit der umgebenden Landschaft vernetzen. Ebenso wäre es notwendig, den Heidenbühl auf Bodanrück in einen landschaftlichen Kontext zu stellen.

Es ist nämlich bemerkenswert, wie die beiden Grabhügel durch die kreisförmige Architektur, den symbolträchtigen Funden sowie durch die Astronomie zusammenspielen. Verbinden wir beispielsweise den Grabhügel am Mindelsee gedanklich mit dem Magdalenenberg im Schwarzwald, ergibt sich daraus eine bekannte Kultlinie. Denn vom Magdalenenberg geht die Sonne an Mittwinter in südöstlicher Richtung auf, wo sich auch der Heidenbühl befindet. Andererseits geht vom Heidenbühl die Sonne am 21. Juni im Nordwesten unter, wo auch der Magdalenenberg liegt. Zu dieser Nordwest-Südost-Linie schreibt der Archäologe Allard Mees (2007:220) treffend: „Bei der Wahl des Ortes zur Errichtung des

Verziertes Gürtelblech mit astralen Symbolen aus dem Magdalenenberg.

Tumulus [Magdalenenberg] hat wohl auch der weiträumige Blick auf die Alpen eine Rolle gespielt… Dabei fällt auf, dass dieser Weitblick sich jedoch auf die Blickrichtung Südosten beschränkt… der Ort war daher vor allem für die Beobachtung von Himmelserscheinungen am südöstlichen Horizont geeignet."

Überdies spielen astrale Symbole auch in den Funden des Magdalenenberges eine wichtige Rolle. Wie beim Heidenbühl kam ein bronzenes Gürtelblech zum Vorschein, das zusammen mit der schon beschriebenen Alb-Hegau-Keramik zum schönsten Kunstwerk der süddeutschen Hallstattzeit gehört. Das Bronzeblech ist mit Verzierungen übersät, doch lassen sich Sonne, Mond und Sterne gut erkennen. Das Schmuckstück stammt aus dem Doppelgrab 78 und lag interessanterweise wie das Gürtelblech vom Heidenbühl ebenfalls in einem Frauengrab. Das auffallende Sonnenmotiv kommt übrigens in einer Dreiheit vor, zudem mit kräftigen Strahlen. Tier- oder Menschendarstellungen fehlen, jedoch sind geometrische Muster und Halbmöndchen erkennbar. Eine genaue Untersuchung steht noch aus, doch ein Zusammenhang der Zeichen mit einer Astralmythologie kann nicht übersehen werden. Auch ein Kalendersystem wäre denkbar, was wiederum zur astronomischen Bedeutung des Magdalenenberges führt. Eine Mond- und Sonnenorientierung wird für diesen Kulthügel somit immer wahrscheinlicher, und wir dürfen gespannt sein, welche Rätsel auch der Heidenbühl noch in sich birgt.

AHNFRAUEN UND URMÜTTER

Im Nordwesten des Bodensees zwischen Uhldingen und Bodman heißt der Seeabschnitt Überlingersee. Hier am Ufer, gegenüber der Halbinsel Bodanrück, liegen die Orte Ludwigshafen und Sipplingen am stillen Gewässer. Es sind ruhige Dörfer, wo man sich am Strand erholen und über den sanften Wogen die Sonnenaufgänge beobachten kann. Doch mit der Ruhe war es um 1990 erst einmal vorbei, als Strandgänger und Heimatforscher immer wieder seltsame Lehmstücke aus dem Wasser zogen. In Ludwigshafen-Strandbad und Sipplingen-Osthafen kamen Reste einer Pfahlbausiedlung hervor, die in ihrer Art einmalig sind. Die Forschenden konnten damals noch nicht erahnen, dass die Funde aus dem See das Wissen der Archäologen maßgeblich erweitern wird, ja auch die Kulturgeschichte Mitteleuropas neu geschrieben werden muss. Es ist der Beginn einer überregionalen Sensation, die aber erst zwanzig Jahre später allmählich ins kulturelle Bewusstsein eingehen wird. Denn zunächst ging es darum, die Siedlungsreste zu kartographieren und vom Seeboden einzusammeln. Sowohl in Ludwigshafen als auch in Sipplingen kamen daher Taucher zum Einsatz, die weit in die Frühgeschichte des Bodensees eindringen sollten.

Die Kultwände von Ludwigshafen und Sipplingen

Doch was haben Archäologen hier damals entdeckt? An beiden Orten fanden sie etwa 2000 Bruchstücke von lehmverputzten, jungsteinzeitlichen Hauswänden, die ungefähr 6000 Jahre alt sind. Die Lehmfragmente sind finger- bis tellergroß, doch das Erstaunliche ist ihre Bemalung. Mit weißer Kalkfarbe wurden auf Hauswänden Zeichen, Ornamente und Punkte aufgetragen, die eine rätselhafte Bildergeschichte aus der älteren Pfyner Kultur erzählen. Wie so oft in den Seeufersiedlungen zerstörte ein Brand auch die bemalten Wände, doch durch dieses Unglück blieben die Fragmente der Nachwelt erhalten. Am ergiebigsten sind bis heute die Lesefunde von Ludwigshafen. Darum war es hier möglich, die Puzzlestücke aus Lehm in jahrelanger Forschungsarbeit in ein stimmiges Gesamtbild zu setzen. Zum Vorschein kommen dabei stilisierte, umrisshafte Frauengestalten in weißer Farbe, die etwa 35 cm breit und 80 cm hoch sind. In die Malerei modelliert sind jeweils lebensgroße, weibliche Brüste. Die

Frauendarstellung an der jungsteinzeitlichen Kultwand von Ludwigshafen.

Bemalungen stammen wie auch in Sipplingen aus einem Ritual- oder Kulthaus, das man näher beschreiben kann. (Schlichtherle 2016)

An beiden Orten lagen die etwa 7 bis 9 Meter langen Ritualhäuser am seewärtigen Bereich einer größeren Pfahlbausiedlung. In Sipplingen waren die meisten Gebäude nach Südosten ausgerichtet, also in derselben Orientierung wie der Bodensee selbst. Das Dorf bestand in jener Zeit aus schätzungsweise 80 bis 100 Häusern mit einer Gemeinschaft von maximal 800 Personen. Man lebte in Häuserreihen, die dicht beieinander waren. Die Bauten hatten alle etwa dieselbe Größe wie die Kulthäuser, die sich somit kaum von den anderen Gebäuden unterschieden und keine Prunkbauten darstellten. Das Kulthaus von Ludwigshafen hatte zwei Räume, wahrscheinlich einen Vorraum und einen inneren Hauptraum, wo die Wandmalereien angebracht waren. Im Umfeld dieses Hauses entdeckte man interessanterweise den Halswirbel eines Wildstieres. Ebenso lag in Sipplingen neben den bemalten Lehmresten des Kulthauses das Horn eines großen Auerochsen. Der Archäologe Helmut Schlichtherle schließt daraus, dass hier symbolträchtige Stierhörner eine sakrale Bedeutung hatten, was nochmals auf die Heiligkeit der Kulthäuser hindeutet.

Gefäße mit Brüsten

Zur Überraschung der Taucher entdeckten sie nicht nur modellierte Wandbrüste, sondern in beiden Pfahlbausiedlungen auch Bruchstücke von Tongefäßen mit weiblichen Brüsten. Schon länger ist von Sipplingen ein verziertes Brustgefäß aus der Pfyner Kultur (3900–3500 BC) bekannt, das nun mit den Brustreliefs in einem kulturellen Zusammenhang steht. Das bauchige Tongefäß weist in der Rekonstruktion einen Henkel auf, zudem zwei größere weibliche Brüste mit Brustknospen. Von diesen geht jeweils ein radiales Muster aus, das einer Tätowierung oder einer Körperbemalung gleicht. Die Strahlen betonen dabei die aus den Brüsten strömende Muttermilch, und entsprechende Punktmuster in weißer Farbe finden sich auch auf den Wandbrüsten der Kulthäuser. Dargestellt ist hier die Ahnfrau als Gefäß, die ihre Menschen nährt. Sie ist die Nährende der Kinder und der Sippenmitglieder, und in jedem realen Gebrauch des Brustgefäßes wiederholt sich symbolisch diese mythologische Weltsicht. Wir können auch davon ausgehen, dass die Menschen wie in einem Mutter-Kind-Verhältnis von der göttlichen Ahnfrau abstammen. Die sinnbildlichen Brüste des Gefäßes sind daher nicht einfach eine Verzierung, sondern enthalten eine mythologische Auffassung von der Welt, die zugleich die verwandtschaftliche Herkunft in mütterlicher Linie begründet. Außerdem sind nährende Ahnfrauen oft urtümliche Schöpferinnen, welche die Natur, die Menschen und die Tiere hervorgebracht haben. In diesem Sinn ist Verwandtschaft nicht nur sippen- oder clanbezogen, sondern besteht auch mit der umgebenen Landschaft. Eine solche animistische Denkweise der allseitigen Beziehung finden wir in der Ethnologie bei vielen indigenen Kulturen.

In Ludwigshafen lag im Brandschutt des Kulthauses ebenfalls ein frauengestaltiges Henkelgefäß. Dieses hat zwei kleine, aufmodellierte Brüste sowie ausgearbeitete Arme. Solche Armgefäße sind in der Frühgeschichte keine Seltenheit, meistens gehören sie in der Kunst zum Typus der erhobenen Arme, was eine mythologisch-rituelle Gestik ist. In diesem speziellen Tongefäß fand man Reste von Pech, d.h. im Bauch des Kruges wurde Birkenteer gekocht. Dazu schreibt Helmut Schlichtherle (2014:117f.) folgendes: „Birkenteer war das Universalklebemittel der Steinzeit. Es wurde mittels eines Trockendestillationsverfahrens gewonnen, das als das erste chemische Verfahren zur Herstellung eines Kunststoffes bezeichnet werden kann. Bemerkenswert ist, dass die rätselhafte Verwandlung von einem Stoff in den anderen hier im keramischen Leib einer Frau durchgeführt wurde. Der Vorgang war in Kombination mit dem frauengestaltigen Gefäß

Verziertes Brustgefäß aus der Pfahlbausiedlung von Sipplingen.

zweifellos symbolisch aufgeladen. Die weibliche Bestimmung des Gefaßes dürfte nach Vorstellung der damaligen Menschen in magischer Weise zum Gelingen oder zur Erklärung der Vorgänge beigetragen haben. Vielleicht war auch die stark aromatische Dampfwolke, die dem Birkenteer bei Erhitzung entsteigt, der Effekt, auf den man es im ‚Kulthaus' abgesehen hatte."

Diese Erklärungen sind aufschlussreich, zumal das Brust- und Rauchgefäß mit dem Kulthaus in Verbindung gebracht werden kann. In diesem Haus mit den Ornamenten und den realistischen Brüsten an der Wand hat man sicher keine Geräte hergestellt, sondern der Birkenteer diente wie oben angetönt rituellen Zwecken. Der Teer wurde erhitzt, so dass man den Dampf einatmen konnte, was zu einem halluzinogenen Bewusstsein führte. Solche Praktiken kennen wir zum Beispiel beim Ritual der Weissagung, bei dem eine sakrale Frau durch Dämpfe in Trance fällt und Prophezeiungen ausspricht. Eine der bekanntesten Stätten der Wahrsagung war das antike Delphi in Griechenland, wo die Seherin Pythia durch euphorisierende Gase der nahen Quelle einen tranceähnlichen

Verziertes Brustgefäß der Badener Kultur in Ungarn.

Zustand herbeiführte. Am Bodensee erreichte man diesen Effekt durch den Birkenteerdampf. Dabei gab es keinen großen Unterschied, ob im Kulthaus die Ahnfrauen in Trance angerufen wurden, um Hilfe und Ratschläge zu erbitten, oder ob die Urmütter in einem schamanischen Heilritual ihre Anwesenheit durch eine besondere Person bekundeten.

Archäologische und ethnologische Untersuchungen weisen mehrfach darauf hin, dass auch in der Frühgeschichte Europas schamanische Traditionen gepflegt wurden. Ein anschauliches Beispiel dafür ist die vor etwa 8600 Jahren bestattete Frau, die in Bad Dürrenberg (Sachsen-Anhalt) gefunden wurde. Sie war zwischen 25 und 35 Jahre alt. Ihr spezielles Grab war nicht nur mit rotem Ocker gefüllt, sondern auch mit 100 Skelettresten von Tieren aller Art, darunter Wildschwein, Ur und Wisent. Auf dem Kopf dürfte die Verstorbene ein Rehgeweih getragen haben. Die reiche Ausstattung, das Geweih und Vergleiche mit geschmückten Kleidern der sibirischen Schamanen führten die Archäologen zum Ergebnis, dass es sich um das Grab einer Schamanin handeln muss. Gemäß ihres Skelettbefundes hatte sie eine Anomalie am Halswirbel. Durch eine bestimmte Kopfbewegung, oder wenn sie nickte, wurde die Frau ohnmächtig, was als Trancezustand wahrgenommen wurde. Sie war dadurch befähigt, gleichsam mit der Anderswelt in Verbindung zu treten. Entsprechende „besondere Menschen" mit einer „seltsamen" Eigenschaft sind im Schamanismus bei vielen Völkern bekannt.

Was die weiblichen Tongefäße am Bodensee betrifft, so sind ähnliche Brustgefäße auch in Süddeutschland und im schweizerischen Mittelland entdeckt worden. Vom Genfer- bis zum Zürichsee sind Funde bekannt, ebenso nördlich und südlich des Oberen Donaugebietes. Dasselbe gilt für Brüste an Hauswänden. Am Bodensee sind sie einzigartig, weil die Wände ausgiebig mit Zeichen und einer „Sprache" versehen sind, die noch zu entschlüsseln ist. Weibliche Brüste an Hauswänden kamen beispielsweise in Thayngen bei Schaffhausen, in Bodman, in Reute-Schorrenried, in Heilbronn oder sogar im elsässischen Bischoffsheim zum Vorschein, jedoch nicht mit der reichen Ornamentik wie in Sipplingen und Ludwigshafen. Ähnliche Brustmotive wie am Bodensee finden wir allerdings in Osteuropa, im Donaugebiet und in Südosteuropa wieder. Zudem bietet auch das jungsteinzeitliche Anatolien Vergleichsmöglichkeiten. Besonders eindrucksvoll ist ein Brustgefäß aus Ungarn der Badener Kultur (3600–2600 BC), das in der rituellen Haltung der erhobenen Arme erscheint. Gleichzeitig weist das Tongefäß M-, W- und vor allem ein X-Muster zwischen den Brüsten auf, wie es auch bei den Frauengestalten im Kulthaus von Ludwigshafen zu erkennen ist.

Ahnfrauen und Lebensbäume

Dieses Kulthaus war wie erwähnt in zwei Räume unterteilt, nämlich in einen unbemalten Vorraum und in einen reich verzierten Hauptraum, wo an der Lehmwand Ornamente und menschliche Gestalten aufgepinselt waren. Nach zwanzig Jahren Forschung ist es nun gelungen, die piktographische Darstellung der Innenwand teilweise zu rekonstruieren. Weitere Funde werden das Bild sicher noch ergänzen, doch man kann jetzt schon folgendes sagen: In weißer Kalkfarbe ist eine geheimnisvolle Bilderwelt aufgetragen, worin sieben Frauengestalten zu erkennen sind. Diese erscheinen gleichartig-rechteckig, nur

Frauengestalten und „Lebensbäume“ an der jungsteinzeitlichen Kultwand von Ludwigshafen.

die Schulterpartien sind jeweils abgerundet. Dazu konnte bei manchen Figuren ein rundlicher Kopf nachgezeichnet werden. Die Körper sind mit einem dicken Band schemahaft umrissen, ebenso bandartig überziehen V- und X-Muster die Körperfront. Alle haben stilisierte Arme, die nach oben weisen, so dass die Frauen in der Gestik der erhobenen Arme erscheinen. Oft sind die Oberkörper von den Armen bis über den Kopf mit Strichen versehen, die als Strahlen oder als Nimbus gedeutet werden. Die weiblichen Gestalten selbst sind nackt, wie es bei göttlichen Ahnfrauen in der Frühzeit üblich ist, und ihre Körper sind mit weißen Punkten übersät. Zwei von ihnen tragen sogar eine Halskette, die auch bei weiblichen Kultsteinen (Menhiren) Europas sowie bei Figurinen ein beliebtes Attribut ist. In die schemahaften Bildnisse sind jeweils realistische Frauenbrüste einmodelliert, die wie die Körper mit weißen Punkten überzogen sind. In ihrer lebensgroßen Art heben sich die Brüste deutlich vom rudimentär gezeichneten Körper ab.

Bei der Hauswand stechen somit sieben gleich große, mit Punkten bemalte Frauen hervor, deren naturalistische Brustpaare deutliche Kennzeichen sind. Zwischen der mächtigen Gruppe erscheinen nun weitere Zeichen mit geringer Abwandlung. Es sind dies eine Art „Lebensbäume“ mit W- oder M-Muster als „Zweige“ sowie weiße, sich nach oben richtende Dreiecke, an deren Spitzen vielfach ein M-Zeichen aufgesetzt ist. Weitere Zeichen könnten Fransen, Gürtel, ein Schoßdreieck oder Gliedmaße sein, doch ist dies in der Rekonstruktion ungewiss.

Es stellt sich nun die Frage, was diese fast 6000 Jahre alte Wandornamentik eigentlich bedeuten soll. Man kann zur Beantwortung Motive aus der Archäologie heranziehen und vergleichen. Doch damit ist bald einmal eine Grenze der Interpretation erreicht, so dass hier nur ein Zusammenspiel mit der Ethnologie und der wissenschaftlichen Mythologie weitere Erkenntnisse bietet. Die skizzierten Frauen werden in diesem Kontext als Ahnfrauen und Clanmütter der verschiedenen Sippengruppen betrachtet. Wie bei den Brustgefäßen stellen sie Urmütter der Schöpfung dar, welche die Natur, die Menschen und die Tiere geschaffen haben. Damit verbunden ist auch eine Genealogie oder Ahninnenreihe, in der sich die Menschen in mütterlicher Abstammung herleiten. Die einzelnen Clans identifizieren sich dabei mit ihrer Ahnfrau und den Nachfolgerinnen, so dass die Sippen in einer gemeinsamen, matrifokalen Linie miteinander blutsverwandt sind. Zu dieser ethnologischen Betrachtung kommt eine mythologische, denn die Ahnfrauen mit ihren weißgepunkteten, lebensgroßen Brüsten sind nicht nur die Schöpferinnen und Erhalterinnen der Welt, sondern auch die nährenden Landschaftsahninnen der Menschen. Diese schenken durch ihre Lebenskraft zum Beispiel Quellen, Pflanzen, Jungtiere und den Frauen Kinder, damit die Sippen versorgt sind und weiter existieren.

Betrachten wir weiters die Gesichter der Frauengruppe, so sind die Ahnfrauen eher mit dem Mond als mit der Sonne verbunden. Die Formen und Motive auf den nackten Körpern sind dabei nicht zufällig weißfarbig wie der milchfarbene Mond bzw. wie die Muttermilch aus den bemalten Brüsten. Die erhobenen Arme zeigen die Frauen in der rituell-mythologischen Haltung der Leben hervorbringenden Schöpfung der Natur, was bei vielen Völkern im Sinnbild des Gebärens verdeutlicht wird. Die Geburt ist dabei die konkrete Verdeutlichung, woher alles Leben kommt, und das Stillen eine Eigenschaft der nährenden Lebenserhalterin. Diese Grundlagen des menschlich-sozialen Lebens wurden von der Gesellschaft auf die mythologische Ebene übertragen, so dass die Ahnfrauen gleichfalls lebenschenkend und nährend sind.

Es wird manchmal erwogen, die Körpermuster der Frauengruppe als Tätowierungen zu betrachten. Ich sehe indessen eher eine Körperbemalung im Zusammenhang mit einer Mondmythologie. Darauf deuten auch die voll- und halbmondförmigen Gesichter der Ahninnen. Außerdem werden die breiten X-Muster, die zwischen den Brüsten verlaufen, als Kreuzbandgürtel interpretiert. Auch diese „Gürtel“ dürften aber Körperbemalungen sein und eine mythologische Bedeutung haben. Die Stundenglasform bezeichnet hier in auffallender Weise den Körper der Ahnfrauen. Die betonte X-Form erhalten wir zum Beispiel dadurch, dass wir ein M- und ein W-Muster an der Spitze kombinieren. Beide Zeichen, die auf dem weiblichen V-Zeichen beruhen, gelten in der kulturgeschichtlichen Symbolforschung als stilisierte menschenförmige Gliedmaße.

Krötenmotiv und heiliger Schoß

Damit kommen wir zu den vier Lebensbaum-Zeichen zwischen der Frauengruppe. Auch diese „Bäumchen" sind stilisiert gezeichnet. Es ging also den Zeichnenden darum, von einem konkreten Bild der realen Welt ein vereinfachtes Sinnbild darzustellen. Auffallend ist zudem, dass die „Zweige" der Achsen sehr gleichmäßig sind und in einer abfolgenden Kombination mehrfach erscheinen. Solche „Baumzeichen" kommen auch auf jungsteinzeitlichen Gefäßen vor, ebenso weltweit auf Felsen oder in der Ethnographie als „verzierende" Symbolmuster. Bei vielen der gestapelten Zeichen ließ sich im Kulturvergleich gleichsam ein einzelnes Urbild herauskristallisieren, nämlich das sogenannte Krötenmotiv. Dieses zeigt eine hockende Gestalt mit angewinkelten Armen und Beinen sowie manchmal mit Punkten versehen, die Brüste oder den Bauchnabel betonen. Deutlich erkennbar sind menschliche Wesen, bei denen Kopf und Hals oft eins sind, jedoch mit erhobenen Armen und geöffneten Beinen. Das so beschriebene, urbildliche Krötenmotiv basiert nun wiederum auf einem ganz konkreten Sinnbild. Gemeint ist die Gebärhaltung der Frau, bei der die Geburt einen lebenschenkenden Schöpfungsvorgang darstellt. Genauso hat auf mythologischer Ebene eine Ahnfrau die Welt und alles Leben durch einen mystischen Geburtsvorgang hervorgebracht. In diesem Sinn ist also das Krötenmotiv ein Zeichen des Lebens, der Schöpfung und der Geburt. In der Kombination ist es sogar ein Zeichen der Wiedergeburt – also einer Erneuerung und Wiederkehr – sowie einer genealogischen Abfolge von einer Generation zur anderen.

Das Krötenmotiv ist ein universelles Symbol, da es aus der konkreten Lebenserfahrung der menschlichen Gesellschaft entstanden ist. Die Zeichnenden haben dabei das sinnhafte Urbild einer gebärenden Frau schon früh stilisiert und zu M- und W-Mustern gemacht, die menschliche Gliedmaße verkörpern. Interessanterweise ist das Krötenmotiv in der europäischen Volkstradition im-

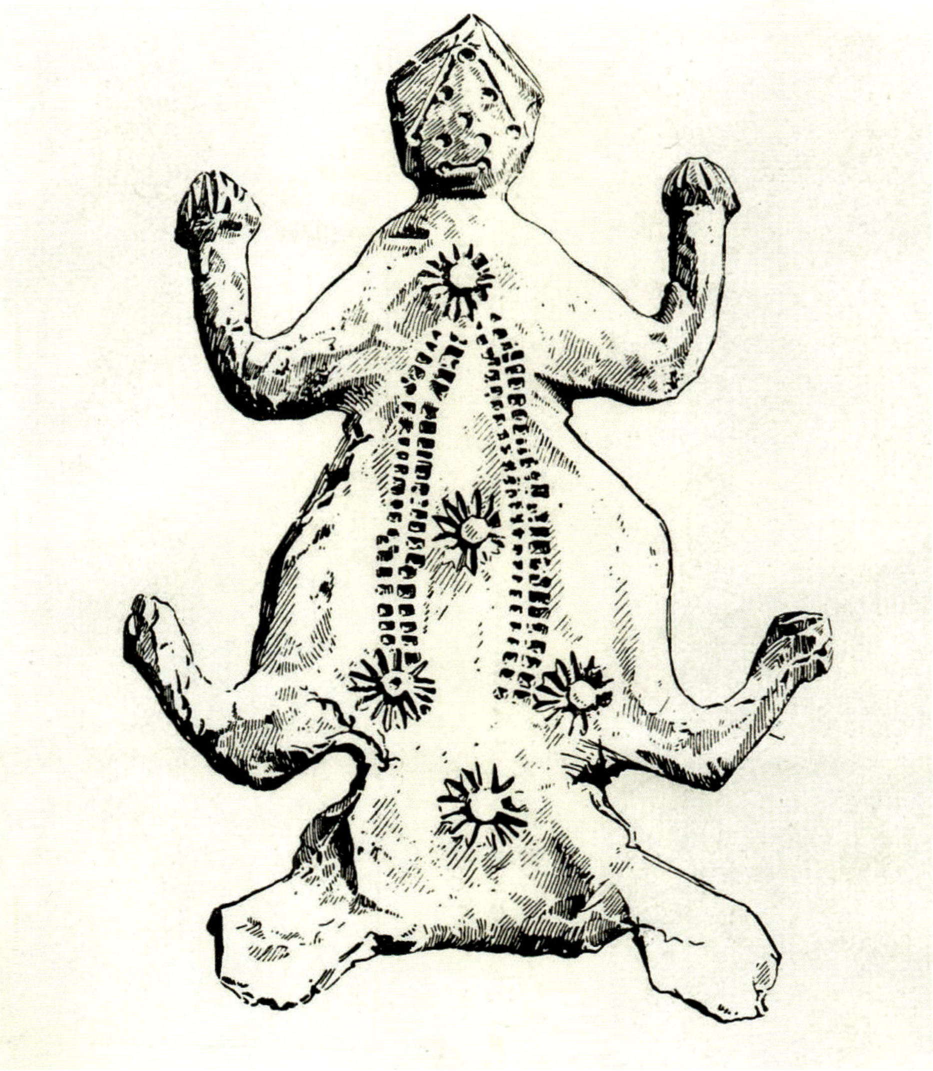

Kröte als Gebärmuttermotiv in Bayern um 1900.

mer noch gegenwärtig. Dort versinnbildlicht die Kröte den Schoß der Frau bzw. die Gebärmutter. Entsprechende Votive werden in manchen Kapellen geweiht, um eine leichte Geburt zu bewirken. Die Weihung von nachgebildeten Körpergliedern wird in Europa mindestens seit der keltischen Zeit gepflegt, was entsprechende Funde an Quellen belegen.

Zudem gilt die Votivkröte im Volksbrauch auch als Fruchtbarkeitssymbol. Ein schönes Beispiel liegt mit der silbernen Kröte von Maria Kirchental

(Salzburg) vor, die etwa um 1850 hergestellt wurde. Blieb eine Ehe jeweils längere Zeit ohne Kinder, opferten die Frauen Votivkröten, da man glaubte, dass die Gebärmutter ein Tier sei, das hin und her wandert.

Urmutter mit Schlangen in der Gestik der Schöpfung. Steinstele auf der Insel Gotland.

Wie alt das Motiv von Frosch und Frau ist, zeigt eine jungsteinzeitliche Tonfigur aus Hacilar in Anatolien. Die Froschfrau ist dabei ein Mischwesen aus Krötenkörper und menschlichem Kopf, wobei die Geste in der Haltung des Tieres erscheint. Außerdem sehen wir auf dem Rücken einen langen Schlitz, in den X-Muster eingezeichnet sind. Es könnte sich um einen vulvaähnlichen Spalt handeln. Jedenfalls sind auf den Votivkröten neuerer Zeit oft ein langer Strich, eine Raute oder eine ovale Mandorlaform zu erkennen, die auf den weiblichen Schoß hinweisen. Eine weitere Froschfrau dürfte ein schwarzer, bearbeiteter Stein aus Achilleion (Griechenland) sein, der ungefähr 8000 Jahre alt ist. Gut sichtbar sind der Körper und die langen Arme, welche die gespreizten Beine umschließen. Zudem ist das Schoßdreieck mit einem Spalt oder einer Kerbe ausgearbeitet. Zwei Löcher auf der Armhöhe belegen, dass die Krötenfrau als schützendes Amulett getragen wurde.

Nicht als Votivkröte jedoch als Schlangenfrau erscheint die Urmutter Vitastjerna (Weißstern) auf der Insel Gotland. Abgebildet ist sie auf einer Steinstele aus dem 8. Jahrhundert AD, die heute im Museum von Visby zu bewundern ist. Die reich bebilderte Stele zeigt über der mythischen Frau drei Schlangen in einem Knoten vereint, die gemäß der Gutasaga die drei Söhne der Vitastjerna verdeutlichen. Sie selbst manifestiert sich in hockender Stellung und mit einer Krone auf dem Haupt. Ihre erhobenen Arme halten links und rechts jeweils eine Schlange in den Händen, während die gespreizten Beine ihren lebensspendenden Schoß hervorheben. Die Schlangen symbolisieren dabei ihre Lebenskraft sowie die Schöpfung aus ihrem Schoß.

Genealogie und Abstammung

Nach diesen Ausführungen kehren wir zum Bodensee zurück und können nun die „Bäumchen" auf der jungsteinzeitlichen Hauswand in der beschriebenen Lesart entschlüsseln. Es sind übereinandergestaffelte und stilisierte, menschenförmige Gliedmaße als W- und M-Motive, die hier die gespreizten Beine bezeichnen. Durch die wiederholende Abfolge entsteht eine Art vielfüßiges Wesen, d.h. die Reduplikation des Krötenmotivs, das wir unter anderem als Frauen in Gebärhaltung auffassen können. Es zeigt sich also das Sinnbild von übereinandergesetzten Gebärenden in Abstufung der Größe. Und obwohl es sich um mehrere Frauenbeine handelt, ist das vielfüßige Zeichen als Ganzes doch nur eine Gestalt. Ferner können wir die übereinandergeschichteten

Zick-Zack-Linien und stilisierte Frauendarstellung von Swidwin (Polen) aus der späten Altsteinzeit.

Motive als eine absteigende Ahninnenreihe verstehen. Dabei ist jeweils die eine Ahnfrau aus der anderen geboren, was eine genealogische Abfolge beschreibt. Diese Ahninnengeneration kann dann bis zu einer Urahnin zurückverfolgt werden. Ebenso wird in dieser Bildersprache klar, dass sich die Ahnfrauen jeweils in der nächsten Ahnin verjüngen, so dass wir eine Kette der Erneuerung und Wiedergeburt erhalten. Gleichzeitig stellt die Geburtsreihe auf der sozialen Ebene die Abstammung der Sippengruppen dar, die durch die Ahninnenfolge in mütterlicher Linie miteinader verwandt sind und denselben Namen der Muttersippe tragen. Dieses schöne Beispiel der „Lebensbäume" zeigt somit, wie mythologische Zeichen einer Genealogie und die soziale Organisation von Sippenverbänden zusammenspielen.

Das Urbild dieser Lebensbäume kann in Europa sogar bis ins Magdalénien zurückverfolgt werden. So wurde etwa vor sieben Jahren aus einem See bei Rusinowo (Swidwin, Polen) ein Elchgeweih geborgen. Das Geweihstück ist ungefähr 11000 Jahre alt und übersät mit wunderbaren Zick-Zack-Linien, die den verbreiteten M- und W-Mustern gleichen. Der Archäologe Tomasz Plonka, der in Swidwin Grabungen vorgenommen hat, deutet diese Muster als Wasser- und Lebenssymbole. Zwischen den Zick-Zack-Verzierungen entdeckte Plonka auch eine menschengestaltige eingeritzte Figur. Gemäß dem Archäologen handelt es sich um eine stilisierte Frauendarstellung mit erhobenen Armen und gespreizten Beinen. Diese bilden ein breites M-Muster – ein Ornament, das den Geweihspross der Ahnfrau dekorartig überzieht. Wiederholen wir das weibliche Zeichen mehrfach vertikal, so entsteht daraus das gleiche Lebensbaumsymbol wie an der Kultwand vom Bodensee.

Auf der Hauswand sind bei drei Baumzeichen am unteren Ende noch weitere Signete aufgemalt. Es sind dies nach oben verlaufende, weiße Dreiecke, an deren Spitzen ein M-Motiv aufgesetzt wurde. Man hat zunächst daran gedacht, dass es sich dabei um eine Giebelzier von Häusern handeln könnte. Andererseits gibt es reiche Funde ähnlicher Motive von der Keramik der Jungsteinzeit bis zu den dreieckigen Frauenfigürchen mit erhobenen Armen der Eisenzeit. Aber auch ohne zeitliche Sprünge lassen sich die Dreiecke enträtseln. Betrachten wir die Hauswand nochmals genauer, so stehen diese M-Motive im direkten Vergleich mit den M-Zeichen der Lebensbäume, die als vielfache menschlich-weibliche Gliedmaße interpretierbar sind. Im Zusammenwirken mit den gebärenden Ahnfrauen der „Bäume" sehe ich daher die M-Dreiecke gleichsam als Fortsetzung der Ahninnenreihe. Die weiblichen Wesen setzen die Genealogie der Ahnfrauen fort, was sie selbst in einer Mutter-Tochter-Abstammungsreihe zu kleinen Ahninnen macht. Diese stehen in einem auffallenden Unterschied zu den sieben großen Urmüttern.

Clanmütter und Stierhörner

Gemäß den bisherigen Beschreibungen kann somit die kulturgeschichtliche Bedeutung des abgebrannten Hauses von Ludwigshafen nicht genug hervorgehoben werden. Trotz schwieriger Fundlage und Beurteilung können wir doch in Übereinstimmung von Archäologie, Ethnologie und Mythologie die rekonstruierte Hauswand interpretieren. Das zweiräumige Pfahlgebäude mit den Ornamenten war nicht größer als die anderen Pfahlbauten der Seeufersiedlung. Ein „Tempel" oder ein Prunkgebäude war es sicher nicht. Ebenso war es ungeeignet, viele Menschen zu versammeln. Vielmehr war das Gebäude ein sakraler Wohnraum, wo das alltägliche Leben und Spirituelles fließend ineinander übergingen. Eine Trennung in eine sakrale und in eine profane Sphäre war nicht gegeben. Die ethnologisch-mythologische Entzifferung der bemalten Hauswand führt zu einem zentralen Gebäude der Ahninnenverehrung. Die Ahnfrauen sind dabei auch Urmütter, von denen die Sippen und Clans genealogisch ab-

Stierhörner im Heiligtum von Arsinoe in Samothraki.

stammen. Die Verwandtschaft ist dabei in mütterlicher Linie. Auf Matriclane verweist auch die stilisierte Gebärhaltung und die entsprechende Schöpfungs-Mythologie der größeren Frauengruppe, deren gemeinsames Merkmal unter anderem die naturalistischen, Milch spendenden Brustpaare sind. Die Ahnfrauen erscheinen damit als Nährende und Lebenschenkende.

Das frauengestaltige Brustgefäß mit dem Birkenteer, das zum Kulthaus gehörte und wahrscheinlich als Räuchergefäß verwendet wurde, dürfte auf schamanische Rituale hinweisen. In Trance nahm ein Medium Verbindung zu den Ahnfrauen auf, um Ratschläge und Hilfe zu erwirken. Auch Heilungs- und Initiationszeremonien sind denkbar. Der kleine Hauptraum mit den Ornamenten lässt solche schamanischen Sitzungen mit wenigen Personen durchaus zu.

Der Hornzapfen eines Ur-Stieres aus dem Bereich der Wandmalereien von Sipplingen öffnet einen weiteren Blick auf die Kulthäuser. Möglicherweise waren im Innen- oder Außenbereich Stierhörner deponiert worden. Tierhörner gelten schon sehr früh als Mondhörner. Außerdem war die Jagd und das Erlegen eines Auerochsen ein rituell-sakraler Vorgang. In vielen Kulturen war der Stier das männliche Gegenüber einer Ahnfrau. Er erlebte seinen Tod sowie die zyklische Wiederkehr durch die Lebenskraft der Muttergöttin. Brustrelief und Stiergehörn weisen in Sipplingen-Ludwigshafen auf eine Ahninnenverehrung und ein gehörntes Tierwesen hin, wie es zum Beispiel in der Jungsteinzeit im Donauraum, in Anatolien und im Mittelmeergebiet bekannt war.

Die Ornamente der mit Symbolen aufgeladenen Wand aus dem Kulthaus des Bodensees überragen alle bisherigen Zeichenmuster aus der Pfahlbauzeit der Region. Die Funde öffnen uns eine Tür zur mythologischen Welt der Pfyner Kultur vor 6000 Jahren. Sie werden aber auch das Geschichtsbild über das frühzeitliche Mitteleuropa verändern. Zudem lassen sich Motive der Brustwand nicht nur in Osteuropa wiederfinden, sondern auch auf Steinstelen und bei Stätten der westeuropäischen Megalithkultur. Ein reicher Schatz der Symbolvergleiche liegt auch in den europäischen Felszeichen, die ebenfalls zum frühgeschichtlichen Kulturerbe unseres Kontinents gehören. Wir dürfen daher gespannt sein, welche weiteren Entdeckungen die Ornamente der Brustwand noch bewirken werden.

DIE DREI FRAUEN DES SCHICKSALS

Wer von Meersburg nach Salem und weiter nach Heiligenberg fährt, entdeckt dort in der Nähe einen Wallfahrtsort mit dem seltsamen Namen *Betenbrunn* – Brunnen der drei Bethen? Im Hegau zwischen Singen und Engen erhebt sich der Mägdeberg mit seiner Ruine. Der Name bedeutet soviel wie „Berg der (drei) Jungfrauen". In Reute zwischen Ravensburg und Bad Waldsee wird die „Gute Bethe" verehrt, die auf einem Stein betend auf wunderbare Weise eine Quelle hervorsprudeln ließ. Zwischen Vorarlberg und Liechtenstein erhebt sich die Bergkuppe „Drei Schwestern". Es sind drei Mädchen von Frastanz bei Feldkirch, die auf dem Berg von einem goldsuchenden Venediger in drei Felsen verzaubert wurden. Nicht weit von Frastanz liegt Bregenz, wo man den Kindern einen Reim vorsingt, den die Kleinen auch in Schwaben und Stuttgart als Kniereiterlied hören:

Bregenzer Kinderlied

Rita, rita Rössli
z'Bregez ist a Schlössli
z'Hörbranz a Glockahus
Es luegen drei Poppa drus
Die erst spinnt Sida
Die zwoat glorifigat
Die dritt tuet s Thöaerle uf
Und lot das hoalig Sünnele us.

Stuttgarter Kinderlied

Hotte, hotte, Rössle
In Stuegert stoht e Schlössle
In Stuegert stoht e Dockehaus
Gucken drei alte Jungfern raus
(drei schöne Jungfre raus):
Die eine spinnt die Seide
Die andere die Weide
Die dritte näht den roten Rock
Für unsern lieben Herre Gott.

Jungfrauen und drei Schwestern

Auf dem Dinkelberg über Badisch-Rheinfelden steht die Eichsler Kirche an einem wunderbaren Aussichtspunkt. Der Ort war schon zur Römerzeit besiedelt, und es ist anzunehmen, dass sich an der Stelle der heutigen Kirche eine vorchristliche Kultstätte befand. Am dritten Sonntag im Juli wird der Ort zum Mittelpunkt eines altüberlieferten Festes (Eichsler Umgang) zu Ehren der drei

Die drei Schicksalsfrauen mit dem Lebensfaden.

Jungfrauen Wibrandis, Kunigundis und Mechtundis. In einer Prozession tragen junge Mädchen die Reliquienschreine der heiligen Frauen ums Dorf, und im Anschluss gibt es ein kleines Fest. Die Statuen der Heiligen befinden sich auf dem rechten Seitenaltar der Kirche. Nach einer Legende gehörten die drei Jungfrauen zur Gefolgschaft der heiligen Ursula, einer englischen Prinzessin, die im 5. Jahrhundert mit 11000 Frauen eine Wallfahrt nach Rom unternahm. Kunigundis, Mechtundis und Wibrandis hätten die Reise wegen Krankheit vor Basel unterbrochen und seien auf dem nahen Dinkelberg gestorben. An ihren Grabstätten sollen sich unzählige Wunder zugetragen haben.

Nicht weit von Stuttgart liegt Bietigheim. Dort, gegen Besigheim zu, gehe seit alter Zeit ein weißes Fräulein um. Einst traf sie mittags um zwölf Uhr einen Mann aus Bietigheim namens Pochterle, als sie dort im Wald auf einem Felsen saß, dem sogenannten „Kahlenstein“. Von diesem Felsen führt ein unterirdischer Gang anderthalb Stunden weit auf den Aspberg. Er soll im Dreißigjährigen Krieg angelegt worden sein. Am Eingang zu diesem Gang saß die Jungfrau und winkte dem Pochterle – sie habe bei der Tür ihren Aussteuerschatz vergraben und müsse so lange „schweben“, bis ihn einer hebe. Aber der Pochterle bekam Angst und lief davon. Nach drei Tagen war er eine Leiche. Man hat das weiße Fräulein seitdem schon oft gesehen. Manche sagen, es seien drei Fräulein und sie seien Schwestern gewesen auf einem Schloss, das versunken sei, weil die Schwestern nicht an Gott glaubten.

Nornen, Moiren und Parzen

Auffallend ist, dass die Drei Frauen sowohl im Bayerischen als auch im Schwäbischen, Badischen und Alemannischen vorkommen. Und zwar in Ortsnamen, im Kinderlied, in den Mythensagen und im Brauchtum. Daher wollen wir den Spuren des Dreifrauenkultes etwas nachgehen. In Island heißen die drei Schicksalsfrauen *Blakapa* „Blauröcke". Solche mythischen Blauröcke erscheinen interessanterweise auch in der Tiroler Sagenwelt. Hier sind es in Blau gekleidete Bergfrauen, die man *Willeweis* nennt. In Nordeuropa sind die drei Ahnfrauen als *Nornen* „Raunende?" überliefert. Sie bestimmen die Vergangenheit, die Gegenwart und die Zukunft. Die römische Mythologie kennt die drei *Parzen*, ein Wort, das meistens von *Parcae* „Gebärende" hergeleitet wird. Diese sind vergleichbar mit den griechischen *Moiren* „Zuteilerinnen?", die zweifellos vorgriechische Wurzeln haben. In der Dreiheit erscheinen sie dann als Clotho „die Spinnerin", Lachesis „die Loszuteilerin" und Atropos „die Unabwendbare". In Mitteleuropa ist die Mittwinter- und Spinnfrau *Perchta* „die Glänzende?" überliefert. Im östlichen Alpengebiet kennt man die drei

Die drei „Mütter" in keltisch-römischer Zeit.

Die drei Schicksalsfrauen mit Heilpflanzen. Holzschnitt um 1500.

Schicksalsfrauen als *Salige* und im ehemals keltischen Gebiet als drei *Bethen*. Viele dieser Göttinnennamen sind noch nicht hinreichend erklärt, und auch der Name Bethen dürfte letztlich auf eine vorkeltische Zeit Europas hinweisen.

In Indien hüten Frauen der unteren Volksschichten die mythologische Tradition. Mit Symbolen bemalen sie die Hauswände oder zeichnen wunderbare Darstellungen auf den Boden. Ein Bildnis aus (vor)hinduistischer Zeit zeigt die Göttin Lakshami. Eine indigene Künstlerin gab ihr einen fülligen Körper, aus dem drei Köpfe blicken. An der Oberweite sind drei Brüste als Spiralen angebracht. Dieses Sinnbild verdeutlicht sehr schön den Gedanken, dass die drei Frauen eigentlich nur eine Gestalt sind und verschiedene Aspekte einer Schöpferahnin zum Ausdruck bringen. Denselben Gedanken finden wir auch in Kleinasien bei der Göttin Hekate. Bildnisse zeigen sie auf einem Thron sitzen. Von ihrem Hals blicken drei Gesichter in alle Richtungen, zudem besitzt sie auf jeder Seite drei Arme. Sie hält Fackeln, Stäbe und Messer in den Händen, flankiert wird sie von zwei Schlangen mit Spiralenschwanz. Gerade mit der Vielarmigkeit (und den drei Gesichtern) kommen die vielen Funktionen sowie die verschiedenen Aspekte auch bildlich zur Geltung. Ein Bildnis aus römischer Zeit, das in Split (heute Kroatien) entdeckt wurde, stellt die drei Parzen dar. Neben ihnen steht der gehörnte Grüne Mann (Waldmensch), den die Römer

Silvanus nannten. Die Abbildung belegt, dass die Schicksalsfrauen auch einen männlichen Begleiter besaßen. In keltisch-römischer Zeit hießen die drei Frauen einfach *Matres* „Mütter". Meistens sind es drei sitzende Frauen mit Fruchtschalen auf dem Schoß. Dazu kommen mondartige Hauben, die wie Heiligenscheine aussehen. Besonders in der Region Bonn wurden viele solcher Matronensteine entdeckt.

Salige und drei Kreuze

Der Glaube an die drei Schicksalsschwestern dauerte in Europa noch bis ins Mittelalter – und in manchen Regionen noch heute. Holzschnitte zeigen die drei mythischen Schwestern mit Heilpflanzen in den Händen, wie sie gerade eine kranke Frau im Bett besuchen. Ebenfalls war es Brauch, dass die Bäuerinnen an Mittwinter für die drei Schwestern den Tisch deckten und diese bewirteten. Dadurch kamen Segen und Schutz ins Haus. Bekannt ist die berühmte Beichtfrage des Bischofs von Worms (965–1025), der ausdrücklich die Frauen nach diesem alten Brauch aushorchen ließ. Alter Glaube war auch, dass die Schicksalsfrauen zu jedem Neugeborenen an die Wiege kamen und dem Kind das Lebenslos zuteilten. In Tirol bestand bis Anfang des 20. Jahrhunderts die Föhre der drei Saligen. Der Baum besaß ein breites Wurzelwerk, aus dem drei Stämme wuchsen. Einer war noch klein und symbolisierte das junge Leben der Saligen. In der Mitte ragte ein mächtiger Stamm empor, der die in voller Stärke stehende Salige verdeutlichte. Und zuletzt sah man einen dritten morschen Stamm. Er erinnerte an den Aspekt der Alten Greisin. Damit sind die Lebensalter der mythischen Saligen bildreich beschrieben: eine Wurzel, jedoch drei verschiedene Stämme in unterschiedlicher Lebensphase. Zu diesen Baum-Saligen gesellt sich im Alpenraum noch ein weiterer Baumkult. So pflegten die Waldleute nach dem Fällen eines Baumes drei Kreuze mit der Axt auf den Strunk zu schlagen. Offiziell sei dies ein Schutz- und Abwehrzeichen. Jedoch ist aus dem Kontext ersichtlich, dass es sich bei diesen drei „keltischen" Kreuzen um das Zeichen der drei Schicksalsfrauen handelt.

Margaretha, Katharina und Barbara

Nicht zu übersehen sind die Versuche der Kirche, den angestammten Dreifrauenkult in christliche Bahnen zu lenken. Ein Vorgehen war, die mythischen Schwestern mit den biblischen drei Marien am Grab Jesu umzudeuten. Doch diese Marien werden im Volk sogleich in das Muster der Schicksalsfrauen einverleibt und mit dem seidenen Lebensfaden versehen. Besonders im Kinder-

Katharina, Barbara und Margaretha als die drei Schutzheiligen.

und Kniereiterlied (siehe oben) kommt diese Anbindung an den alten Glauben sehr schön zum Ausdruck, so dass von den biblischen Marien nicht mehr viel übrig bleibt. Eine weitere Methode war, die Gestalt der „Anna Selbdritt" zu präsentieren. Es handelt sich vordergründig um die Darstellung der hl. Anna, ihrer Tochter Maria und des Jesuskindes. Diese Dreiheit wird aber ganz unterschiedlich abgebildet, und im Volk blieb die Lesart der Triade als „drei Schwestern" vielerorts bestehen. Ferner hat man sogar den hl. Nikolaus bemüht, um die drei Schicksalsfrauen zu verdrängen. In der etwas phantasievollen Legende begegnet dieser einem Vater mit drei Töchtern. Da die Familie sehr arm ist, sollen die drei Frauen in ein Schandhaus kommen. Doch am Abend schaut der hl. Nikolaus durch das Fenster in die Kammer der drei Töchter. Diese liegen nackt im Bett und schlafen, worauf er jedem Mädchen eine goldene Kugel ins Bett legt. Genau diese Szene finden wir oft abgebildet. Wo diese Verchristlichung nicht genügte, führte die Kirche die drei Nothelferinnen Margaretha, Katharina und Barbara ein. Deren Attribute sind meistens Drache, Rad und Turm. Auf dem Haupt tragen sie Kronen.

Allerdings kommt auch bei den drei Nothelferinnen sofort wieder die Anbindung an den alten Glauben zum Zug. Lebkuchenformen in Bayern zeigen die „drei Madl" nicht nur mit ihren Attributen, sondern auch in eigenartigen Hauben, die an die Matronen aus keltisch-römischer Zeit erinnern. Zudem machen die Bayern in einem Vers diese Nothelferinnen zu ihren drei schützenden Frauen schlechthin, so dass diese ihre Herkunft aus dem Christlichen schon längst abgestreift haben:

Margaretha mit dem Wurm
Barbara mit dem Turm
Katharina mit dem Radl
Das sind unsere heiligen drei Madl.

Besonders spannend sind Orte, wo die drei Nothelferinnen und die drei mythischen Frauen ohne gegenseitige Durchdringung nebeneinander bestehen. So zum Beispiel in Pfäffikon im Kanton Zürich. In der Kirche sind die drei Frauen Margaretha, Katharina und Barbara abgebildet, während in den lokalen Sagen die Welt der Schicksalsfrauen weiterlebt. Sie erscheinen dort sehr archaisch, nämlich als Schöpferinnen. Durch ihre Kraft soll der Pfäffikersee, das Gras und das Wiesland entstanden sein. Die vorchristlich-keltische Dreifrauentradition scheint hier fast schon ungebrochen in unsere Zeit zu reichen. So wundert es nicht, dass sogar der christliche Dreifrauenkult der Kirche noch zu „heidnisch" war.

Magisches Schutzzeichen C+M+B

Die Obrigkeit reagierte und ersann die heiligen drei Könige, die heute als Sternsinger im Kinderbrauchtum umhergehen. Es handelt sich gleichsam um eine männliche Ausgabe der mythischen Schicksalsschwestern, die besonders an Mittwinter und Neujahr gefeiert wurden, wo sie ihr Segenszeichen hinterließen. Dass die drei Könige nicht sehr alt sind, erkennen wir zum Beispiel im Schweizer Rheintal, wo früher in Gams an Mittwinter drei Frauen von Hof zu Hof gingen, dabei sangen und das Anwesen segneten. Genau gegenüber von Gams liegt übrigens die Bergkette mit den „Drei Schwestern". Das magische Schutzzeichen C+M+B, das die drei Könige alias drei Schwestern über dem Hauseingang anbringen, wird offiziell als „Christus Mansionem Benedictat" und somit als „Christus segne das Haus" gedeutet. Jedoch ist diese Herleitung umstritten. Andere sehen darin die Kürzel der drei Könige, die Caspar, Melchior und Balthasar genannt werden. Spannend ist wiederum die Angleichung an den alten Glauben, wenn die geheimnisvollen Buchstaben als Catharina, Margaretha und Barbara interpretiert werden. Eine geniale Volksetymologie rückt dann die ganze Sache ins rechte Licht. So deutet ein Informant aus Süddeutschland die Formel als „Cathel machs Bett", worin die Volksmythologie schlagartig wieder hervortritt. Denn dieses „Bett" erinnert unmittelbar an den keltischen Dreifrauenkult, worin die Schicksalsfrauen *Bethen* genannt werden. In halb christlicher Form erscheinen sie dann als Ambeth, Wilbeth und Borbeth oder als Ainpet, Gberpet und Firpet – so in Leutstetten in der Nähe des Starnberger Sees.

MÄGDEBERG UND VULKANLAND

Der Mägdeberg zwischen Singen und Engen ist einer der berühmtesten Anhöhen im Hegau. Er ist Teil der Schwäbischen Alb, der sogenannten Hegau-Alb, und wie die nahen Berge durch die Kraft von Vulkanen und der Gletscher der letzten Eiszeit entstanden. Der 664 m hohe Berg befindet sich im Grenzbereich der Ortschaften Mühlhausen, Hilzingen, Weiterdingen und Duchtlingen. Die umliegenden Vulkanberge sind der Hohenkrähen, der Hohentwiel, der Staufen, der Hohenstoffeln und der Hohenhewen. Etwas weiter entfernt sind Rosenegg, Neuhewen und Höwenegg. Auf dem Mägdeberg befindet sich eine mittelalterliche Burg (heute Ruine) mit einer bewegten Geschichte. Seit 1984 ist die Gegend ein Naturschutzgebiet. Funde aus der (vor)keltischen Zeit belegen die kulturelle Bedeutung der Erhebung. Offiziell soll der Name *Mägdeberg* auf die Legende zurückgehen, wonach die heilige Ursula mit 11000 „Mägden" am Fuß des Berges gelagert habe. Diese Herleitung ist jedoch unbegründet und gehört zu einer phantasievollen Ausschmückung. Somit wollen wir uns auf die historischen und mythologischen Spuren des Mägdeberges aufmachen.

Der mythische Mägdeberg bei Ehingen im Hegau.

Der Berg der Jungfrauen

Eine ausführliche Schrift zu diesem Kultberg liegt von Eberhard Dobler mit dem Titel „Die Drei Frauen vom Mägdeberg“ vor, worin viele Erkenntnisse enthalten sind. So geht der Name der Erhebung auf das althochdeutsche *magad* bzw. *magid* „Jungfrau“ zurück, so dass es sich hier in der Mehrzahlform um einen „Berg der Mägde, der Jungfrauen“ handelt. Entsprechend hieß die Anhöhe schon um 1240 *Megideberc* und um 1279 *Magdeberc*. Es stellt sich nun die Frage, wer mit diesen „Jungfrauen“ gemeint ist. Schon Eberhard Dobler vermutet, dass es sich um die „keltischen“ drei Bethen handelt, die so oft in Sagen und Örtlichkeiten überliefert sind. Jedenfalls ist eine keltische Herkunft nicht ausgeschlossen, wie das Beispiel des nahe gelegenen Hohen-Krähen (Krayen) zeigt. Der Vulkanberg hieß um 1191 *Craien*, worin das keltische Wort *craig* „Fels“ tradiert ist, das wiederum auf der alteuropäischen Sprachwurzel **car* „Stein, Fels“ beruht.

In ähnlicher Weise dürfte der Mägdeberg in keltisch-römischer Zeit einmal „Betenberg“ genannt worden sein, wobei dann in alemannischer Zeit eine Lehnübersetzung stattfand, nämlich von *Beten*-Berg zu *Megide*-Berc. Die Bethen sind dabei genauso „Jungfrauen“, wie es das althochdeutsche Magad vermittelt. Sprachgeschichtlich könnte somit *Beth* entweder „Frau, Jungfrau“ bedeuten, oder es handelt sich bei *Beten-Berg* um einen Doppelnamen „Fels-Berg“, so dass *beth* ein Steinwort wäre. In diesem Zusammenhang verweise ich auch auf den Wallfahrtsort *Betenbrunn* bei Heiligenberg im Linzgau. Zu den drei Bethen des Mägdeberges schreibt nun Dobler (2003:203) folgendes:

„Dieser vorgermanische Kult der ‚Drei Frauen' wurde in unserer Gegend auch von den Alemannen fortgeführt. Die alten Glaubensinhalte und die Kultstätten sind von den Eingewanderten vielfach beibehalten worden, so dass es kaum einmal möglich ist, über die Entstehungszeit einzelner örtlicher Überlieferungen Genaues zu sagen. Nicht selten darf man bei den Kultplätzen, die sich für die alemannische Zeit erschließen lassen, schon eine keltoromanische Tradition vermuten, ebenso wie in den mündlichen Überlieferungen Südalemanniens um die ‚Drei Frauen' oder ‚Drei Fräulein' manches vorgermanische Erinnerungsgut zu stecken scheint. Auf Bergen, in Wäldern und bei Quellen lagen die heiligen Stätten der hilfreichen drei Naturgottheiten. (…) Nach der Christianisierung, die sich in der Bodenseegegend seit dem 6./7. Jahrhundert allmählich von der Oberschicht her durchsetzte, ist die ehrfürchtige Erinnerung an die hilfreichen ‚Drei Frauen' vor allem im einfachen Volk jahrhundertelang erhalten geblieben.

(…) So ändern sich für die einfachen Menschen oft nur Namen statt religiöser Inhalte, und Heiligenlegenden wie Heiligenverehrung sind im Volk vielfach an die Stelle vorchristlicher Überlieferungen getreten."

Schenkerinnen und Totenberg

Für den Mägdeberg ist die Heiligenverehrung von „tres virgines" (drei Jungfrauen) schriftlich belegt. Im Nachbardorf Welschingen sollen drei Edelfräulein aus Binningen der Gemeinde einst den „Ertenhag" geschenkt haben. Gleich daneben verdankt die Gemeinde Watterdingen ihren Grießlerwald den drei Grießler Fräulein, und daselbst schenkten in Tengen drei Freifräulein den Bürgern zwei Wälder auf dem Berg. In Hilzingen bei Singen wohnten nach der Sage auf der Burg Gebsenstein drei Fräulein. Diese verbargen sich in einer eisernen Truhe, als einmal der Feind anrückte. Alle diese Sagen von den waldschenkenden drei Frauen, die nicht urkundlich sondern mythisch sind, erinnern an die drei Jungfrauen und ihre Kultstätten. Solche Schenkungssagen knüpfen gerne an ein bekanntes Schloss an, das mit den drei vorchristlichen Frauen als nun vermeintlich historischen Personen in Verbindung gebracht wird. An manchen Fluren hing nur noch eine verschwommene Erinnerung an die hilfreichen Frauen, so dass sich die Sage mit neuen Motiven frei entfalten konnte. Jedoch sind die Erzählungen manchmal sehr direkt, so zum Beispiel diejenige von den drei hilfreichen Zauberfrauen im Heiligental zwischen Tuttlingen und Möhringen, auf die ich schon hingewiesen habe. Sie besitzen wunderschöne weiße Pferde, denen die Menschen ihre Verehrung bezeugen. Hinter den Zauberinnen dürften die drei Bethen oder die Matronen stehen. Eberhard Dobler sieht sogar eine Verehrung der keltischen Pferdegöttin Epona, die in römischer Zeit tatsächlich sehr beliebt war.

Die drei Zauberfrauen im Heiligental Zwischen Möhringen und Tuttlingen ist ein Tälchen, Heiligenthäle geheißen. Dort, gar nicht weit vom Duttenthal, wo die Duttfee oder Dupfe hauste, hielten sich vor alten Zeiten zwei, andere sagen drei Heidinnen auf, die Zauberei verstanden. Die drei Frauen hatten drei wunderschöne Schimmel, die den ganzen Tag weiden und nichts ackern und nichts ziehen durften. Zu den Frauen kamen die Leute von weiter Ferne, wenn ihnen oder ihrem Vieh etwas fehlte, und holten Heilsames. Vorher mussten die Leute den drei weißen Rossen Ehre erweisen: niederfallen und opfern. Die Zauberfrauen konnten für alles helfen und hatten viele Kenntnis in den heilsamen Kräutern, die sie in Wald und Feld sammelten. Ein Tröpflein aus einem Gütterchen verhalf von der Hexerei; andere Tröpflein ließen die Tiersprache verstehen, wieder andere machten, dass man Diebe und Übeltäter sah und kannte. (Birlinger 1861:1)

In Duchtlingen unmittelbar beim Mägdeberg gibt es die Erzählung, dass im Burgfelsen das Grab der Jungfrauen liegt. Gemeint sind zweifellos die drei Jungfrauen, denen man im 18. Jahrhundert in der Duchtlinger Kirche jeweils am 16. August gedachte – einen Tag nach Maria Himmelfahrt. Gemäß einer Erzählung auf dem Mägdeberger Hof im 19. Jahrhundert umschließt der Berg in seinem Innern eine weite Höhle mit einem unterirdischen See. Unter dem Berg soll ein riesiges Fass mit tiefrotem Wein vergraben liegen. Die Sagen vom Jungfrauengrab und vom hohlen Berg sind typisch für den Dreifrauenkult. Oft fehlen auch der schwarze Höllenhund und die Goldkiste nicht. Entsprechend verdeutlichen solche Berge die Jenseitswelt der drei Schicksalsschwestern. Es ist die Anderswelt der dreigestaltigen Erdgöttin, wohin die Verstorbenen in ihr Totenreich gelangen, um nach einer gewissen Zeit in die Sippengemeinschaft wiedergeboren zu werden. So hatte jede Region seinen Totenberg, wo man die Ahnen im Reich der Anderswelt besuchen konnte: „Auch der Mägdeberg ist einer jener vielen Totenberge, in denen nach dem Glauben der vorchristlichen Zeit die Verstorbenen der Dorfgemeinschaft ‚in einer hohen Halle' ihrer Wiederverkörperung harrten. Dieser Ort im Innern der Kultberge gehörte im Volksglauben den ‚Drei Frauen', er war ihr Reich und zugleich das Totenreich. Über die Vorstellung vom Totenberg als Reich der Drei Beten ist in der verdunkelten Erinnerung auch der Mägdeberg zum ‚Grab der Jungfrauen' geworden." (Dobler 2003:208)

Im nahe gelegenen Dorf Tengen ist sogar vom Grab der Neun Jungfrauen die Rede, also von 3 x 3 Jungfrauen. Sowohl bei diesen als auch bei denjenigen des Mägdeberges handelt es sich jedoch nicht um christliche Heilige, wie manchmal behauptet wird. Es sind auch keine „Mägde" im Zuge der heiligen Ursula. Die vorchristliche Herkunft der drei Jungfrauen geht deutlich aus einer schriftlichen Bemerkung eines Duchtlinger Pfarrers von 1806 hervor, der zum Verehrungstag 16. August der drei Frauen schreibt: „pro tribus virginibus, ut aiunt" – also „für die drei Jungfrauen, wie die Leute sagen." Diese „Mägde" sind somit Volksheilige, denen etwas „Heidnisches" anhaftet, denn sonst hätte der Pfarrer hier keinen Vorbehalt angebracht.

Quelle und unterirdische Gänge

Damit kommen wir zu landschaftlichen Besonderheiten. Die Anhöhe im Hegau war nicht nur ein heiliger Berg, sondern bei ihm findet sich auch ein Quellenkult. An der Ostflanke des Mägdeberges entdeckt man den Eselsbrunnen, der heute nur noch spärlich fließt. Es muss einst eine kräftige Quelle gewesen sein, deren Wasser man nicht verunreinigen durfte. Bis in die jüngste Zeit hinein galt das Wasser des Brunnens als heilkräftig. Daher verwundert es nicht, dass man noch im 19. Jahrhundert dort die kleinen Kinder holte. Der Berg als Ort des Todes war zugleich eine Stätte, wo das neue Leben von den Schicksalsfrauen geschenkt wurde und die Toten als kleine Kinder wieder ins Leben zurückkehrten. Durch die lebensspendende Kraft der Frauen wurden die Ahnen in die Sippen wiedergeboren. Die Kinderherkunft von Quellen, Steinen und Bäumen hat sich erst spät von einer matrifokalen Naturphilosophie zu einer entmythologisierten Erklärung für Kinder entwickelt. Doch noch bis in die frühe Neuzeit wurde dieses Frauenritual heimlich weiter gepflegt.

Ferner soll unter dem Mägdeberg der Einstieg eines zum Hohenkrähen führenden Ganges liegen. Dies könnte wiederum mit der Bedeutung der Anhöhe als Totenberg in Zusammenhang stehen. Außerdem wird gesagt, dass zwischen Mägdeberg und Hohenkrähen ein goldenes Kegelspiel vergraben sei. Erinnert hier die Sage an den Goldschatz der „Mägde“ in der Unterwelt? Oder an die drei Goldkugeln der Bethen, die später dem hl. Nikolaus zugeschrieben wurden? Die Kegelspielsage ist übrigens nicht nur vom Mägdeberg und vom Hohenkrähen bekannt, sondern auch vom Hohentwiel. Vom Hohenkrähen berichtet Eberhard Dobler, dass der Berg „dank der um ihn überlieferten Sagen ebenfalls als einstige Stätte der Drei Frauen“ zu erkennen ist. Noch wenig Beachtung haben verschiedene Münzen gefunden. So wurden beim Mägdeberg römische Münzen im Bereich des Felsklotzes entdeckt. Sie waren vielfach nahe am östlichen Berghang beisammen, so dass ein Zufall ausgeschlossen werden kann. Dobler vermutet, dass es sich um Münzopfer handelt, die „vom Berg her dem Vollmond oder der aufgehenden Sonne entgegengeschleudert wurden.“ Beim Hohenkrähen wurden ebenfalls römische Münzen gefunden, und zwar ausschließlich am Osthang, was ein astronomischer Hinweis sein könnte.

Blick vom Mägdeberg zum Vulkanberg Hohenkrähen.

Hohenkrähen und Offerenbühl

Wer Anfang November frühmorgens auf den Mägdeberg steigt, wird bei guter Sicht einen Sonnenaufgang erleben, der beim Hohenkrähen zu beobachten ist. Dasselbe Naturschauspiel wiederholt sich drei Monate später Anfang Februar. Andererseits geht vom Hohenkrähen die Sonne zweimal in Richtung Mägdeberg unter, nämlich Anfang Mai und Anfang August. Mit diesen Beobachtungen sind im Hegauer Horizontkalender vier Jahreszeitenfeste bezeichnet, die auch bei den Kelten gepflegt wurden: Samhain (November), Brigid (Februar), Beltane (Mai) und Lugnasad (August). Besonders der Bauernwinter von November bis Februar wurde von den drei Schicksalsfrauen regiert, die als mythische Spinnerinnen umgingen. Zudem stieg aus der Unterwelt die Winteralte mit dem Totenzug. Sie schritt über das vegetationslose Land und heißt in Süddeutschland schwarze/weiße Frau Percht. In keltischer Zeit dürfte dies eine der drei Bethen ausgeübt haben.

Fügen wir nun die beiden Kultlinien zwischen dem Mägdeberg und dem Hohenkrähen zusammen – die astronomische Sonnenlinie und den unterirdischen Verbindungsgang der beiden Anhöhen – so ergibt sich ein mythischer

Die beiden Hügel Offeren- und Schlüsselbühl als Erdbrüste.

Kreislauf. Anfang November ist die helle Jahreszeit endgültig vorbei, und es entsteigen dem Totenberg die schwarze Wintergöttin und die Totengeister. Ihre aktivste Zeit haben sie zwischen Dezember und Neujahr. Anfang Februar ist dann der Geisterspuk aus der Anderswelt vorbei, und es regiert allmählich die lichte Frühlingsgöttin Brigid. Mit den Sonnenaufgängen über dem Hohenkrähen ist diese Zeitspanne am Horizont ablesbar.

Zwischen dem Mägdeberg und dem Hohenkrähen bestehen also „himmlische" und unterirdische Beziehungen, die auf die Jenseitswelt und den Sonnenlauf hinweisen. Blickt man nun vom Mägdeberg nach Südosten zum Hohenkrähen, fallen zwei markante Erdhügel auf, die etwa in der Mitte der beiden Kultberge liegen (bzw. näher beim Mägdeberg). Ihre Flurnamen sind Offerenbühl und Schlüsselbühl.

Schaut man vom Schlüsselbühl zum Offerenbühl, so befindet sich dieser im Nordosten, und zwar etwa in der Richtung, wo an Mittsommer die Sonne am Horizont aufgeht. Umgekeht liegt der Schlüsselbühl im Südwesten, wo die Sonne an Mittwinter untergeht. Ferner geht die Sonne vom Beobachtungspunkt Offerenbühl an Mittwinter ungefähr beim Hohenkrähen im Südosten auf. Wir haben es demnach mit einem ausgeklügelten Beobachtungssystem zu tun, das mit den Drei Frauen des Mägdeberges in Zusammenhang steht. Diese „Mägde“ sind meines Erachtens nicht nur als Frauenberg gegenwärtig, sondern ebenso als Erdgöttin. Denn vom Mägdeberg erkennt man die beiden Hügel Offerenbühl und Schlüsselbühl als Erdbrüste. Es sind die Brüste einer Landschaftsahnin, die im Umkreis des Mägdeberges mit seinem Dreifrauenkult allmählich fassbar wird. Nämlich als weißes Frühlingsmädchen, das hinter Maria Lichtmess im Februar steht, als rote Sommerfrau, die hinter den Liebesbräuchen der Johannisfeierlichkeiten zu finden ist, und als schwarze Winteralte, die an Halloween mit den Allerseelen über die nebelgraue Landschaft zieht.

MYTHISCHE BERGE UND ALPSTEIN

Rund um den Bodensee gibt es verschiedene Berge, die durch ein besonderes Erscheinungsbild als heilige Anhöhen gelten können. Höhenheiligtümer kennen wir in fast allen Kulturen, wobei es sich vom mittelgroßen Hügel bis zum majestätischen, schneebedeckten Berg handeln kann. Es muss aber nicht immer ein außereuropäisches Gebirge in den Anden oder in Tibet sein, wo die überlieferten Traditionen auf den mythischen Charakter des Berges hinweisen. Denn auch in den Alpen entdecken wir immer wieder außergewöhnliche Berge mit einer Welt voller Sagen und alter Kultplätze. Oft sind sogar Steinsetzungen oder gravierte Steinplatten mit Bergen verbunden, indem die Steine einen visuellen Bezug auf die Anhöhe nehmen. Man wollte dadurch Kontakt mit den Wesen der Oberwelt aufnehmen, die oft als Urwesen der Landschaft erscheinen. Ebenso als Ahnen der Menschen, die ihre Vorfahren durch Rituale um Segen für die Gemeinschaft anrufen. Ein Berg kann dabei das geographische oder mythische Zentrum einer Landschaft sein – ein Bergriese, der immer wieder sichtbar ist, wo man sich auch in der Region befindet. Zudem sind Berge umso sagenumwobener, wenn im Fels seltsame Gesichtszüge, zauberhafte Lichtphänomene der Sonne und des Mondes sowie die Körperform eines Wesens erkennbar werden. Nebst dem Körperbezug und den Natursagen sind auch geographische Namen von Bedeutung. So zum Beispiel „Sieben Jungfrauen" in den Bündner Alpen, „Jupiter Poeninus" in den Walliser Bergen oder „Schlafende Hexe" in Bayern. Sie alle weisen auf ein vorchristliches Kulturerbe der Landschaft hin.

Die Hegauer Vulkanberge

Im Nordwesten des Bodensees finden wir gleich eine ganze Gruppe von markanten Anhöhen, nämlich die Hegauer Berge zwischen Schaffhausen und Tuttlingen. Durch den Vulkanismus in der frühen Erdgeschichte ist hier eine sehr urtümliche Landschaft entstanden. Darin liegt zum Beispiel der Basaltberg Hohenstoffeln zwischen Binningen und Weiterdingen. Er besitzt als einziger Hegauberg zwei Gipfel (832 m und 844 m), doch hatte er vor dem Basaltabbau noch einen dritten Gipfel. Alle drei waren landschaftlich auffallend und unter den Vulkanbergen der Region einzigartig. Diese besonderen Berge – Hohenhewen

Blick vom Mägdeberg zum Vulkanberg Hohenstoffeln.

bei Engen, Mägdeberg, Hohenkrähen und Hohentwiel bei Singen – bilden zusammen mit dem Hohenstoffeln ein natürliches Landschaftssystem, das mit astronomischen Orientierungen zusammenspielt. Es sind fünf Kulthügel, und jeder hatte einmal seine Naturmythologie, von der nur noch Bruchstücke überliefert sind. Die Naturgegebenheiten lassen sich aber nicht verändern, so dass wir folgendes feststellen können:

Vom Hohenstoffeln geht die Sonne an Mittwinter beim Hohentwiel im Südosten auf, jedoch an Mittsommer geht die Sonne entgegengesetzt vom Twiel beim Stoffeln im Nordwesten unter. Dadurch sind die Winter- und die Sommersonnenwende in einem einfachen Horizontkalender bezeichnet. Die astronomischen Beziehungen der Sonnenauf- und -untergänge wiederholen sich sogar, und zwar mit der Sichtlinie Hohenhewen-Hohenkrähen. Außerdem bilden der Hohenstoffeln und der Hohenhewen ziemlich genau eine Nord-Süd-Achse – eine natürliche Ausrichtung, die auch durch die beiden Anhöhen Hohentwiel und Hohenkrähen gegeben ist.

Überblicken wir nun nochmals diese Landschaft, so können wir in Gedanken die verschiedenen Anhöhen miteinander verbinden. Interessanterweise ent-

Vulkanberg Hohenhewen bei Engen im Winterkleid.

steht dabei eine geometrische Form – eine Raute mit vier topographischen Eckpunkten: Hohenhewen, Hohenstoffeln, Hohentwiel und Hohenkrähen. Beachtenswert ist zudem, wohin die halbierende Linie dieser Hügelraute führt. Denn die Sichtlinie vom Hohenhewen (814 m) über den Hohentwiel (686 m) erstreckt sich weitläufig bis zum Alpsteingebirge im Appenzell bzw. in das Gebiet des Säntis – dem heiligen Berg der Bodenseeregion.

Außerdem steht der Vulkanberg Hohenstoffeln mit den ehemals drei Gipfeln und sein Nachbarhügel Mägdeberg in einer landschaftlichen Beziehung. Im nahen Duchtlingen mit Blick auf diese beiden Anhöhen beging man noch im 19. Jahrhundert am 16. August einen inoffiziellen Verehrungstag der „drei Jungfrauen“. Dieses Datum ist wahrscheinlich nicht zufällig gewählt, denn etwa Mitte August geht jeweils vom Hohenstoffeln aus beim Mägdeberg die Sonne auf. Ob dieses Phänomen am Duchtlinger Dreifrauentag bekannt war, ist leider nicht überliefert. Erhalten hat sich aber der Gedenktag, der gerade nicht mit Maria ersetzt wurde, da die drei „Wohltäterinnen“ im Gedächtnis des Volkes tradiert blieben.

Im Frühling wiederholt sich das astronomische Phänomen zwischen dem Hohenstoffeln und dem Mägdeberg. Ein Jahrestag Mitte April ist jedoch vor Ort nicht bekannt. Allerdings feierten die Römer vom 15. bis 19. April jeweils

Hohentwiel bei Singen im Nebelmeer mit Sicht auf Alpstein und Säntis.

das Fest der Muttergöttin Ceres, die sogenannten Cerialien. Die naturmythische Bedeutung des Ceresfestes war, dass das Kornmädchen Proserpina aus der Unterwelt steigen und dabei der Landschaft ihre Fruchtbarkeit schenken möge. Die Wiederkehr der Vegetation wurde entsprechend dramatisiert. Dabei kleideten sich die Frauen in weiße Gewänder und trugen eine Fackel in der Hand. Sie repräsentierten in dieser Weise die Korngöttin Ceres, die Mutter der Proserpina, die sie nun in der ganzen Gegend suchten, um die segenbringende Tochter aus der schattenhaften Unterwelt zu befreien. Ähnliche Vegetationsmythen finden wir auch in der keltischen Tradition. Hier heißt die Muttergöttin Dana und ihre Tochter Brigid. Oder es sind die Schicksal bestimmenden Bethen – die unscheinbaren „Mägde" und „Jungfrauen" im Hegau.

Der Hohenkarpfen bei Tuttlingen

Die Verflüchtigung der einheimischen Ahnfrauen setzt sich beim Hohenkarpfen nördlich von Tuttlingen fort. Bezüglich der Landschaft liegt der „Karpfen", wie er von den Leuten genannt wird, mit den erwähnten Hegau-Bergen Hohenstoffeln und Hohenhewen etwa auf einer Nord-Süd-Achse. Mit den Vulkanbergen selbst sind leider nur spärliche Naturmythen verbunden, je-

Der Hohenkarpfen als Schatz- und Totenberg.

doch beim Karpfen ist eine Sage „Der Schatz auf dem Hohenkarpfen" (Birlinger 1861:84) überliefert. Lesen wir diese Geschichte differenziert und erkennen die späteren Umformungen, so finden sich doch einige Naturmotive, die zur ältesten Mythenschicht gehören.

Aus der Schilderung geht nämlich hervor, dass der Hohenkarpfen ein Jenseitsort der Verstorbenen war. Der hohle Berg mit seinem sagenhaften Innenraum voller Schätze versinnbildlichte die Anderswelt. In diesem riesigen „Grabhügel" ruhen die Toten und halten sich die Ahnen der Sippen auf. Die Hüterin des Jenseitsreiches ist dabei eine mythische Ahnfrau, die sowohl im Aspekt der jungen Frau als auch der weisen Alten erscheinen kann. Die ursprüngliche Ahnfrau ist aber in dieser Schatzsage schon nicht mehr erwähnt, jedoch zeigt sie sich in ihren Tiersymbolen: Den Schatz hüten ein schwarzer Hund mit feurigen Augen und ein Rabe. Der gesuchte „Schatz" besteht dabei aber nicht aus Münzen und Silber, sondern es handelt sich um die Schätze der Unterwelt – die Früchte, die durch die Lebenskraft der Erdgöttin entstanden sind.

Diese Beschreibungen gehören zum eigentlichen Kernmotiv der Mythensage. Fahrende Schüler, gierige Schatzsucher und „teuflische“ Gestalten sind spätere Zufügungen und Umdeutungen. Ebenso spielt beim alten Sagenkern die Ahnenverehrung eine bedeutende Rolle. Die Ahnen erscheinen hier als verstorbene Personen der umliegenden Dörfer wie zum Beispiel Hausen ob Verena. Sie haben ihren Seelensitz im hohlen Berg und warten auf ihre Wiederkehr durch die Lebenskraft der großen Ahnfrau, welche die Natur wie auch die Verstorbenen in einem ewigen Kreislauf stets verjüngt. Jetzt verstehen wir auch, warum sich solche Berge oft öffnen. Dann steigen nämlich die Toten aus der Anderswelt und kommen zu den Lebenden ihrer Heimat.

Was wir hier mit der wesentlichen Mythensage vom Hohenkarpfen beschreiben können, dürfen wir auch auf die Vulkanberge des Hegau übertragen. Auch sie repräsentieren die Jenseitswelt der Ahnen und Erdschätze. Mit dem „Mägde“-Berg sind sogar die schützenden Ahnfrauen in Erinnerung geblieben. Dabei stellt sich die Frage, wie alt solche Mythenreste sein können. Antworten finden wir in den archäologischen Funden, die in diesem Gebiet reichlich vorhanden sind, oder in der Sprachgeschichte. So soll der Name „Hohen-Hewen“ von einem keltischen *kewen* „Bergbuckel“ abstammen. Zudem hat der Flurname „Hohen-Karpfen“ nichts mit einem „Karpfen“ zu tun, sondern er beruht auf einem alteuropäischen *karpe* „Fels“ mit der Wortwurzel **car* „Stein, Fels“. Diese sprachliche Bezeichnung geht bis in die vorkeltische Zeit zurück, was wir auch mit den alteuropäischen Mythen annehmen dürfen.

Die Kanisfluh im Bregenzerwald

In den Sagen werden Naturwesen oft verniedlicht dargestellt, oder sie werden zu überdimensionalen Riesen. Solche Riesinnen und Riesen schreiten dann zum Beispiel über das Land und verlieren dabei große Steine, die zu Steinsetzungen und Kultplätzen werden. Ebenso sind Berge und Riesen ein beliebtes Thema, wobei der Berg ein Göttersitz sein kann oder selbst die Gestalt des Riesen verdeutlicht. Einen solchen Mythenberg finden wir östlich des Bodensees im Bregenzerwald bei Mellau. Er heißt Kanisfluh und war einer der heiligen Berge der Region. Alle Geister der Gegend sind auf ihm versammelt. Der Berg selbst soll vom Riesen Wirm erbaut worden sein. Jedoch sei er mit seinem Werk so unzufrieden gewesen, dass er sich von seinem Berg zu Tode stürzte. Darauf kamen andere Riesen und begruben ihn in der Kanisfluh mit einem Grabstein. Dieser

Wirmsäule des Bergriesen bei der Kanisfluh.

„Grabstein“ ist die bekannte und gut sichtbare Wirmsäule – eine freistehende, emporragende Felssäule von etwa 30 m Höhe.

Riesensagen haben vielfach etwas Naives an sich. Wie bei den Schatz- und Dreifrauensagen liegt der Kern der Erzählung jedoch in den naturmythischen

Kanisfluh mit Gesichtsprofil des Bergriesen von Au.

Motiven. So erscheint die Wirmsäule bei genauerer Betrachtung als versteinerte Gestalt mit einem Körperprofil. Sie ist also nicht der „Grabstein" des Riesen, wie es die Sage umdeutend beschreibt, sondern das mythische Ahnenwesen selbst. Ebenso ist der heilige Berg nicht einfach das Werk des Riesen. Wer nämlich von Au auf die Südseite der Kanisfluh blickt, entdeckt im Profil ein riesiges Felsgesicht mit Stirn, Nase und Mund. Es ist der Riese Wirm als Berggestalt. Der Ahnengeist hat in diesem Sinn nicht nur den Berg erschaffen, sondern gleichzeitig auch sich selbst, indem er in die Natur des Berges überging. Dies ist eine sehr archaische Auffassung von der Welt, die auf einer animistischen Tradition beruht. Daher gibt es auch keine Trennung zwischen dem Wesen, das die Welt hervorgebracht hat, und der geschaffenen Natur – beide sind identisch und gestaltwandelnd aus sich selbst geworden. Daher *ist* die Kanisfluh das Ahnenwesen, genauso wie die Wirmsäule das steinerne Antlitz des Riesen versinnbildlicht.

Dreischwesternberg und Kreuzberge

Der Riese Wirm im östlichen Bodenseegebiet steht nicht alleine in der Sagenwelt. Außerhalb des Bregenzerwaldes finden wir beispielsweise zwischen Liechtenstein und Vorarlberg den Dreischwesternberg. Dieser erinnert an den Mägdeberg im Hegau oder an den Hohenstoffeln mit den drei Gipfeln, die wir ebenfalls den drei Schicksalsfrauen zuordnen können. Gemäß verschiedener Sagen sollen einst drei Mädchen am 15. August zum Schwesternberg hinaufgestiegen sein, um Blumen und Kräuter zu sammeln. An diesem Marientag wurden sie dann von einem schatzsuchenden Venediger in Felsen verwandelt. Hinter den „drei Mädchen" können wir im Kulturvergleich die drei Schicksalsgöttinnen erkennen, seien es die Parzen, Nornen oder Bethen. Zudem wurden sie nicht einfach in Felsen verwandelt, sondern der Berg verdeutlicht ihre Gestalt, wie auch die Kanisfluh den Berggeist repräsentiert.

Gegenüber dem Dreischwesternberg im Rheintal erheben sich die sogenannten Kreuzberge. Sie sind im Westen des Tales das männliche Pendant zum Schwesternberg im Osten. Eine lokale Sage berichtet, dass einst im Sommer ein seltsamer Korngeist einem Bauern bei der mühsamen Ernte half. Er glaubte jedoch, es sei der „Teufel", worauf er diesen samt dem Erntegerät in die Felsen bannte. Der Korngeist selbst ist jedoch in den Kreuzbergen immer noch sichtbar, und zwar als liegende Gestalt mit einem Gesichtsprofil. Bei diesem

Der mythische Berg Dreischwestern oberhalb von Frastanz.

Bergriesen entdecken wir sogar noch eine weitere Besonderheit, nämlich eine stattliche Felsöffnung. Jeweils zur Sommersonnenwende scheint am Abend die Sonne durch diese zauberhafte Öffnung und verbreitet im Tal ein aurahaftes Licht. Die Lichtstrahlen sind vom Rheintaler Dorf Sax gut erkennbar. (Derungs 2014:113f.)

Interessanterweise ist der Geist der Kreuzberge nicht nur ein Bergriese, sondern hat auch die Eigenschaft eines Korn- und Erntegeistes, was ihn näher charakterisiert als den Riesen Wirm. Außerdem sind auch die gegenüberliegenden Drei Schwestern mit dem Korn bzw. mit den Pflanzen verbunden. Ich vermute daher, dass der ehemalige Korngeist der männliche Begleiter der kräuterkundigen Schwestern war. Erst später mutierte er zum „Bösewicht“ und die Schicksalsfrauen zu drei kindhaften Mädchen.

Doppelbrüste im Alpsteingebirge

Von der Region Birnau am Nordwestufer des Bodensees zeigt sich der Alpstein in einem vielfältigen Panorama. Ein guter Standort ist die Plattform der Kirche Birnau, von wo aus man die Berge über dem See beobachten kann. Je nach Betrachtungsweise erscheinen dann verschiedene Sinnbilder im Felsmassiv. Dabei spielen Schattenwürfe und die zauberhaften Sonnenuntergänge, die das

Gebirge eindrucksvoll beleuchten, eine besondere Rolle. Der Ausblick von Birnau ergibt nun eine erstaunliche Signatur in der Landschaft, denn die beiden Berggipfel Altmann und Säntis versinnbildlichen am Horizont zwei weibliche Brüste. Eine solche körperbezogene Betrachtung von Landschaft muss auch in der Frühgeschichte des Sees vorgekommen sein, denn wir sind am Überlingersee in einem historisch bedeutsamen Gebiet.

Wie schon ausführlich beschrieben entdeckten hier Archäologen in den jungsteinzeitlichen Pfahlbausiedlungen von Ludwigshafen und Sipplingen einzigartige Kultwände mit verzierten, lebensgroßen Frauenbrüsten. Die Inspiration dazu dürften die Menschen damals dem besonderen Landschaftsbild entnommen haben, da die beiden Busengipfel von mehreren Kultplätzen der Bodenseeregion immer wieder erkennbar sind. Die Erforschung der verschiedenen Standorte hat ergeben, dass offenbar ein Zusammenhang besteht zwischen dem mythischen Naturbild der Gipfelbrüste und der mit Brüsten versehenen Kultwände der Ahnfrauen. Dabei dürften die weißen, schneebedeckten und milchigen Brüste der Bergahnfrau Anlass zur Mythologisierung gegeben haben, was dann im Kulthaus der Pfahlbausiedlungen eine rituelle Nachbildung gefunden hat. In diesem Sinn wären die abgebildeten Urmütter mit ihren weißbemalten Brüsten ursprünglich Berggöttinnen in einer Genealogie.

Eine Betrachtung der Landschaft als Wesen ist in einer animistischen Naturphilosophie nicht überraschend. Die Natur wird dabei als belebte Körperlandschaft gesehen, deren signaturhafte Sinnbilder das eigene, mythologische Weltbild widerspiegeln. Aus dieser kulturellen Naturbezogenheit entsteht eine geistige Topographie aus Mythen, Namen und Körperanalogien, was auch in der rituellen Kunst zum Ausdruck kommt. Die Kultwände der Ahnfrauen vom Überlingersee entsprechen genau dieser animistischen Ritualisierung. Die Entdeckung der Bergahnin beim Säntis erweitert somit die symbolhaften Zeichen auf den Kultwänden der Urmütter im frühgeschichtlichen Kulthaus.

Vom Nordwestufer des Bodensees ist es nicht mehr weit zu den erwähnten Vulkanbergen des Hegau. Von jeder der Anhöhen ist der imposante Säntis sichtbar. Es erstaunt daher nicht, dass eine Sichtlinie Hohenhewen-Hohentwiel in ihrer Verlängerung geradewegs zur Säntisregion führt. Bei Föhn oder bei Aufhellung ist der Säntis vom Hohentwiel zum Greifen nahe. Der mythische Berg erscheint dann sehr würdevoll als zentrale und höchste Erhebung des Alpsteinmassivs. Besonders eindrucksvoll ist das Felsmassiv am Abend, wenn das weiße Gebirge allmählich zu einem intensiven Rot übergeht und die Schattenwürfe schwarze Gestalten bilden.

Blick vom Überlingersee zum Alpstein: Doppelgipfel als Brüste einer Bergahnfrau.

Eine solche Farbkombination kann man nicht nur in der Landschaft beobachten, sondern sie kommt auch in Mythen und Volkserzählungen (Märchen, Sagen) immer wieder vor. In der Mythenforschung gelten Weiß, Rot und Schwarz als die häufigsten Symbolfarben, die mit Tieren, Gegenständen oder Personen einher gehen. Oft sind es auch Farben einer großen Ahnfrau, die auf ihre verschiedenen Lebensphasen hinweisen. Entsprechend symbolisiert Weiß das Frühlingsmädchen mit dem Sichelmond, Rot die Sommerfrau mit dem Vollmond und Schwarz die Winteralte mit dem Neumond. Interessanterweise kommen diese Farbmuster sehr häufig auch auf Keramik vor. In der Bodenseeregion finden wir diese zum Beispiel im Hegau, wo die sogenannte Alb-Hegau-Keramik aus der Hallstattzeit (800–600 BC) auch heute noch mit ihren Mustern und Farben fasziniert.

Die Galluskapelle von Oberstammheim

Interessanterweise entdecken wir mythologische Sinnbilder beim Alpstein auch von der Region Seebachtal aus. Das Gebiet zwischen Frauenfeld und Stein am Rhein liegt ebenfalls im Nordwesten mit Blickrichtung zum Säntis im Südosten. Wir haben also ein ähnliches Bezugssystem wie am Bodensee. Einer der bedeutendsten Plätze liegt dort, wo ab dem 9. Jahrhundert die Oberstammheimer Galluskapelle gebaut wurde. Dieser Ort liegt etwas erhöht, und der Ausblick auf die Landschaft und die Berge ist beeindruckend. Wir dürfen davon ausgehen, dass der besondere Höhenort in der keltisch-römischen Zeit und sogar schon seit der Jungsteinzeit besucht wurde. Archäologische Untersuchungen könnten dies klären, aber auch wenn keine Funde vorliegen, schließt das nicht aus, dass der verehrte Naturort schon früh bekannt war. Jedenfalls faszinierte der Platz auch in frühchristlicher Zeit, und man wählte ihn für einen Kapellenbau aus. Damit setzten die Erbauer indirekt die vorchristliche Tradition des mythischen Ortes fort. Sogar im 14. Jahrhundert lassen sich Spuren der älteren Bedeutung erkennen, wenn auch in einem christlichen Gewand.

So finden wir zum Beispiel an der Südwand der Kapelle gotische Wandmalereien von 1320. Die oberste Reihe stellt die Schöpfungsgeschichte

Galluskapelle auf einem Hügel bei Oberstammheim.

Sonne, Mond und Sterne in der Galluskapelle.

dar, was in dieser Zeit sehr selten ist. Die Welt selbst erscheint dabei wie ein Weltenei, das an den griechischen Schöpfungsmythos der Pelasger erinnert. In dieser alten Ursprungsmythe ist die Weltentstehung aus dem kosmischen Ei jedoch ein weiblicher Schöpfungsakt der Ahnfrau Eurynome. Beeindruckend ist zudem der Reichtum an astralen Bezügen zum Himmel. Fensterbögen und Wand sind übersät mit Sternen sowie mit Bildnissen von Sonne und Mond. Zusammen mit dem Licht der Fenster verweisen die Motive direkt zum Lauf der Gestirne. Offenbar enthalten diese Himmelsbezüge einen verborgenen Hinweis auf die ältere Bedeutung des Ortes. Jedenfalls ist es kein Zufall, dass die Gestirne genau an der Südwand aufgemalt wurden, wo das Licht der Wintersonnenwende die Fensternischen erreicht.

Damit kommen wir zur astronomischen Bedeutung des Kultplatzes. Für das Seebachtal sind dabei vor allem zwei Alpsteinberge beachtenswert, nämlich der Hohe Kasten und der Säntis. Jeweils an Mittwinter um den 21. Dezember geht die Sonne in einem einzigartigen Naturschauspiel frühmorgens beim Hohen Kasten auf. Die Sonnenstrahlen erhellen allmählich das ganze Tal und treffen auf die Südwand der Galluskapelle mit den astralen Bildern. Zudem bildet die Sonne beim unmittelbaren Aufgang zusammen mit dem Berggipfel ein faszinierendes Sinnbild. Der rote Feuerball und die horizontale Senke des Berges vereinigen sich zu einem mythischen Landschaftssymbol, indem die Sonnenscheibe gleichsam aus einem liegenden Sichelmond geboren wird. Der symbolhafte Sonnenaufgang steht dabei für die Wiedergeburt der Sonne am tiefsten Punkt des Jahres.

Außerdem spielt auch der Mond beim Platz der Galluskapelle eine bedeutende Rolle. Erstaunlicherweise führt nämlich eine Sichtlinie von der Kapelle

Sonnenaufgang beim Hohen Kasten von der Galluskapelle an Mittwinter.

genau zu einer Flur „Im großen Stein“ und weiter zum Säntis. Gleichzeitig ist diese Orientierung nach Südosten eine astronomische Linie, denn für das Seebachtal bezeichnet der Berg die große, südliche Mondwende. Dieses sogenannte Mondextrem im Horizontkalender erreicht der Vollmond alle 18,6 Jahre. Dann steigt die Mondscheibe beim Säntis empor und verzaubert die nächtliche Landschaft mit ihrem feinen, milchweißen Licht.

Der Platz der Galluskapelle ist somit ein sehr guter Beobachtungspunkt. Von hier ist nicht nur der beeindruckende Sonnenaufgang zurzeit der Wintersonnenwende erlebbar, sondern auch der Mondaufgang beim Säntis. Der Höhenort orientiert sich auf den Hohen Kasten, den Alpstein und den Säntis, der wie vom Bodensee aus den heiligen Berg der Region verkörpert. Und nebst Sonne und Mond dürften auch Sternbilder beobachtet worden sein. Jedenfalls finden wir Hinweise dazu in der Kapelle bzw. bei den Wandmalereien mit den astralen Bildnissen von Sonne, Mond und Sternen. Offenbar nehmen diese Bezug auf die verborgene Astralmythologie des Ortes, die auch im Seebachtal bis in die Frühgeschichte der Seeufersiedlungen reichen könnte.

Die Bergmutter des Alpsteins

In ähnlicher Weise wie am Bodensee erscheint auch vom Seebachtal der Alpstein als ein belebter Landschaftskörper. Die anthropomorphe Sichtweise entspricht dabei der animistischen Naturphilosophie der frühen Menschen, die analog zu ihrem eigenen Körper die Landschaft ebenfalls als einen Körper wahrgenommen haben. Außerdem werden die Naturphänomene in einem verwandtschaftlichen Verhältnis betrachtet, so dass in einem solchen Weltbild ein Berg oder ein Fluss eine Ahnenperson darstellen kann, von der sich ein Stamm herleitet. Wenn wir indigene oder frühe Kulturen verstehen wollen, ist es unabdingbar, diese archaische Weltdeutung zu erkennen. Meistens treffen wir auf animistische Spuren bei Reisen außerhalb Europas. Aber auch in Europa gibt es Reste der animistischen Tradition wie zum Beispiel die Herkunft der Kinder von Bäumen, Quellen und Steinen, die in der Volkskunde mehrfach beschrieben ist. Ebenso dürfen wir bei den frühgeschichtlichen Menschen am Bodensee von einer animistisch-schamanischen Tradition ausgehen.

Im europäischen Kulturraum hatte früher fast jede Region ihren heiligen Berg. Im Alpenbogen sind die mythischen Anhöhen zum Beispiel der Mont Bego mit den unzähligen Felszeichnungen, der Mont Blanc mit dem weißen Gletscher, das Matterhorn mit dem Altarstein zu seinen Füßen oder der Similaun mit den Saligen Frauen der schneebedeckten Anderswelt. Im Seebachtal ist der heilige Berg der Säntis mit seiner Mondmythologie und den astronomischen Zusammenhängen, wie dies anhand der Galluskapelle schon beschrieben wurde. Betrachten wir aber den Alpstein nochmals genauer, so zeigt sich in seiner Silhouette ein topographisches Sinnbild. Unmittelbar beim Berg erkennt man ein horizontal liegendes Gesicht, einen Halsbereich sowie eine weibliche Brust, die der Säntis bildet. Vor uns erhebt sich die Bergmutter des Alpsteins, die in der Bodensee-Mythologie der frühen Menschen eine zentrale Rolle spielte. Vom Seegebiet erblickt man beim Alpstein die Doppelbrüste der Bergmutter, jedoch vom Seebachtal erscheint der Alpstein mit dem Säntis-Profil als liegende Landschaftsahnin.

Am Bodensee wurde sie wie erwähnt in jungsteinzeitlichen Kulthäusern verehrt, wo an verzierten Wänden Frauengestalten mit lebensgroßen Brüsten versehen wurden, die mit weißer Farbe bemalt waren. Brüste und Milchfarbe weisen auf den nährenden Aspekt der Ahnfrauen hin. Ebenso ist die Erdbrust der Säntis-Bergmutter mit weißem Schnee bedeckt. Dieses natürliche Sinnbild erinnert wiederum an die weißen Punkte der Brüste auf der Kultwand. Der

Die Bergmutter des Säntisberges in der vertikalen Sichtweise: Gesichtsprofil und Felsbrust.

Bergschnee der Landschaft und die weiße Bemalung der Brüste stehen dabei in symbolischer Verbindung und verdeutlichen nochmals die nährende Milch der Urmütter. Zudem haben wir gesehen, dass sich der Vollmond mit seinem weißen, milchigen Licht beim Säntis erhebt. In beeindruckender Weise steigt er beim Aufgang aus dem Körper der liegenden Bergfrau, und zwar nicht aus ihrem Schoß, sondern bei ihrer riesigen Erdbrust.

Damit haben wir die frühgeschichtlichen Bildnisse der Urmütter am Bodensee nochmals durch eine landschaftliche Beobachtung erweitern können. Wir dürfen sogar davon ausgehen, dass die frühen Kulturen im Seebachtal und diejenigen am Bodensee einen sehr ähnlichen, mythologischen Hintergrund besaßen. Das ist auch geographisch durchaus möglich, denn die Kulthäuser von Sipplingen und Ludwigshafen sind nur etwa 30 Kilometer vom Seebachtal entfernt.

DRACHENINSEL REICHENAU

Die Insel Reichenau westlich von Konstanz ist nebst der Insel Mainau das bekannteste Eiland im Bodensee. Sie ist etwa 4,5 km lang, 1,5 km breit und liegt südlich der Halbinsel Bodanrück. Seit 1838 ist sie im eigentlichen Sinn (leider) keine Insel mehr sondern nur noch eine Halbinsel, denn in jenem Jahr wurde der Reichenaudamm gebaut, der eine Verbindung zum Festland herstellte. Der Zugang erfolgt heute meistens auf diesem Damm, sei es mit dem Privatauto oder mit dem Fahrrad. Aber auch mit dem Schiff von den umliegenden Häfen ist die Insel zugänglich und mit einer schönen Überfahrt verbunden. Zum Glück hat man bis heute auf große Hotelanlagen verzichtet, die das Landschaftsbild verunstalten würden.

Das besonders milde Klima, die fruchtbaren Böden, der Wasser- und Fischreichtum sowie die üppige Vegetation haben die Reichenau zur Gemüseinsel schlechthin gemacht. Die „Reiche Au", wie die Insel heißt, ermöglicht daher den „Auern", bis zu dreimal im Jahr ernten zu können, was auch den traditionellen Weinbau weit übertrifft. Landschaft, Klima und der reich gedeckte Tisch machen die Insel zu einem ruhigen Erholungsort. Das müssen auch die Mönche gemerkt haben, die ab dem 8. Jahrhundert auf die Insel kamen und

Mythische Landschaft Insel Reichenau.

dort ein Kloster gründeten. In der Folge finden wir daher gleich nach dem Damm die St. Georgskirche in Oberzell, das Münster St. Maria und Markus in Mittelzell sowie die Stiftskirche St. Peter und Paul in Niederzell. Unmittelbar mit der Klostergründung verbunden ist der heilige Pirmin, der in einer modernen Statue beim Damm die Besucher grüßt. Doch woher stammt Pirmin?

Pirmin und die Schlangen

Seine Herkunft ist nur schwer fassbar, sein Geburtsjahr unbekannt. Er selbst soll aus Irland, Aquitanien (Frankreich) oder Spanien stammen. Auch der Name wechselt zwischen Pirminius, Perminius und Priminius. Als gesichert gilt, dass ein Pirmin im Auftrag des fränkischen Hausmeiers Karl Martell (714–741) mit mehreren Mönchen im Elsass und am Oberrhein missionierte und dabei um 724 auch an den Bodensee und auf die Reichenau kam. Eine im 9. Jahrhundert verfasste Lebensgeschichte im Kloster Hornbach in der Pfalz berichtet, dass ihm der alemannische Adelige Sin(t)laz eine Insel geschenkt habe, die nach ihrem Besitzer Sinlazesouva heiße. Jedoch sei die Insel voll mit Kröten und Schlangen gewesen, die dann von Pirmin auf wunderbare Weise vertrieben wurden. Im Badischen Sagenbuch lesen wir dazu folgendes:

📖 **Schlangen auf der Reichenau** Sintlas war ein frommer Mann und eifrig um die Verbreitung des Christentums in seinem Gebiet besorgt. Seinen Bemühungen gelang es, den heiligen Pirmin als Apostel für seine Heimat zu gewinnen. Im Jahre 724 kam jener in das Gebiet des Sintlas, der ihn bat, ein Haus der Andacht in der Gegend zu gründen. Der Heilige wählte dazu die nahe Insel, die der See von allen Seiten umfloss; weil sie aber voll greulicher Würmer war, riet ihm Sintlas ab. Pirminus Entschluss blieb jedoch fest; von einem Schiffer begleitet, fuhr er auf die Insel hinüber, die damals nur finstere Wälder, dorniges Gebüsch und Sümpfe enthielt, worin eine Unzahl Kröten, Schlangen, giftige Insekten und anderes Getier hausten. Als der Heilige südlich von Deichmanns Schlösschen ans Land stieg, da entstand wunderbarerweise an der Stelle, wo sein Bischofsstab die Erde berührte, eine Quelle. Die hässlichen Tiere aber flohen und schwammen über den See. Drei Tage und drei Nächte soll ihre Flucht gedauert haben. Als nun die Insel für immer von den Tieren befreit war, reinigte Pirmin mit vierzig seiner Genossen das Eiland von dem wildverschlungenen Gesträuch, und bald war die Insel für Menschen wohnlich. (Waibel 1898:57f.)

Pirmin vertreibt Schlangen von der Insel Reichenau. Gemälde aus dem 17. Jahrhundert.

Jedoch muss die Insel nicht so schlimm von den „Untieren“ bevölkert gewesen sein, denn in der Lebensgeschichte des Pirmin wird zugleich erwähnt, wie die Insel vorzüglich sei mit ihrem Klima und der Fruchtbarkeit. Musste die Insel daher zuerst dämonisiert werden, um sie dann durch einen Gottesmann zu christianisieren? Und wer sind die „Untiere“ auf der Insel eigentlich? Nachdem diese aus dem Weg geräumt wurden, begannen die Mönche gleich, auf der Reichenau zu roden und zu bauen. Drei Jahre später, nach dem Bau der ersten Holzkirche, verließ Pirmin die Insel. Vermutet wird, dass das alemannische Herzoghaus die Klostergründung mitten in ihrem Kerngebiet als Provokation empfand und Pirmin vertrieb. Als Wanderbischof ohne Bistum wanderte er noch einige Jahre umher, bis er 753 im schon genannten Kloster Hornbach starb.

Kirchen und alte Kultplätze

Es ist nun spannend zu sehen, wo und wann auf der Reichenau die drei Kirchen gebaut wurden. Der romanische Kirchenbau des Münsters in Mittelzell stammt aus dem 8. und dem 11. Jahrhundert. Er steht an der Stelle der ehemaligen Klosterkirche. Pirmin und seine Gefährten haben die erste Holzkirche nicht irgendwo auf der Insel errichtet, sondern in deren Mitte. Sie haben sich gleichsam das Zentrum und das Herz des Eilandes ausgesucht, um darüber einen christlichen Bau zu erstellen. Ein Missionar ging aber oft dorthin, wo ein „heidnischer" Platz war, den er zerstören oder bekehren konnte. Solche Stätten gab es gewiss auch auf der Insel, und eine davon lag in Mittelzell beim Münster. Überhaupt beginnt ja die Geschichte der Reichenau nicht mit der Christianisierung im 8. Jahrhundert, wie es die herkömmliche Geschichtsschreibung gerne verbreitet. Sogar die Kultur sei erst in dieser Zeit entstanden. Ist dies nicht eine sehr einseitige und eigennützige Geschichtsschreibung? Denn die Insel hat zweifellos eine viel längere Geschichte, die geprägt ist von Alemannen, Römern, Kelten sowie Menschen der Bronze- und Jungsteinzeit, die am Bodensee mit unzähligen Funden belegt sind. Wahrscheinlich befand sich vor dem Kirchenbau in Mittelzell ein Kultstein oder eine Quelle. Ein alter Stein dürfte auch den Platz der Georgskirche in Oberzell bezeichnet haben. Die Kirche wurde um 900 errichtet, die romanischen Elemente und Anbauten stammen aus dem 11. Jahrhundert. Besucht werden oft die vielen Wandmalereien aus dem 10. Jahrhundert sowie die Darstellung des „Geschwätz der Frauen", das Teufel auf die sogenannte Kuhhaut schreiben. Ebenfalls ein vorchristlicher Kultplatz war die Kirche Peter und Paul in Niederzell. Sie steht auf dem Grund einer ehemaligen Basilika aus dem 8. Jahrhundert. Bei einem Umbau wurden romanische Fresken aus dem 12. Jahrhundert freigelegt. Diese befinden sich in der Apsis vom Mittelschiff.

Durch die Kirchenplätze ist es also möglich, die alten „heidnischen" Orte auf der Insel Reichenau wieder zu finden. Was könnte sich an solchen Kultstätten zugetragen haben? Pirmin verfasste während seiner Bekehrungszeit eine Art Handbuch für die Missionierung, den sogenannten Scarapsus. Darin beschreibt er allgemein pagane Bräuche im fränkisch-alemannischen Gebiet jener Zeit. Einige Rituale dürften auch auf die Reichenau zutreffen. So erwähnt er zum Beispiel das Jahresfest der Frühlingsfeuer oder Kultspiele, an denen sich die Leute Felle von Hirschen oder Pferden anziehen. Bei diesen (erotischen) Spielen sollen Frauen keine Männerkleider und Männer keine Frauenkleider tragen. Bei einer Mondfinsternis soll man dem Mond nicht zuschreien, zudem erwähnt Pirmin Bildnisse von Gottheiten. Besonders Felsen und Bäume wurden verehrt, bei denen ein Eid geschworen wurde. Ebenso würden die Menschen die Welt immer noch in Himmel, Erde und „unter der Erde im Wasser" unterteilten – dies nach dem alten, schamanischen Drei-Welten-Bild.

Kirche St. Georg auf der fruchtbaren Insel Reichenau.

Pirmin hat uns mit seinem Missionsbüchlein nicht nur einen Einblick in die damalige Glaubenswelt verschafft – wenn wir dieses von den negativen Vorurteilen des Missionars befreien – sondern auch seine sehr engstirnige Sichtweise vermittelt. Denn hier stehen sich im Grunde genommen zwei sich ausschließende Weltauffassungen gegenüber, nämlich die animistisch-schamanische Welt einer beseelten Natur auf der einen Seite und die monotheistisch-dualistische Welt der Bibel auf der anderen.

Der Drache als Ortsgeist

Ich möchte nun auf meine oben gestellte Frage zurückkommen, wen Pirmin mit den Schlangen auf der Reichenau eigentlich austreibt. Dazu ist es notwendig, die Mythologie einer älteren Glaubenswelt kennen zu lernen, die noch bei Kelten, Griechen und Römern fortlebte, jedoch ihre Wurzeln in der Frühgeschichte hat. Zudem wurde einst ein Ort, eine Kultstätte oder eine Landschaft doch recht unterschiedlich betrachtet, als es Pirmin später in seiner christlichen Sozialisation darstellt. Ein zentraler Begriff dieser naturbezogenen Mythologie ist der Genius loci (Ortsgeist), der allen Örtlichkeiten und sogar Personen innewohnt. Gemäß römischer Lebensphilosophie hat jeder Mensch einen Genius. Ursprünglich wurde der Begriff für beide Geschlechter verwendet, entsprechend besitzen Frauen eine „Juno" als Schutzgeist. Juno bedeutet „junge Frau". Zudem gibt es noch einen Geburtsgenius (Genius natalis). Dem Genius wird zusammen mit der Erdgöttin (Tellus) und dem Waldgott (Silvanus) im Herbst eine Feier mit Blumen- und Weinopfer gewidmet. Man dankt dabei dem Genius natalis für das neue Jahr und trägt Wünsche für die Zukunft vor. Dieser wird vorwiegend als Schlange abgebildet, die sich um einen Altarstein windet und die daraufliegenden Opfergaben verzehrt. Einen Genius haben auch Gruppen von Menschen, einzelne Gebäude, eine Stadt sowie Orte und Landschaften. Im Alten Griechenland bezeichnet man den Genius als *Daimon* „Zuteiler des Schicksals", d.h. das, was die drei Schicksalsfrauen (Moiren) aktualisieren. Jeder Mensch erhält bei der Geburt einen Daimon. Dieser ist wie der Genius göttlicher Anteil des Menschen – eine Art Seelenteil und Schutzgeist

Die Schlange als Ortsgeist (Genius loci). Darstellung in einem römischen Hausaltar.

Die Umrisse der Insel Reichenau zeigen das Sinnbild eines Drachen. Die alten Plätze der drei Kirchen liegen zudem auf einer Kultlinie, die astronomisch orientiert ist: Sonnenaufgang an Mittwinter, Sonnenuntergang an Mittsommer.

– als auch Schicksalsbestimmer. Er gilt als der nach dem Tod überlebende Teil des Menschen. Auch der griechische Daimon wird als Schlange versinnbildlicht.

Und wie steht es mit der Insel Reichenau? Wenn nun Beatus in der Schweiz, Magnus im Allgäu und Pirmin am Bodensee einen Drachen oder eine Schlange austreiben, so beschwören sie damit den Ortsgeist einer Schlucht, eines Flusses, einer Höhle oder eben einer Insel. Sie verbannen gleichsam den Lebensgeist einer Landschaft, der nicht selten als weibliche Schöpfungskraft aufgefasst wurde. Der Ortsgeist des Heiligentales bei Tuttlingen sind die drei Zauberfrauen mit den weißen Pferden, wie weiter oben dargestellt, und auch beim Mägdeberg im Hegau sind die schicksalbestimmenden „Mägde" der Genius loci im Umkreis der Vulkanberge. Auf der Reichenau ist die (Drachen)-Schlange der Ortsgeist der Insel, was nicht nur in der Legende des heiligen Pirmin zwischen den Zeilen hervorgeht, sondern immer noch ganz konkret sichtbar ist. Betrachtet man nämlich die Insel „von oben" – also in der Vogelperspektive, wie es in schamanischen Kulturen üblich ist – zeigt sich die Insel in einer Besonderheit: als Dracheninsel. Ihr Kopf ist dabei der Ausläufer von Niederzell. Dann folgen an der Nord- und Südseite die beiden Flügel. Das Herz bildet Mittelzell mit dem alten vorchristlichen Platz des Münsters, und das Körperende zeigt der Bereich Oberzell an. Diesen Umriss einer Drachengestalt im See verkörpert die Insel mindestens seit keltischer Zeit, d.h. die Dracheninsel war zur Zeit Pirmins sicher erkennbar.

Das Luftbild der Reichenau zeigt die Insel in Drachengestalt.

Ober-, Mittel- und Unterzell

Auf eine schamanische Tradition dürfte auch die typische Einteilung der Insel in Ober-, Mittel- und Unterzell hinweisen, die auf dem alten Drei-Welten-Bild beruht. In früheren Kulturen war die Welt in drei Ebenen eingeteilt, die miteinander verbunden waren und einen einheitlichen Kosmos bildeten. Es sind dies die Oberwelt mit dem Himmel, die Mittelwelt mit den auf der Erde wohnenden Menschen und die Unterwelt mit den Mächten der Anderswelt. Durchdrungen sind diese drei Sphären mit einer Weltachse und einem Zentrum, die man sich als Baum, Säule, Turm, Berg und Insel vorstellte. In der nordeuropäischen Mythologie nannte man die Oberwelt Asgard, die Mittelwelt Midgard und die Unterwelt Hel. Und auch eine hölzerne Weltensäule kannten diese Völker, die sie Irminsul „große Säule“ nannten. Das schamanische Weltbild wurde auf die Landschaft übertragen, besonders in vertikaler Sichtweise auf Berge, Ebenen und Schluchten. Aber ebenso ist eine horizontale Sichtweise möglich, so zum Beispiel bei einem Fluss mit der Einteilung in Ober-, Mittel- und Unterlauf. Auf der Insel Reichenau entspricht Mittelzell mit dem Münster dem schamanischen Midgard, ein germanisches Wort, das sich aus *mid* „Mitte“

Sonnenuntergang auf der Insel Reichenau.

und *gard* „Hof, Garten, Gehöft“ zusammensetzt. Entsprechend ist Niederzell die Unterwelt Hel und Oberzell die Oberwelt Asgard. Nimmt man die geographische Orientierung der Insel hinzu, schwimmt der Drache tatsächlich nach Nordwesten in die Jenseitswelt, die meistens im Norden oder Westen angesiedelt wird.

Und selbst eine Weltsäule ist erkennbar, jedoch in horizontaler Weise. Zudem ist sie mit einer astronomischen Orientierung verknüpft. Blickt man nämlich vom Münster in Mittelzell – dem mythischen Zentrum der Insel – in Richtung Georgskirche (der hl. Georg ist übrigens ein Drachentöter) nach Oberzell, so geht hier am südöstlichen Horizont jeweils um Mittwinter die Sonne auf. Schaut man umgekehrt von Mittelzell nach Nordwesten zur Peter-und-Paul-Kirche in Nieder- oder Unterzell, so geht in dieser Richtung jeweils die Sonne um Mittsommer unter. Die drei Kirchenplätze mit ihren alten Kultplätzen bilden dabei eine erstaunliche Kultlinie, die nicht nur astronomisch orientiert ist, sondern auch die schamanische Weltachse der Dracheninsel darstellt.

Die Dreiteilung eines Gebietes sowie Kultsteine an Kirchen sind in der Bodenseeregion keine Seltenheit. Bei Salem zum Beispiel gelangt man nach Leutkirch, das aus ein paar wenigen Häusern besteht. Die umliegenden Weiler heißen Obersten, Mittelsten und Untersten. Manche vermuten, dass sich die Endung *-sten* von Stein ableitet und nicht von Obersterweiler etc. Jedenfalls entdeckt man im Kirchhof der Dorfkirche einen aufgerichteten Stein (Menhir), der hier wohl nicht ganz zufällig ruht. In Betenbrunn bei Heiligenberg findet sich in der Wallfahrtskirche an der Seite ein rötlicher Kultstein eingemauert, und auch in Arbon gegenüber Lindau ist der Fußstein des Gallus beim Eingang zur Galluskapelle gut sichtbar. Hinzuweisen ist außerdem auf den Findling von Birnau-Seefelden bei Überlingen, der direkt an der Umfassungsmauer der Seefelder Kirche steht. Die Inselgruppe Werd bei Stein am Rhein besteht aus der Hauptinsel Werd sowie aus den beiden Inseln Mittleres und Unteres Werdli. Hinter der Hauptinsel mit der Kapelle liegt im Wasser der bekannte Werdlistein, der gemäß der Volkstradition ein Drehstein ist. Und auch im Chiemsee in Bayern finden wir drei Inseln, so die berühmten Fraueninsel, Herreninsel und Krautinsel. Ob die Dreiheit der Insel Reichenau mit den drei Schicksalsfrauen in Zusammenhang steht, ist schwer zu sagen. Allerdings wurde der Dreifrauenkult oft in den Marienkult aufgenommen, und das Münster in Mittelzell ist zweifellos ein Marienmünster. Es stellte ursprünglich den Kern der gesamten Reichenauer Klosteranlage dar. Hinzu kommen auf der Reichenau die beiden vorchristlichen Jahreszeitenfeste Mittsommer und Mittwinter, die durch die astronomische Kultlinie der drei Kirchenplätze gegeben sind. Die Angelsachsen bezeichneten noch im Frühmittelalter die Wintersonnenwende als *Modranicht*, d.h. „Nacht der (drei) Mütter".

HEILENDE ORTE IN BREGENZ

Bregenz und der Bregenzerwald liegen in der östlichen Bodenseeregion. In unmittelbarer Nähe befinden sich Lindau, das Allgäu und das Delta des Alpenrheins, der hier eine bezaubernde Naturlandschaft geschaffen hat. Ebenfalls in den Bodensee fließt die Bregenzer Ach. An die Stadt anschließend erhebt sich der Gebhardsberg mit einer Flur „Hexenplatz" sowie der Hausberg des Ortes, der Pfänder mit 1063 m Höhe. Auf diesen Berg führt eine Seilbahn, und von der beliebten Anhöhe gewinnt man einen wunderbaren Ausblick über den See, die Ebene und die Berge.

Etwas unklar ist die frühe Besiedlung des Bregenzer Gebietes. Aus der Jungsteinzeit ist wenig bekannt, jedoch häufen sich Funde in der Bronzezeit, so zum Beispiel eine Siedlungsstelle im Bereich der Kennelbachstraße. Ab der Eisenzeit siedelten zunächst Räter und dann Kelten in Bregenz. Ab 400 BC lässt sich der keltische Volksstamm der Brigantier nachweisen, die auf der Terrasse des Bregenzer Ölrains Wohnstätten errichteten. Im Zuge dieser Landnahme verdrängten sie die Räter allmählich nach Süden. Der griechische Geograph

Stimmung über dem Bodensee am Ufer von Bregenz.

Strabon (63 BC–23 AD) beschreibt die Region Rätien kurz vor der römischen Eroberung und nennt die Ortschaft *Brigantion* (> Bregenz), die Versammlungs-, Markt- und Kultort war. Der Ortsname geht auf das keltische *brig-* zurück, das „Anhöhe, Berg“ bedeutet oder ein Wasserwort ist. Man vergleiche dazu den Gebhardsberg oder die Bregenzer Ach. Ob nun die *Brigantier* ihren Stammesnamen auf den Ort übertragen haben oder sich nach einer Topographie BRIG (wohl eher) nennen, ist nicht entschieden. Jedenfalls bauten die Römer nach der Unterwerfung Rätiens den Ort ab 15 BC zum Kastell Brigantium aus und nannten den Bodensee in römischer Lesart *Lacus Brigantinus.*

Gallenstein und die alten Gottheiten

In Bregenz befand sich ein alter Kultplatz beim Gallusstift bzw. beim ehemaligen Gallenstein, wo heute die Vorarlberger Landesbibliothek ihre Schätze hütet. Einst lag an diesem Ort eine Tempelanlage – eine „heidnische Opferstätte“. Um 1904 entdeckte man einen mit drei Sternen und einer Opferschale gekrönten Weihealtar aus dem 2. oder 3. Jahrhundert. Er trägt eine fragmentarisch erhaltene Widmung an eine lokale Gottheit. Die Übersetzung lautet: *Dem Gott Har(…?) hat Aurelius Augustus das Gelübde freudig und gern nach Verdienst erfüllt.*

Die Nennung „HAR“ bezieht sich auf einen einheimischen (vor)keltischen Götternamen und steht wahrscheinlich mit einer weiteren, jedoch verschollenen Inschrift an den Gott Mercurius Arcecius in Verbindung. Bei *Arcecius* handelt es sich ebenfalls um den Namen einer einheimischen Gottheit. Weitere Inschriftsteine überliefern folgendes: *Handelsleute der Brigantier widmen diesen Stein allen Göttern und Göttinnen.*

Etwa 300 Jahre später gründen die Missionare Columban und Gallus an dieser Stelle eine klösterliche Niederlassung, die anfänglich aus den einzelnen Zellenhäuschen und der Aureliakapelle (der heutigen Pfarrkirche St. Gallus) bestand. Nach der Überlieferung wohnte Gallus zeitweilig in einer Höhle am Gallenstein. Diese Höhle wurde in den Bau der ersten Gallensteinkirche am westlichen Ausläufer des Stiftareals miteinbezogen und von der Bevölkerung jahrhundertelang verehrt. Der Gallenstein war ein Felsstück oder eine Grotte, in der die Mönche lebten. Neben der Kapelle existierte eine Sandsteinplatte mit dem Abdruck einer liegenden, menschenähnlichen Gestalt: der Legende nach die Ruhe- und Schlafstätte des heiligen Gallus: „Der eigentliche ‚Gallenstein‘

Der Gallenstein in Bregenz als ehemalige Tempelanlage. Heute Ort der Landesbibliothek.

war aber wohl eine als Schlafstätte des Heiligen interpretierte Sandsteinplatte, in der der Abdruck eines liegenden Körpers zu sehen gewesen sei." (Niederstätter 2012:110) Bis 1808 war mit diesem heiligen Stein ein alter Kult verbunden. Es war Brauch, sich bei schüttelndem oder kaltem Fieber in die Höhlung zu legen. Es ist denkbar, dass dieser Heilstein ein Ahnenstein war und die alte Gottheit *Har* verkörperte, denn dieser Name dürfte „Stein" bedeuten.

Gemäß der legendenhaften Lebensgeschichte des heiligen Gallus soll dieser einmal am See seine Netze ausgebreitet und dabei das Gespräch zweier „Dämonen" vernommen haben: den Berggeist und den Seegeist. Vielleicht handelt es sich dabei um die keltorätischen Gottheiten Har und Arcecius. Zu diesen Bregenzer Ortsgeistern gesellen sich die keltische Pferdegöttin Epona und eine Göttin der Fruchtbarkeit. Ein Relief einer auf einem Pferd sitzenden Epona wurde im Martinsturm in der Bregenzer Oberstadt gefunden. Das Original befindet sich heute im Vorarlberger Landesmuseum. Zudem verehrte man im römischen Brigantion eine Göttin des Glücks mit einem Füllhorn in der Hand, so dass an eine Fortuna oder an eine Segen spendende Stadtgöttin zu denken ist.

Die Galluslegende berichtet weiter, dass das Volk in Bregenz „drei eherne und vergoldete Götterbilder" verehrt habe. Bei einer „gewohnten Tempelfeier" sei der Missionar vor die versammelten Menschen getreten und habe sie ermahnt,

Die keltische Göttin Epona mit Pferden. Relief aus Bregenz, 2. Jahrhundert.

sich zu bekehren. Am Schluss der Standrede habe er die Götterbilder ergriffen, sie am Felsen zerschlagen und in den See geschleudert. Die Folge war, dass ein Teil des Volkes „seine Sünden bekannte", eine wütende Menge jedoch erzürnt wegging. Nach der Zerstörung sei der Tempel der heiligen Aurelia geweiht worden.

In der Columbanlegende (Vita Columbani) wird von einem „Bieropfer" berichtet, das in der Umgebung von Bregenz zubereitet worden sei. So soll Columban eines Tages die „Sueben" aufgesucht und erfahren haben, dass diese gerade ein großes Fass voll Bier in die Mitte gestellt hätten. Er trat an das Fass und erkundigte sich über dessen Zweck. Die Leute sagten ihm, dass sie ihrem Gott Vodano (Wotan) – den andere für Merkur hielten – Bier opfern wollten. Darauf habe Columban das Fass angeblasen, worauf dieses mirakelhaft in Stücke zerbrochen und das Bier hervorgeströmt sei. Denn im Gefäß sei der „Teufel" verborgen gewesen. Schließlich sollen die „Barbaren" den „heidnischen Irrtum" erkannt und zur „evangelischen Lehre" übergetreten sein. (Wurzer/Steinkellner)

Was die Legenden aber nicht beschreiben, ist die Tatsache, dass sowohl Gallus als auch Columban durch ihren Eifer Zwietracht im Volk säten und die Gesellschaft aus Alemannen, Römern, Kelten und Rätern spalteten. Ja die Menge derart aufbrachte, dass man die Missionare loswerden wollte bzw. diese eilends weiterziehen mussten.

Unklar ist bis heute ferner, wen die „drei ehernen und vergoldeten Götterbilder" eigentlich darstellen. War es die römische Dreiheit Juno, Minerva und Jupiter? Oder die „alemannischen Götter Wodan, Thor und Freya", wie es Franz Josef Vonbun, der Verfasser der „Sagen Vorarlbergs" im 19. Jahrhundert gerne möchte? Sowohl die römische als auch die alemannische Herkunft der Dreiheit ist unbewiesen.

Hingegen sehe ich diese im Rahmen des verbreiteten Dreifrauenkultes, also im Bereich der drei Schicksalsfrauen. Diese überlebten in Vorarlberg beim heiligen Berg „Drei Schwestern" mit seiner seltsamen Sage der drei Mädchen

Das Epona-Bildnis am Martinsturm von Bregenz.

aus Frastanz. In Bregenz kennt man das Kinderlied von den drei „Poppa“ (Mädchen), die in einem Schloss wohnen, den seidenen Faden spinnen und die heilige Sonne herauslassen. Und in Gams im Alpenrheintal, gleich gegenüber des Dreischwesternberges, gingen jeweils am 6. Januar nicht die drei Könige um, sondern von Haus zu Haus drei heilige Frauen und segneten das Anwesen. Weitere Untersuchungen werden hier einmal Antworten geben. Allerdings lässt sich jetzt schon sagen, dass im Raum Bregenz eine alte mythische Dreiheit – sei diese nun römisch, keltisch, rätisch oder alemannisch – christlich umgedeutet wurde und in drei eigenartigen Heiligen des Bregenzerwaldes ihre Fortsetzung gefunden hat.

Merbod, Diedo und Ilga im Bregenzerwald

Im Hinterland von Bregenz finden wir an mindestens drei Orten wundersame Gestalten einer jüngeren Legendenbildung. Es handelt sich um die „seligen“ Geschwister Merbod, Diedo und Ilga, die immer noch angerufen werden. Diese sollen gemäß der Legende im 11./12. Jahrhundert in Bregenz gelebt haben. Merbod soll im Kloster Mehrerau aufgewachsen sein und sei dann als Priester nach Alberschwende geschickt worden. Dort habe er ein krankes Kind geheilt, sei aber dann von Übeltätern erschlagen worden. Am Ort seines Todes errichtete man eine Kapelle, wo heute die St.-Wendelins-Kapelle steht: „Darin steht eine Bildsäule des Seligen auf einer steinernen Tafel. Diese ruht auf vier steinernen Füßen über einer offenen schmalen Vertiefung. Hier soll Merboths Grabstätte sein. Ganz in der Nähe dieser Stelle ist unter dem Fußboden der

Ilga mit dem Quellwasser. Bildnis in der Ilgakapelle oberhalb von Schwarzenberg im Bregenzerwald.

Kapelle eine kleine Quelle, zu der man auch außerhalb der Kapelle durch einen sehr schmalen Gang sich hindurchdrängen kann. Das Wasser wird von augenkranken Wallfahrern als Heilmittel benutzt. Insbesondere ruft man den seligen Merboth für kranke Kinder an. Kleiderstückchen von Kindern legen fromme Wallfahrer der erwähnten Statue auf die Arme und legen die Kinder selbst auf jene steinerne Tafel. Als Dankeszeichen für wunderbare Hilfe hängen an der Wand der Wendelinskapelle bei der Statue des Seligen zahlreiche Votivtäfelchen und wächserne Abdrücke von kindlichen Gliedmaßen." (Vonbun 1858:111f.)

Merbods Bruder Diedo soll ebenfalls in den Bregenzerwald gegangen sein, und zwar nach Andelsbuch, wo er um 1097 gestorben sei. Begraben liegt er in der Pfarrkirche des Dorfes. Noch Anfang des 18. Jahrhunderts legten Frauen Kleidungsstücke auf sein Grab. Wenige Schritte östlich der Kirche sprudelt in Andelsbuch der sogenannte Diedobrunnen. Hier soll der Einsiedler einst seinen Durst gestillt haben.

Am meisten aufgesucht wird jedoch Ilga, die Schwester von Merbod und Diedo. In Bregenz habe sie ihr früheres Leben aufgegeben und sei ihren Brüdern in den Wald nach Schwarzenberg gefolgt. Die Sage berichtet: „Hoch oben auf dem Lorenapass, über den der Weg von Alberschwende nach Schwarzenberg führt, nahm eines Tages Ilga von ihren Brüdern Merboth und Diedo Abschied, und zwar an einer Stelle, wo aus hartem Gestein eine Quelle vortrefflichen Wassers hervorsprudelt, das auch bei der größten Winterkälte nicht gefriert. Ilga fasste nach herzlichem Abschied aus dieser Quelle Wasser in ihre Schürze und trug es mit sich nach ihrem Einsiedlerhüttlein. Sie hatte es etwa eine halbe Stunde von der nachmals erbauten Pfarrkirche von Schwarzenberg aufgeschlagen und vermisste da Wasser. Dreiviertel Stunden weit hatte Ilga schon das Wasser in der Schürze getragen, da verschüttete sie nicht weit von ihrer Einsiedelei etwas davon. An der Stelle entsprang sogleich eine Quelle, die noch heute zu sehen ist. Das übrige Wasser brachte sie glücklich in die Zelle, goss es auf den Boden, und auch da sprudelte sofort eine Quelle des vortrefflichsten Wassers, die heute noch den Namen Ilgaquelle hat. Die Einsiedlerin starb in ihrer Zelle im Jahr 1115. Über ihrem Grab wurde später die Pfarrkirche Schwarzenberg gebaut. Das Wasser der Ilgaquelle wird wie jenes in der Wendelinskapelle zu Alberschwende häufig von Augenkranken benutzt." (Vonbun 1858:113)

Naturverehrung und seltsame Heilige

Von wenigen Ausnahmen abgesehen, hat man sich bis heute noch kaum gefragt, ob diese drei Seligen des Bregenzerwaldes historische Personen, Gestalten erdichteter Legende oder mythologische Figuren aus keltoromanischer Zeit sind, denen die Kirche ein christliches Gewand gab. Der Historiker Alois Niederstätter (2008:151) schreibt dazu unumwunden von einer Konstruktion von Geschichte(n) in seinem Fazit: „Die Verehrung und die dazu geschaffenen Kultstätten der drei ‚Seligen' in Andelsbuch, Alberschwende und Schwarzenberg sind zwar wertvolle Zeugnisse der Volksfrömmigkeit, der kirchlichen Kunst- und Baugeschichte, für örtliche Identitäten, sie brauchen aber keineswegs zwingend auf historische Personen dieses Namens zurückzugehen, können ohne weiteres auch sekundären Ursprungs sein. (...) Was über die (allzu) dünne älteste Überlieferungsschicht hinausgeht, sind also im Laufe der Jahrhunderte aus mehr oder weniger deutlich erkennbaren Motiven geschaffene Konstrukte. Insbesondere ist keines der vorgeblichen Todesdaten durch Quellen abgesichert. Ihre Festlegung diente zunächst aus religiös-kultischen Motiven der Historisierung überwiegend legendhafter, durch Lebenzeugnisse nur sehr schwach – bzw. – im Fall Ilgas – gar nicht greifbarer Gestalten. Das Kloster Mehrerau war selbstverständlich in hohem Maß an der Kreation eines ‚Hausheiligen' vom Schlag Merbods interessiert."

Aus historischer Sicht sind demnach die drei Seligen kaum fassbar und ein Konstrukt des Klosters Mehrerau, das die Legende geschaffen und verbreitet hat. Dennoch konnte das Kloster die drei Seligen nicht einfach aus dem Nichts hervorbringen, sondern knüpfte wie so oft an einen älteren „heidnischen“ Kult an, transformierte diesen und machte aus den alteingesessenen Gestalten christliche Heilige mit einer mehr oder weniger ausgeschmückten Wundergeschichte. Auch vor einem fallweisen erfundenen Märtyrertod schreckte man nicht zurück. Somit bleibt von der Legende nicht viel übrig. Als gesichert kann jedoch eine vorchristliche Dreiheit angenommen werden, die im Bregenzerwald noch im Mittelalter verehrt wurde. Der Kult war im Volk offenbar so verbreitet, dass die Kirche mit einer phantasievollen Legende reagierte und die alten Kultplätze christianisierte. Dazu schreiben die Historiker Hermann Denz und Manfred Tschaikner (2004:126f.):

„In Erzählungen über magische Orte spiegeln sich oft noch Überlieferungen aus älteren Traditionsschichten wider. Hier soll also eine De- und Rekonstruktion von Mythen versucht werden, mit der Hypothese, dass dadurch die älteren Schichten und mit ihnen Erzählungen über vorchristliche Göttinnen und Götter inhaltsanalytisch/hermeneutisch freigelegt werden können. Aus den Anfängen der Besiedlung des Bregenzerwaldes gibt es keine schriftlichen Dokumente. So sind die Legenden die wahrscheinlich ältesten Quellen, die etwas über die Weltdeutung der Bewohner aussagen können. Zum einen ist es die Legende der drei Geschwister Merbod, Diedo und Ilga – die sicher älteste ‚Geschichte‘ des Bregenzerwaldes. Dass diese Legende einen historischen Kern hat, der auf die Zeit der Besiedlung um 1100 verweist ist unumstritten, neu ist die Hypothese, dass sie auch einen Kern hat, der auf die Zeit vor der dauerhaften Besiedlung verweist. Aus der Struktur der Geschichte selbst kann geschlossen werden, dass der ins Christliche gewendeten Erzählung frühere Ebenen zugrunde liegen: Merbod wurde von den Bewohnern des Bregenzerwaldes erschlagen. In manchen Überlieferungen, weil er die Leute missionieren wollte, in anderen weil er einen Streit schlichten wollte, aber dies scheint schon eine Christianisierung des Konflikts zu sein. Dies deutet bereits darauf hin, dass es Religion abseits des Christentums auf alle Fälle gegeben hat. Neben der inneren Struktur der Legende sprechen auch die in der Legende vorkommenden Orte dafür, dass es sich um eine christliche Bearbeitung älterer Kulte handelt… Die Forschung ging früher davon aus, dass der Bregenzerwald vor dem 11. Jahrhundert zwar nicht besiedelt, aber bekannt und zumindest zeitweise genutzt war: ‚Schon die Räter trieben im Sommer ihr Vieh aus dem Rheintal über die Pässe auf die über der Baumgrenze liegenden Alpweiden.‘ Die neuen Funde zeigen, dass der Bregenzerwald schon seit der Eisenzeit (ca. 800 v.Chr.) sicherlich nicht sehr dicht, aber dauerhaft besiedelt war.“

Wasser- und Quellenkult

Als gemeinsames Merkmal der Legendendreiheit Merbod, Diedo und Ilga kann ihr Wasser- und Quellenkult gelten. Gerade dieser führt uns wieder zu einer vorchristlichen Naturverehrung mit einer mythischen Dreiheit. Am eindrücklichsten mit Wundern belegt ist die Gestalt der Ilga. Schon allein ihre Quellwunder weisen sie als umfassende Wasserheilige aus. Zweifellos wurde im Bregenzerwald eine ehemalige Quellgöttin mit der seligen Ilga christianisiert. In Schwarzenberg sprudelt ihre Quelle unmittelbar bei der Kapelle, die sehr rege – vor allem von Frauen – aufgesucht und das Wasser für Heilzwecke seine Verwendung findet. So zum Beispiel bei Augenleiden.

In Bildstein, nur wenige Kilometer von Bregenz entfernt, befindet sich eine Maria-Wallfahrtskirche. Unter dem Hauptaltar entspringt eine Heilquelle, die unter dem Fußboden der Kirche fließt und über den Hügel bis zum nächsten Haus geleitet wird, wo sie sich aus drei Röhren ergießt. In Fluh bei Bregenz kennt man das heilsame Wasser eines Wendelinbrunnens. Und auch in Möggers an der Grenze zum Allgäu sprudelt eine Heilquelle. Sie wird Ulrichbrunnen genannt und entspringt unter dem Altar der Kirche. Der Kult der heiligen Quellen ist somit in der Region vielfach belegt. Und im Bregenzerwald ist

Die heilende Quelle im Wald bei der Ilgakapelle.

Ilgakapelle oberhalb von Schwarzenberg an einem Wanderweg.

ein Dreiquellenkult unübersehbar. Hören wir dazu nochmals den Historiker Tschaikner (2004:136):

„Die Lage der Kapellen und Kirchen, die Vielzahl der Quellen und ihre Lage an alten Wegen, die Ungereimtheiten der Legende, die magische Dreizahl, die traditionellen Kulte – alles weist darauf hin, dass es sich auch hier um die Christianisierung älterer Quell- oder Wasserkulte handelt. Die Verbindung historischer, archäologischer Befunde, der Vergleich mit anderen ähnlichen Gegebenheiten und die typischen Muster (Zahlen, Kulte) legen diese latente Bedeutung der Legende nahe."

Auf den Spuren einer Quellgöttin

Wie schon oben erwähnt, ist die legendenhafte Ilga mit ihren Wundern die am meisten mythologisierte Wasserheilige des Bregenzerwaldes, so dass ich auf diese Quellfrau zurückkommen möchte. Aus ihrem Schoß entspringt eine Heilquelle, ein Motiv, das sie mit vielen Quellgöttinnen verbindet. Daher betrachte ich sie als ehemalige Erd- und Wassergöttin, die aus ihrem Körper das

Wasser des Lebens spendet. Anderswo wird nicht der hervorquillende Erdschoß erwähnt, sondern Tränen, die einen Bach entstehen lassen. Hier ist also das Auge die mythische Öffnung. Die einstige Quellgöttin hat in der Legende in der christlichen Ilga an landschaftsmythologischer Tiefe verloren, jedoch in der Sage hat sie ältere Züge bewahren können.

So zum Beispiel im Vorarlberger Montafon bei Bludenz. Dort liegt in der Nähe Sankt Anton, wo einmal die „gottlose" Stadt Prazalanz stand. Die Bezeichnung „gottlos" meint hier, dass die Bewohner das Christentum ablehnten oder sich gegen eine Missionierung wehrten. Im Nordosten an einer Felswand entspringt ein kleiner trüber Bach, der über die Alma der Ill zufließt. Es wird nun gesagt, dass an der Quelle des Bächleins seit undenklicher Zeit eine Jungfrau als Geist umgeht und einen kostbaren Schatz hütet. Sie soll auf Erlösung warten, was jedoch ein jüngeres Motiv aus christlicher Zeit ist. Um die Jungfrau zu „erlösen" und den Schatz zu heben, muss ein Bursche eine ungeheure Kröte, die auf dem Deckel der Schatzkiste sitzt, dreimal auf den Mund küssen. Diesen Mut brachte aber bisher noch keiner auf. Daher weint die Jungfrau Ströme von Tränen, die in den Bach fallen. Davon heißt es das Tränenbächlein.

Im Vergleich mit der Ilga ist die Quellgöttin der Sage noch wenig christianisiert. Sie gehört aber schon zum feenhaften Bereich der Weißen Frau am Wasser mit ihrem Gold- und Silberschatz. Mit ihrer Schatzkiste, der Kröte als Tier der Unterwelt, dem erotischen Kuss und dem Lebensfluss aus ihrem Körper (Augen) steht die Jungfrau in der mythischen Anderswelt. Eine Variante der Schatz- und Jungfrauensage ist außerdem, dass die mythische Frau in einer Dreiheit erscheint. Damit wären wir wieder bei der älteren Mythenstruktur der Merbod-Diedo-Ilga-Legende angelangt, die als Hintergrund den vielfach belegten Quellen- und Dreifrauenkult aufweist. Dass in der Legende Vermännlichungen vorkommen, spricht nicht gegen diese Annahme, denn auch dieses Mittel ist typisch für den patriarchalen Mythos.

RITUALE IM JAHRESKREIS

Am südöstlichen Ufer des Bodensees liegen die Orte Arbon, Rorschach und Bregenz, zudem mündet der Alpenrhein mit seinem Delta in den See. Gleichsam im Hinterland dieses Seebogens finden wir in erhöhter Lage auf etwa 800 m den Kurort Heiden. Die Ortschaft ist bekannt für wenig Nebel und eine wunderbare Aussicht auf den Bodensee. Bei guter Fernsicht blickt man vom Allgäu über Oberschwaben bis zum Schwarzwald. Es öffnet sich ein Ausblicksfenster von Nordosten bis nach Nordwesten, wobei der See genau in diesem Fächer liegt. Der Bodensee selbst hat ebenfalls eine interessante Orientierung. Vom Überlingersee im Nordwesten bis zum Rheindelta im Südosten weist er eine natürliche Ausrichtung von etwa 126° Südost auf, was für unsere Breitengrade jeweils den Sonnenaufgang an Mittwinter bedeutet.

Zwischen Heiden und Oberegg liegt der Hirschberg, an den die Fluren Rasplen, Altenstein und Strich angrenzen. Der Flurname *Altenstein* gilt als einer der ältesten Benennungen der Gegend und wird schon im 15. Jahrhundert schriftlich erwähnt. Auf dieser Flur und im Umfeld davon haben sich eigenartige Steine erhalten, die zahlreiche Bearbeitungsspuren aufweisen. Die Gesamtheit dieser Steine sowie weitere Felsen des Gebietes können wir als ein steinernes Naturreservat bezeichnen. Dieses Reservat ist mit Sandstein überzogen, der heute vielfach mit Wald überwachsen ist. Das war jedoch nicht immer so, denn noch vor hundert Jahren blickte man von Altenstein-Rasplen mühelos zum Bodensee. Der Wald, die geheimnisvollen Steine und die Aussicht laden auch zum Wandern ein. Seit Frühjahr 2017 besteht daher ein landschaftsmythologischer Wander- und Themenweg, der vom Autor konzipiert wurde.

Der Rutschstein von Heiden-Strich

Im Steinreservat entdecken wir unter den zahlreichen Felsen vier Steinstätten, die rätselhafte Spuren hinterlassen haben. Der erste Kultstein befindet sich auf der Flur Heiden-Strich an einem Feldweg. Es handelt sich um einen klassischen Rutschstein, der unter Moos und Humus zum Vorschein kam. Seine Frontplatte ist recht steil, und entsprechend rasant verläuft die auffällige Rutschrinne von der Oberkante bis zum Boden. Neben der Rinne sind kleine Stufen in den Stein eingehauen, damit man zur Kante emporsteigen kann. Am Ende dieses Aufgangs sind drei lange Einkerbungen angebracht worden. Sie sind zu einem Zeichen gruppiert und stehen in Zusammenhang mit Einkerbungen an der Oberkante unmittelbar am Anfang der Rutschrinne. Diese bestehen aus neun Strichen und sind mit einem Unterstrich zu einer Gruppe zusammengefasst. Rinne, Stufen und Kerben gehören zum ältesten Bestand des Rutschsteines. Nicht dazu gehören eine jüngere Schrift und ein Konterfei eines Soldaten aus dem 1. Weltkrieg. Zu diesem alten Vandalismus gehören auch moderne Monogramme, was generell bei den hier beschriebenen Sandsteinen ein Problem ist.

Rutschsteine sind in ganz Europa bekannt und lassen sich durch die Volkskunde in einen naturmythologischen Zusammenhang stellen. So rutschten Frauen auf einem solchen Stein mit bloßem Gesäß herunter, wenn sie sich ein Kind wünschten. Als Untersatz nahmen sie auch einen Stein zu Hilfe. Wichtig war aber bei diesem Ritual der direkte Körperkontakt mit dem Kultstein. Die Rutschsteine gehören somit in den weiten Bereich der Kinderherkunftssteine, die wiederum in das umfassende Gebiet der Kinderherkunftsorte wie Wasser, Bäume, Höhlen, Pflanzen oder eben Steine eingereiht werden können. Dabei saßen junge Frauen auf altheiligen Steinen unweit des Dorfes, um zu empfangen. Oder sie umkreisten Steinstelen (Menhire) und rieben den Bauch-(Nabel) am aufrechten Stein, wodurch eine Schwangerschaft bewirkt werden sollte. Zudem half auch die Liebesumarmung des mythischen Steines zur Empfängnis. Junge Paare schliefen bei Steinstelen oder vereinigten sich auf heilkräftigen Steinplatten eines Ahnenwesens, das später mit einem Heiligen überdeckt wurde. Vielfach genügte es aber auch, dass die junge Braut ihre Hand in eine vulvaförmige Öffnung hielt und den Wunsch nach einem Kind äußerte. Oder sie hielt ihren nackten Fuß in eine yoniförmige Fußform auf einer Steinplatte, um eine verstorbene Ahnenperson wiederkehren zu lassen.

Durch diese Ausführungen wird deutlich, dass auch das Rutschen auf einem Stein ein altes Frauenritual war, so wie allgemein die Empfängnis der Frauen von Naturorten. Dabei spielen die verstorbenen Ahnen, der Kultstein und die Wiedergeburt eine bedeutende Rolle. In der animistischen Naturphilosophie war es mythologischer Glaube, dass die Verstorbenen in der Anderswelt oder an einem Seelensitz in der Natur weiter lebten. Sie waren als „Geistwesen“ im Wasser, in einem Baum oder in einem Stein gegenwärtig. Die Menschen der eigenen Sippe konnten ihre Ahnen an einem solchen spirituellen Naturort besuchen und mit ihnen speisen, was als Gabe aufzufassen ist und nicht als „Opfer“. Nach einem gewissen Zyklus, den die Frauen kannten, verjüngte sich

Rutschstein mit langer Rutschrinne von Heiden-Strich.

die Ahnenperson zu einem Kinderwesen und war bereit für die Wiederkehr. Entsprechend gingen die jungen Frauen zum Seelensitz bzw. zum Ahnenstein – der meistens eine mythische Ahnfrau verkörpert –, um durch ein geheimnisvolles Ritual das Kinderwesen zu empfangen und in die Sippe wieder zu gebären. Dabei ritzten sie magische Zeichen in den Stein, die den Übergang zur Anderswelt verdeutlichen. Manchmal heißt es auch, dass eine mythische Frau die kleinen Kinder schenkt. Oder die „Hebamme“ holt die kleinen Kinder von einem Stein und bringt sie der Mutter.

Der Rutschstein von Heiden-Strich war ein solcher Seelensitz und Ahnenstein. Die Frauen der Gegend kamen hier zusammen und pflegten das Ritual der spirituellen Empfängnis. Den alten Brauch übten sie bis ins 17. Jahrhundert aus, in der letzten Phase heimlich, da solche Praktiken von der Obrigkeit verboten waren. Ab dem 18. Jahrhundert ging der Brauch des Rutschens dann ins Kinderspiel über, wo er seine naturmythologischen Zusammenhänge fast vollständig verlor.

Möglicherweise verstehen wir nun auch die Kerben an der Oberkante des Rutschsteines. Wir können sie im Rahmen der zyklischen Empfängnis, des

Frauenrituals und der Geburt interpretieren. Die Zahl 3 dürfte dabei auf die Mondphasen hinweisen. Und die Zahl 9 auf die neunmonatige Schwangerschaft. Zudem ergeben 3 x 9 die Zahl 27, was etwa einem Monatszyklus entspricht. Meine Vermutung ist, dass das mythische Rutschritual ursprünglich im Frühjahr ausgeübt wurde. Neun Monate später, zurzeit der Wintersonnenwende, fand dann die Geburt des Ahnenkindes statt. Damit wird deutlich, dass die Ritualplätze auch jahreszeitliche Kultplätze waren, wo sowohl der Lebenskreis als auch der mythische Jahreskreis gefeiert wurde.

Der Beckenstein von Altenstein

Der zweite Kultstein von Heiden liegt auf der Flur Unter Altenstein etwa 400 m südwestlich vom Rutschstein entfernt. Zwischen den Häusern eines Hofes wirkt er wie ein kleiner Berg. Wer diesen besteigt, erblickt plötzlich den Bodensee und erahnt, wie weit die Rundsicht vor der Überwaldung einmal gewesen sein muss. Der Steinplatz ist bewusst ausgewählt worden, denn er fügt sich mühelos ins Landschaftssystem von Altenstein-Raspeln. Von diesem Mittelpunkt liegt der Rutschstein im Nordosten. Im Süden erhebt sich der bekannteste Fels der Gegend, der sogenannte Kindlistein. Und im Südwesten befindet sich die imposante Teufels- oder Hexenkanzel.

Auf dem zentralen Steinhügel entdecken wir aber noch eine weitere Besonderheit. Er ist übersät mit größeren und kleineren Becken, die von Menschenhand in den Stein hineingearbeitet wurden. Zudem sind die tiefen Schalen vielfach mit Rinnen verbunden. Gießt man nun in das oberste Becken Wasser, so fließt dieses über und durch die Rinnen in das nächste Becken und von dort in eine weitere Schale, bis

Schalen mit Rinnen und Wasser auf dem Beckenstein von Heiden-Altenstein.

der Beckenstein größtenteils mit Wasser benetzt ist. Ein solches Wasserspiel ist im Steinkult bekannt. Es handelt sich um ein Regenritual, bei dem die Erdmutter befeuchtet und der Himmel angehalten wird, Regen zu bringen. Durch die magische Handlung soll Gleiches durch Gleiches bewirkt werden und sich auf die kosmischen Vorgänge übertragen. Meistens wird das Wasser- und Regenritual im Sommer ausgeübt. Damit einher gehen erotische Anspielungen, welche die Landschaft fruchtbar machen sollen.

Die Teufels- oder Hexenkanzel

Der dritte Kultstein im Landschaftssystem von Heiden-Altenstein liegt ganz im Westen und heißt wie schon erwähnt Teufels- oder Hexenkanzel. Damit gibt es nur zwei Kultsteine in diesem Gebiet, die noch einen Namen tragen – der eigentliche Kindlistein und die Teufelskanzel. Sie müssen über längere Zeit im Bewusstsein der Einheimischen geblieben sein, die sie mit diesen Namen besonders hervorheben. Jedoch ist die Kanzel der einzige Steinplatz, der dämonisiert wurde. Das ist auffallend, und offenbar wollte man den einst positiven Ort zu einer Hölle der Dämonen machen. Dies geschah wahrscheinlich erst im 17. Jahrhundert während der Hexenverfolgung in der Region.

Doch welche Bedeutung hatte der Kultstein vor der christlichen Dämonologie? Am westlichen Horizont sehen viele Kulturen den Zugang zur Anderswelt. In der keltischen Tradition befindet sich auf den westlichen Inseln des Atlantiks das Jenseitsparadies, wo die Verstorbenen weilen und die Ahnen glücklich weiter leben. Ebenso geht die Sonne hier am Abend unter. Sie stirbt gleichsam am Horizont und gelangt in das unterirdische Reich des Todes. Nach ihrer Unterweltsreise wird sie am östlichen Horizont jeden Morgen neu geboren. Diesen Zyklus bewirkt eine kosmische Ahnfrau durch ihre Lebenskraft.

Bei der im Westen liegenden Teufels- oder Hexenkanzel verhält es sich sehr ähnlich. Sie war ein Ort der Anderswelt, wo sich die Ahnengeister aufhielten. Die Kanzel war ein Zugang zur Jenseitswelt, um in einem Ritual die Verbindung zwischen der Welt der Lebenden und der Totenwelt herzustellen. Dies war jedoch aus christlicher Sicht „heidnisch“, so dass die Ahnen- und Geistwesen zu „Dämonen“ sowie die Anderswelt zum Höllenort der „Teufel“ und „Hexen“ erklärt wurden. Vor allem der männliche Hornträger einer Tod-im-Leben-Ahnfrau wurde dabei zum teuflischen Gehörnten schlechthin, während sie von einer Holden zur Hexe mutierte.

Teufels- oder Hexenkanzel von Heiden-Rasplen.

Die Kanzel selbst erscheint je nach Position sehr unterschiedlich. Von Süden ist sie eine mächtige Säule, die in der Unterwelt fußt und zum Himmel emporragt. Auf dem Kultstein wiederum ist es spürbar, wie man in die Tiefe hinabgezogen wird. Dieses Erlebnis hat sicher auch dazu beigetragen, hier einen Zugang zur Jenseitswelt zu sehen. Wer nun vor der Kanzel steht, sieht unweigerlich einen Altarstein. Auf diesem befindet sich ein größeres Becken, das fast immer mit Wasser gefüllt ist. Am Beckenrand erblickt man eine künstlich angebrachte Kerbe. Dadurch kann das Wasser überlaufen und den Stein benetzen. Zudem ist es möglich, den Kultstein auch von der Seite her zu betrachten. Aus dieser Sicht erkennt man in seinem Profil ein Tierwesen. Dieses wurde von der Natur geschaffen, gehört aber zur Jenseitswelt des Ortes.

Der Kindlistein von Rasplen

Der vierte und beeindruckendste Kultstein ist der sogenannte Kindlistein (Chindlistein) der Flur Rasplen. Er wurde leider teilweise ausgebeutet, was verschiedene Steinmetzspuren belegen. Ebenso ist der moderne Vandalismus ein Problem. Feuer und Monogramme setzen dem Sandstein zu, und es ist zu hoffen, dass die Informationstafeln vor Ort helfen, das kulturelle Erbe des gesamten Steinreservats zu würdigen. Doch trotz verschiedener Zerstörungsphasen sind sehr viele alte Spuren erhalten, deren Bedeutung wir im Vergleich mit ähnlichen Kultsteinen entschlüsseln können. Dazu gehört auch die besondere geographische Lage des Kindlisteins.

So liegt er zum Beispiel mit dem Beckenstein der Flur Altenstein genau auf einer Nord-Süd-Achse. Die beiden Kultsteine nehmen aufeinander Bezug und wurden mit Bedacht ausgewählt. Außerdem lassen sich von Norden alle weiteren Himmelsorientierungen ableiten. Die oben erwähnte Teufelskanzel befindet sich vom Kindlistein im Westen. In diese Richtung geht die Sonne jeweils zur Tagundnachtgleiche im Herbst und Frühjahr unter. Doch auch weiträumige Bezüge sind von Altenstein-Rasplen aus möglich. Vor der Überwaldung führte eine Sichtlinie vom Kindlistein über die Flur Strich mit dem Rutschstein an den Bodensee zur Insel Lindau. Diese Linie verläuft mit einer Orientierung von 36° Nordost, was in der Astronomie eine bekannte Ausrichtung ist. Hier in der Seelandschaft zwischen Bregenz und Konstanz bezeichnet sie gleichsam die Querachse des Bodensees. Wenn wir nun zur Sichtlinie Kindlistein-Insel Lindau die Transversale bilden, orientiert sich diese mit 126° nach Südosten, d.h. zum Sonnenaufgang an Mittwinter. In entgegengesetzter Richtung können wir der Transversalen nach Nordwesten folgen und gelangen zu den Vulkanbergen des Hegau. Hier geht jeweils zurzeit der Sommersonnenwende die Sonne unter. Zudem finden wir die Orientierung der Transversalen auch beim Bodensee wieder. Sie ist gleichsam die Längsachse des langgezogenen Sees.

Diese überregionalen Zusammenhänge belegen nochmals, dass wir es mit dem Kindlistein von Heiden und den weiteren Kultsteinen mit einem durchdachten System zu tun haben. Das zeigt sich auch bei den verschiedenen Spuren auf dem Stein selbst. So entdeckt man auf der ziemlich geneigten Seite drei tief in den Sandstein hineingearbeitete Rinnen unterschiedlicher Länge. Man dachte zunächst, dass sie beim Erzabbau oder bei der Gewinnung von Harz eine Funktion gehabt hätten. Doch beides ist hier nicht belegt, zudem wurde in der Gegend kein Erz gefunden. Vielleicht wurde aber Steinmehl gewonnen und für Heilzwecke verwendet. Allerdings verlaufen die drei langen Rinnen alle in nördliche Richtung und könnten mit der Nord-Süd-Achse in Verbindung stehen, die durch den Kindli- und Beckenstein gegeben ist.

An der Nordseite finden wir ferner Stufentritte und daneben eine Rutschrinne, sehr ähnlich wie am Rutschstein der Flur Strich. Die mythologische Bedeutung des Kultsteines erschließt sich uns aber vor allem an der Westflanke. Dort sind

Der Kindlistein von Heiden-Rasplen mit seinen Spuren.

in erhöhter Lage mehrere tiefe Nischen zu erkennen, wobei in einer Höhlung das Bildnis einer Mutter mit zwei Kindern gemalt wurde. Die Malerei stammt aus den 1950er Jahren und verdeutlicht den alten Brauch, der im Volk mit dem Kindlistein in Verbindung stand. Der Volksglaube ist aber sicher älter als die letzten 200 Jahre. So wird berichtet, dass man bei Kriegswirren oder bei einer Hungersnot die kleinen Kinder in dieser Nische versteckt habe. Schon allein aus praktischen Überlegungen ist dies aber nicht möglich. Klarer wird die Sache aus volksreligiöser Sicht. Beim heiligen Stein wurden die kleinen Kinder nicht versteckt, sondern sie wurden einst von den Frauen in einem magischen Ritual empfangen. Ich habe diese naturmythologischen Hintergründe, die im Kontext der Ahnenverehrung und Wiedergeburtsmythologie stehen, am Beispiel des Rutschsteines von Heiden-Strich erklärt. Durch diese alte Tradition erhellt sich auch die Bezeichnung „Kinderstein", wo die spirituelle Empfängnis sowie die Geburt des Kindes gefeiert wurden. Im Verlauf der Geschichte verändert sich dann das Motiv der Empfängnis/der Geburt in sein Gegenteil, so dass nun die kleinen Kinder nicht mehr geholt, sondern zum Stein gebracht werden.

Die eigentliche Bedeutung des Kindlisteins ist auf dem Stein selbst ersichtlich. Wer die Stufen emporsteigt, erblickt oben an der Südseite ein großes,

Der muschelförmige Steinsitz auf dem Kindlistein.

halbrundes Becken mit einer überhängenden Kante. Dadurch entsteht eine halbmond- oder muschelförmige Schale, worin sich eine weitere, kleine Schale befindet. Gleichzeitig ist diese Muschel auch ein Sitz oder ein Steinthron. Es ist recht bequem, auf diesem Thron zu sitzen, aber vor allem ist es beeindruckend, in dieser Muschel zu liegen. Die liegende Person schaut dabei genau nach Süden zum Hirschberg und kann von Südosten bis nach Südwesten den ganzen Himmel überblicken. Außerdem liegt sie auch astronomisch am richtigen Punkt. Einerseits in der schon beschriebenen Nord-Süd-Achse Kindlistein-Beckenstein, und andererseits in der oben erwähnten Transversalen mit der Ausrichtung von 126° Südost. An diesem bedeutsamen Schnittpunkt sind daher sowohl der Sonnenaufgang im Südosten als auch der Sonnenuntergang im Südwesten zurzeit der Wintersonnenwende beobachtbar.

Gemäß dieser Erkenntnisse war der Kindlistein nicht primär ein Rutschstein sondern ein Ort der Geburt. Hier feierte man rituell die mythologische Geburt des Jahreskindes, das mit der Vegetation und der Sonne verbunden war. Am tiefsten Stand der Sonne und zur dunkelsten Zeit des Jahres wurde dieses durch die Lebenskraft einer mythischen Ahnfrau wiedergeboren. Die Ahnfrau selbst kann dabei eine Mutter-, Erd- oder Mondgöttin gewesen sein. Jedenfalls wurde das jahreszeitliche Ritual dramatisiert und stand im Einklang mit der Wiederkehr der Sonne, die am 21. Dezember morgens am dunklen Horizont aufsteigt. Damit erfolgt sinnbildlich die Erneuerung des Lebens und der Naturzyklen.

Kultsteine im Jahreskreis

Somit ist es möglich, die Kultsteine und das Landschaftssystem von Heiden-Altenstein auch im Rhythmus der Jahreszeiten zu beschreiben. Dabei durchdringen sich mythologische Vorstellungen und rituelle Handlungen, die symbolisch ausgeübt wurden. Den Frühjahrsplatz vermute ich beim Rutschstein von Strich. Es ist die Zeit des Wachstums und der aufkeimenden Natur. Im Ritual des Rutschens empfingen die Frauen spirituell die kleinen Ahnenwesen, die sie wieder ins Leben führen. Am Sommerplatz des Beckensteines von Altenstein feierte man ein Wasser- und Regenritual. Dadurch sollte die Landschaft Früchte tragen. Der Herbstplatz liegt bei der Teufels- oder Hexenkanzel. Sie war der Zugang zur Anderswelt und zum Totenreich. Die Wiederkehr der Vegetation aus der Unterwelt wurde beim Kindlistein gefeiert. Die Naturkräfte regenerieren sich, und auch die Sonne erlebt ihre Wiedergeburt durch eine mythische Mittwinterfrau. Mit dieser Erneuerung schließt sich der Jahreskreis, und das Vegetationsjahr kann wieder beginnen.

Die ursprünglichen Träger der jahreszeitlichen Rituale müssen nicht unbedingt in Heiden-Altenstein gewohnt haben. Kelten sind am Bodensee und Räter im Alpenrheintal archäologisch nachgewiesen. Besonders Arbon weist eine sehr alte Siedlungsgeschichte am Seeufer auf. Die Pfahlbauten der Jungsteinzeit sowie auch der Bronzezeit sind nur wenige Kilometer von Heiden-Altenstein entfernt. Für die Menschen am Bodensee zwischen Rheindelta und Arbon war das Appenzeller Vorderland gleichsam ihr erhöhtes Hinterland. Hier fanden sie, dem Himmel näher, die geologischen Bedingungen, die es ermöglichten, aus den Steinen Kultplätze zu machen. Damit verbunden sind auch astronomische Beobachtungen, die in der Anhöhe besser ausgeübt werden konnten als am Seeufer. Daher kann man den Bodensee nicht vom Vorderland trennen, genauso wie Bregenz und der Bregenzerwald zusammengehören.

MYTHISCHE
ORTE
ERLEBEN

ARBON Fuß- und Drehstein

Arbon am Obersee liegt gegenüber Wasserburg und Lindau. Bei guter Sicht sieht man über den Bodensee nach Friedrichshafen, zum Rheindelta und nach Bregenz, das genau in östlicher Richtung liegt. Schon in der Frühgeschichte haben hier Menschen in Seeufersiedlungen gelebt, später folgten Kelten, Römer und Alemannen. Der älteste Ortsname in römischer Zeit lautet *Arbor Felix.* Die Stadt spielt auch in der Lebensgeschichte des Glaubensboten Gallus eine Rolle, denn er segelte von hier nach Bregenz, um dort zu missionieren.

In Arbon selbst befindet sich heute neben der Kirche die Galluskapelle, wo beim Eingang in einer Nische der sagenumwobene Fußstein des Gallus eingemauert ist. Wenn der Einsiedler jeweils von St. Gallen der Steinach entlang nach Arbon gekommen sei, soll er auf diesem Stein gepredigt haben. Einmal so eifrig, dass er mit einem Tritt seine Fußspur hinterließ. Eine weitere Kultstätte befindet sich im Arboner Forst, wo eine heilige Quelle sprudelt. Gallus habe an diesem Wasser auf seiner Wanderung seinen Durst gestillt, daher heißt der Born in der Nähe von Mörschwil der Gallenbrunnen.

Galluskapelle von Arbon mit Fußstein an der Seite.

Fußstein in der Nische beim Eingang zur Galluskapelle.

Eine Variante der Fußsteinsage berichtet, dass die Spuren von einem Zweikampf mit dem Teufel stammen. Jedoch ist es fraglich, ob der Heilige und der Teufel jemals auf diesem Stein standen. Aus geologischer Sicht ist die Sache ohnehin geklärt, denn es handelt sich um eine natürliche Auswitterung. Trotzdem führt uns der Fußstein zu einem vorchristlichen Steinkult am See, der möglicherweise bis in die Frühgeschichte reicht. So stand einmal nördlich von Arbon am Ufer der Flur Zelg ein größerer Steinblock, der heute verschollen ist. Aus der Überlieferung geht hervor, dass es ein sogenannter Drehstein war, also um einen Stein, der sich jeweils am Mittag, um elf Uhr oder an Mitternacht um die eigene Achse dreht. Von einem weiteren Drehstein ist westlich von Arbon zwischen Feilen und Steiniloh die Rede. Man findet den Elfistein aus Muschelsandstein am Feilenbach südlich vom „Büelhof" in natürlicher Lage. Er liegt halb im Wasser und halb am Ufer des Baches. Der stattliche Findling ist etwa acht Meter lang und drei Meter hoch. Es hieß einst, dass er sich einmal drehe, wenn es elf Uhr schlägt.

Aus der Galluslegende geht hervor, dass der Arboner Fußstein einmal ein Hexenstein gewesen sein könnte. Denn als der Missionar und seine Gehilfen am See „Dämonen" austrieben, soll einer dieser Geister eine „Hexe" gewesen sein, die in drei Sätzen über den Bodensee sprang. Sie gelangte dabei nach Lindau,

Drehstein am Feilenbach bei Arbon-Bühlhof.

wo im See zwei Steine liegen, die beide den Namen Hexenstein tragen. Die Hexe soll nun vom Schweizerufer mit einem Schritt zuerst auf den kleineren, mit dem zweiten auf den größeren und mit dem dritten Schritt ans Land gesprungen sein. Bei niederem Wasserstand ist in der Lindauer Bucht ein Stein immer noch zu sehen. Aufschlussreich ist nun, dass auch auf diesen mythischen Steinen einst der Abdruck von Füßen zu erkennen war – genauso wie beim Fußstein von Arbon. Bei diesem dürfte es sich ebenfalls um einen weiblichen Ahninnenstein handeln, der dann zum Hexenstein bzw. zum Fußstein des eifrigen Gallus umgedeutet wurde.

BETENBRUNN Kultstein am Quellort

Den Wallfahrtsort Betenbrunn erreicht man am besten via Überlingen und Heiligenberg, wo eine kleine Fahrstraße nach Betenbrunn führt. Die Marienkirche steht auf einer Quelle, und auch auf dem Vorplatz findet sich ein schöner Brunnen mit einer Mondsichel-Maria auf der Säule. Die Kirche wird 1275 erstmals urkundlich mit dem Namen *Bettenbrunnen* erwähnt. Im Kunstführer von Anton Schnell heißt es 1983: „Der Name wird auf einen Brunnen der drei Beten zurückgeführt, die als Betreuerinnen der Toten von den Kelten verehrt wurden, oder auf einen Mann namens Betto oder auf einen heilkräftigen Brunnen." Somit wäre also der Wortteil *Betten* ein alemannischer Personenname, eine Gewässerbezeichnung oder ein Hinweis auf den Dreifrauenkult der Bethen.

Während der Christianisierung des keltoromanischen Platzes wurde der alte Sinngehalt der drei Bethen teilweise auf Maria übertragen. So thront an der linken Seitenwand ein Gnadenbild der Madonna im Strahlenkranz. Dieser Kranz wird als Sonnenstrahlen gedeutet, ist aber eigentlich ein uminterpretierter

Brunnen auf dem Vorplatz der Kirche von Betenbrunn.

Brunnendarstellung in der Kirche von Betenbrunn.

Ährenkranz, wie ihn Göttinnen der Antike gerne aufweisen. Interessanterweise kommt diese Art der Madonnendarstellung nur während weniger Jahrzehnte im 15. Jahrhundert vor und wurde dann verboten. Ein Bildnis eines mystischen Brunnens ist auf der Altartafel des Gnadenbildes zu erkennen. Wir sehen dort ein großes Wasserbecken, in dessen Mitte eine Säule emporragt. Auf der Säule selbst steht eine dem Himmel nahe Maria. Seltsamerweise sind die Röhren des ausfließenden Heilwassers nicht in einer normalen Position nach unten, sondern wie Hörner aufwärts gerichtet. Dargestellt ist Maria als Quelle des Lebens, die mit ihrem heilenden Wasser die Menschen tränkt. Der Sinngehalt des Bildes lässt sich bis in die Frühgeschichte zurück verfolgen, wo Ahnfrauen durch die Milch ihrer Brüste die Menschen nähren. Noch heute gibt es zum Brunnen Frauenwallfahrten um Kindersegen.

Das bedeutsamste Relikt von Betenbrunn befindet sich heute ebenfalls in der Seitennische. Es ist ein rötlicher Stein, der in die Wand bei der Pieta eingemauert ist. Von Besonderheit ist nicht nur seine Farbe, sondern eine schlitzartige Kerbe, in die man die Hand einfügen kann. Eine Legende erzählt, dass ein Soldat aus Schweden mit seinem Säbel das Gnadenbild zerschlagen wollte, jedoch abgeglitten sei und dem Stein eine Kerbe zugefügt habe. Auch auf dem Haupt der Marienfigur soll sich eine kleine Kerbe befinden. Diese Schweden-Geschichte

Der heilige Stein in der Kirche von Betenbrunn.

dient offenbar dazu, den Kultstein irgendwie zu erklären. Glaubwürdig ist sie jedenfalls nicht. Zweifelhaft ist zudem, dass ein Säbel die Kerbe des Steines verursachte. Die Höhlung erscheint vielmehr natürlich oder nachbearbeitet. Überhaupt ist ja der rötliche Kultstein viel älter als der Glaubenskrieg im 17. Jahrhundert oder die Marienkirche aus dem 13. Jahrhundert. Ähnliche Steine mit roter Farbe wurden in Europa als Braut- oder Rechtssteine bezeichnet. Und nicht zuletzt weist die rötliche Kerbe darauf hin, dass es sich um einen weiblichen Kultstein mit einer vulvaförmigen Öffnung handelt, in die das Volk die Hand hineinstreckte. Eine solche Berührung des Ahninnensteines bewirkt Segen und Glück.

Vielleicht war es dieses mythische Ritual, das der Kirche nicht ganz geheuer war. Andererseits wurde der Stein in die Kirchenmauer eingelassen und nicht einfach zerschlagen, wie wir es von vielen Kultsteinen in Europa kennen. Das hätte wohl dem Frieden im Dorf geschadet. Zudem hat man ihn in der Weise eingemauert, dass die rötliche Öffnung sichtbar blieb.

BIRNAU-SEEFELDEN Stein am Pilgerweg

Die Klosterkirche Birnau zwischen Unteruhldingen und Überlingen liegt am Südhang des Überlingersees, dem nordwestlichen Ausläufer des Bodensees. Sie ist auf einer Terrasse über dem See gebaut und umgeben von schnurgeraden Rebgärten. Im Innern der Kirche wird die Barockzeit überdeutlich: eine überwältigende Flut von Fresken und Verzierungen schlägt dem Besucher schon beim Eintritt entgegen. Angefangen hat alles sehr einfach, mit einer kleinen Marienkapelle aus dem frühen 13. Jahrhundert. Heute befindet sich vor der Fassade eine große Terrasse mit wunderbarem Ausblick über den See bis zu den Gipfeln der Schweizer Berge Säntis, Altmann und Churfirsten.

Blick von Birnau nach Seefelden und zum Säntis.

Stein an der Kirchenmauer von Seefelden bei Überlingen.

Von Birnau führt ein Weg nach Maurach und weiter nach Seefelden, alles dem See entlang. Diese Ortschaft hat bis heute ihren dörflichen Charakter am Bodensee erhalten. Die Kirche St. Martin von Seefelden besitzt einen Turm, der anfänglich ein alter Wehrtum aus dem 9. Jahrhundert ist. Im unteren Teil des Turms war einst eine Gerichtsstätte. Hier, so berichtet die phantasievolle Legende, soll der heilige Gallus eine Messe gehalten haben. Die alte Friedhofsmauer diente ursprünglich als Wehrmauer. Im 11. Jahrhundert führten die Pilgerzüge nach Santiago de Compostela auch durch Seefelden. An der Seite nach Oberuhldingen, am Eingang rechts, lehnt ein Findling an der Friedhofsmauer. Leider ist über diesen aufrechten Stein nichts bekannt. Manche glauben, er befinde sich an seinem ursprünglichen Ort. Auffallend ist jedenfalls, dass hier der Pilgerweg durchging und am Platz eine Gerichtsstätte war.

Vermutlich gehört der Findling zu den verschiedenen Sagensteinen rund um den Bodensee. So zum Beispiel zum Stein gegenüber von Überlingen. Dort liegt nach der Sage von Anton Birlinger im See ein oben viereckiger, platter Fels, der nur bei tiefem Wasserstand aus dem See ragt. Diesen Fels nennt man den „Teufelstisch“, der damit an die „Hexensteine“ in der Bucht von Lindau erinnert. Wahrscheinlich war er ein Opferstein.

Etwa acht Kilometer nordöstlich von Seefelden liegt bei Salem Leutkirch, das aus ein paar wenigen Häusern besteht. Interessanterweise erscheint hier die

Menhir bei der Kirche von Leutkirch nahe Salem.

Landschaft in einer Dreiheit, denn die umliegenden Weiler heißen Obersten, Mittelsten und Untersten. Wir finden somit eine ähnliche Ortseinteilung, wie sie für die Insel Reichenau mit den Gebieten Ober-, Mittel- und Unterzell charakteristisch ist. Außerdem vermuten manche, dass sich die Endung *-sten* von Stein ableitet und nicht von Oberstenweiler etc. Dieser Hinweis wäre eine weitere Überprüfung wert. Jedenfalls entdeckt man im Kirchhof der Dorfkirche einen aufgerichteten Stein (Menhir), von dem sonst nichts bekannt ist. Jedoch ruht er wohl nicht ganz zufällig am Kirchplatz.

ERISKIRCH Quelle der Heilkraft

Eriskirch liegt zwischen Friedrichshafen und Langenargen unmittelbar am Bodensee. Von Interesse ist die Liebfrauenkirche (Maria Himmelfahrt) in Eriskirch selbst. Auf dem Vorplatz befindet sich ein Labyrinth, das in jüngster Zeit angelegt wurde. In der Kirche findet man die Wandmalerei eines kleinen Teufelchens, das in dieser Darstellung speziell ist. An der Decke ist die Himmelfahrt der Maria zu sehen. Außerhalb von Eriskirch beim Weiler Mariabrunn steht die entsprechende Wallfahrtskirche mit der Quelle. Nach einer Legende soll hier im Mittelalter ein Hirte seinen Fuß verletzt haben. Er kam zur Quelle, tauchte den Fuß ins Wasser und rief dabei Maria an. Darauf heilten seine Wunden, und die Quelle wurde Mariabrunn genannt.

Um 1480 wird der Ort erstmals urkundlich erwähnt als „Weiherlein von Unserer Frauen Brunnen". Mit dem Zulauf zur Gnadenmadonna und der gefassten Quelle dehnte sich Mariabrunn durch Rodungen in den Tettnanger Wald zunehmend aus. Heute ist der Brunnen neben der Kirche in einer Nische gefasst. Bezeichnend für unsere Zeit steht an der Seitenwand „Kein Trinkwasser".

Ein Hirte heilt seinen Fuß im Quellwasser. Bildnis in Eriskirch-Mariabrunn.

Himmelskönigin und Quelle. Deckenmalerei in Mariabrunn.

Brunnen neben der Wallfahrtskirche Mariabrunn.

In der Kirche entdeckt man an der Decke eine Madonna auf dem Halbmond. Sie schwebt auf Wolken, darunter fließt ein Brunnen.

Es ist leider nicht bekannt, welche Quellgöttin vor der Maria hier verehrt wurde. Dass die Brunnenmaria aber ihre Nachfolgerin ist, steht außer Zweifel. Das bestätigt schon alleine die Tatsache, dass in Europa solche legendenhaften Wunderheilungen an Quellen hundertfach vorkommen. In Betenbrunn bei Heiligenberg – einem Quellort der drei Bethen – wird heute ebenfalls Maria verehrt.

Weniger bekannt ist der Bethenbrunnen des Klosters Reute. Folgt man in Eriskirch dem Fluss Schussen aufwärts, gelangt man nach Ravensburg und Weingarten und von hier nach Gaisbeuren und Bad Waldsee. Ganz in der Nähe liegt das Kloster Reute, wo eine seltsame Frau verehrt wird: die selige Bethe alias Elisabeth Achler von Waldsee. Als junge Frau soll sie in die Klause von Reute gezogen sein und dort ein heiliges Leben vollbracht haben. Mit ihr sind auch Wunder verbunden, so dass es sich um eine halb historische und halb mythische Gestalt handelt. Erzählt wird zum Beispiel das Wunder vom Bethenbrunnen. Die Legende weiß, dass man im Kloster das Wasser mit zwei Eseln so gar weit herholen musste. Darauf betete die Heilige und wünschte sich auf dem Grund des Klosters einen Brunnen. Ein Engel offenbarte ihr im Traum, wo gegraben werden sollte, und sogleich sprudelte Wasser hervor.

Doch die gute Bethe ist nicht nur mit dem Quellenkult verbunden. Im Klostergarten stand einst neben der Gartenlaube ein großer, flacher Stein, der sogenannte Bethenstein. Er befindet sich heute in einem Gebäude des Klosters. Auf dem Kultstein sieht man deutlich eine Höhlung. Da soll die Bethe gekniet haben, so dass ihre Spur zurückblieb. Der *Bethen*-Stein, der *Bethen*-Brunnen und die *gute Bethe* selbst erinnern hier doch sehr deutlich an den früheren Kult der keltischen Bethen.

HEILIGENBERG Lindenbaum und Gericht

Heiligenberg gilt als Sonnenstube über dem Bodensee. Zu erreichen ist der auf einem 700 m hohen Bergrücken liegende Ort zwischen Salem und Pfullendorf via Meersburg oder Überlingen. Beim schönsten Ausblickspunkt mit einem grandiosen Panorama über den unteren Linzgau, zum Bodensee und den Alpen bauten die Landgrafen von Heiligenberg Mitte des 13. Jahrhunderts die heutige Burg. Die Herkunft des Namens „Heiligenberg" ist unklar. Möglicherweise stammt der Name von einer vorchristlichen Kultstätte, die entweder bei der heutigen Gerichtslinde auf dem Postplatz war oder auf dem „Altheiligenberg" – einem Hügel westlich von Heiligenberg. Dort hat man Tierknochen und Scherben aus der Jungstein- und Bronzezeit (4000–2000 BC) entdeckt, die in Beziehung zu den Pfahlbauten am Bodensee gesetzt werden. Um 600 soll der heilige Gallus hier missioniert haben. Es ist denkbar, dass eine alemannische Opferstätte durch ein christliches Heiligtum abgelöst wurde. Die erste schriftliche Erwähnung *mons sanctus* „der heilige Berg" erfolgte um 994 in einer Urkunde des Klosters Petershausen bei Konstanz. Und nicht zuletzt liegt ganz in der Nähe von Heiligenberg Betenbrunn mit dem rötlichen Kultstein.

Gerichtslinde auf dem Postplatz von Heiligenberg.

Der knorrige Stamm der Gerichtslinde.

Eine andere Erklärung für den Ortsnamen *Heiligenberg* liegt in der weiträumigen Landschaft. Denn von der Anhöhe blickt man über den See zum Alpstein, wo der erhabene Säntisberg zu erkennen ist. Dabei liegen der Berg und Heiligenberg fast genau auf einer Nord-Süd-Achse. Wie schon mehrfach beschrieben, handelt es sich beim Säntis um den heiligen Berg der Bodenseeregion. Somit könnte mit *mons sanctus* auch der mythische Berg am südlichen Horizont gemeint sein.

HIRSCHBERG Sylvanus und Cernunnos

Im Osten der Bregenzer Bucht erhebt sich zwischen Eichenberg und Langen der Hirschberg (1095 m) im Bregenzerwald. Zu dieser Anhöhe führen von den beiden Dörfern verschiedene Wanderwege, aber auch vom Bregenzer Hausberg Pfänder ist das Gipfelplateau erreichbar, wo eine alte Kapelle steht. Der Hirschberg gehört nicht zu den höchsten Bergen der Region, dennoch bietet sich ein freier Blick in die wunderbare Bergwelt. So entdeckt man am Horizont den Alpstein und den heiligen Berg Säntis über dem Alpenrheintal. Wie dieser war auch der Hirschberg einmal ein bedeutsamer Berg, obwohl seine Legendengeschichte und die keltischen Hintergründe kaum bekannt sind. Durch historische Forschungen können wir aber die verstreuten Motive zusammenfassen und den mythenreichen Höhenplatz rekonstruieren. (Denz 2004:136f.)

Ein erster Hinweis ergibt sich an einer Zwischenstation auf dem Weg zum Berg. So führte einst ein „Pilgerweg" von Bregenz oder Kennelbach über Flüh zur Wirtatobelschlucht und dann weiter zum Hirschberg. An einer abfallenden Querung am Nordende der Schlucht stand früher die sogenannte Besenkapelle, die leider dem Straßenbau weichen musste. Heute weist ein Kreuz an der östlichen Tunnelwand auf den ehemaligen Kultplatz hin. Aufschlussreich ist nun, dass mit dieser Kapelle verschiedene Rituale verbunden waren. Wenn jemand krank war, kam er zu diesem Ort und opferte einen Besen. Man glaubte, dass die Krankheit dadurch „weggefegt" werde. Wer jedoch einen Besen stahl, bekam die Krankheit.

Allerdings ist es ungewiss, ob das „Heilfegen" wirklich das alte Ritual war. Denn mit dem Besen war auch ein archaisches Fruchtbarkeitsritual verbunden. Die Frauen der Gegend opferten hier Besen, um Kinder und einen Mann zu bekommen. Damit entpuppt sich der Kapellenplatz als alter Herkunfsort der kleinen Kinder, wo Frauen an einer mythischen Ahnenstätte die Seelen der Verstorbenen empfangen haben. Die Partnerfindung und das Heiratsmotiv kamen dann hinzu. Junge Leute, die einen Heiratspartner suchten, erstellten von den nahen Birken ein zusammengebundenes Reisig und gaben dieses mit ihren Votivgaben ab. Diese Volkstraditionen gehen zwar mit der Besenkapelle einher, sie dürften aber – gerade das Motiv des Kinderwunsches – auch ein Bestandteil des Kultplatzes auf dem Hirschberg gewesen sein.

Alter Kultplatz auf dem Hirschberg bei Bregenz.

Auf diesem Berg sollen sich im 15. Jahrhundert seltsame Dinge zugetragen haben. Gemäß der Legende lebte dort 1401 ein Waldbruder Sylvanus, der einmal in der Nacht Andacht hielt. Da nahm er einen hellen Schein wahr und trat vor die Kapelle. Dort sah er einen mächtigen Hirsch, der zwischen dem Geweih eine Marienfigur trug. Der Hirsch schritt einen Platz ab und bezeichnete dadurch einen Kreis, worin alle Bäume zu Boden fielen. Sylvanus aber glaubte, dass ihm der Auftrag erteilt worden sei, hier ein Kloster zu bauen. Dieses wurde dann auch gebaut, brannte aber um 1462 ab.

Vordergründig berichtet diese Erscheinung von einem bekannten Motiv, nämlich von einem „weisenden" Tier im Dienst einer göttlichen Macht. Diese bedient sich des Tieres, um einen gewünschten Ort zu markieren, wo eine besondere Verehrung stattfinden soll. Bei der Erscheinung geht es also um die Christianisierung eines alten Kultplatzes, die durch eine Legende begründet oder bekräftigt wird. Doch wer ist eigentlich Sylvanus und der geheimnisvolle Hirsch wirklich?

Aus der Zeit des Klosters Hirschthal in Kennelbach ist ein merkwürdiges Votivbild erhalten, das die Tiererscheinung auf dem Hirschberg darstellt. Auf dem Bild sind nicht nur Sylvanus, der Hirsch und die Marienfigur im Geweih zu

Votivbild mit Hirsch, Pferd und hl. Sylvanus aus dem Kloster Hirschthal in Kennelbach.

sehen, sondern erstaunlicherweise auch ein weißes Pferd. Woher dieses kommt und in welchem Zusammenhang es mit der Hirschberglegende steht, ist unbekannt. Dennoch gibt es einen Schlüssel, um die Bildersprache des Votivbildes zu verstehen, indem wir auf die vorchristlichen Spuren der Legende eingehen. Schon der Soziologe Hermann Denz interpretierte das Bildnis überzeugend in einem keltisch-römischen Hintergrund. Dabei gehören Sylvanus und der Hirsch sowie Maria und das weiße Pferd strukturell zusammen.

Keltischer Cernunnos mit Hirsch.

Gemäß dieser neuen Sichtweise steht hinter dem Waldmensch Sylvanus der keltische Hirschheros Cernunnos, der auf dem Votivbild als Hirsch mit einem stattlichen Geweih erscheint. Damit haben wir zwei getrennte Figuren wieder zu einer stimmigen Gestalt der alten Mythologie vereint. Dasselbe gilt für Maria und dem weißen Pferd, denn hinter der Muttergottes steht die keltische Epona, deren Name schon „göttliche Stute" bedeutet. Epona war eine gallische Muttergöttin, und ihr Symboltier war überwiegend das Pferd. Auch die Römer übernahmen ihren Kult, der dadurch sehr verbreitet wurde.

Was bedeutet das nun für den Hirschberg? In der keltischen Tradition waren der Hirsch und das weiße Pferd ebenso wegweisende Tiere. Sie führten die Menschen in die Anderswelt, d.h. in ein Jenseitsparadies der Verstorbenen. Es ist das glückselige Land ohne Zeit und ewiger Jugend. In der walisischen Mythologie regiert dort die Pferdegöttin Rhiannon, die jeweils an einem

Keltische Göttin Epona auf ihrem Pferd.

Feenhügel erscheint und durch einen Zauber unerreichbar ist. Dieser mythische Hügel bezeichnet den geheimnisvollen Zugang zu Rhiannons Welt. Bei den Kelten des Festlandes heißt die Pferdegöttin nicht Rhiannon sondern Epona, welche die gleichen Funktionen innehat. Sie wurde zusammen mit einem keltischen Hirschheros auf dem Hirschberg verehrt – etwa dort, wo die Kapelle steht. Dabei war der Berg ebenfalls ein Zugang zur Anderswelt – das Reich der Ahnen und das Jenseitsparadies der Epona, die als weißes Pferd erscheint.

Zudem empfingen Frauen, die sich ein Kind wünschten, auf dem Berg einst die kleinen Kinder aus der Anderswelt. Das Kind wurde ihnen von der Muttergöttin Epona geschenkt. Diese ist in Bregenz sogar bildlich belegt, nämlich mit Pferd auf einem Weihenstein aus dem 1. Jahrhundert. Außerdem wählte Epona (Rhiannon) ihren männlichen Partner bei einem mythischen

Hügel. Die alte Tradition der Kinderherkunft und der Partnerfindung überlebte im Mittelalter als halb verchristlichter Brauch. Denn wie ihre keltischen Vorfahrinnen gingen Frauen auch in der Folgezeit zum Hirschberg bzw. zur Besenkapelle, um ein Kind zu bekommen. Zudem wünschten sie sich dort ebenfalls einen Partner.

Damit haben wir den Hirschberg (wieder) neu entdeckt. Er war ein mythischer Berg, zu dem verschiedene Wege führten. Diese „Prozessionswege" oder Zwischenstationen sind noch zu erforschen. Sicher ist, dass es diese besonderen Wege gegeben hat, wie das Beispiel der Besenkapelle zeigt. Die keltische Tradition des Berges erklärt auch, warum die Anhöhe mit einem Waldbruder und dann durch eine wundersame Legende christianisiert wurde. Um 1400 müssen noch einige „heidnische" Traditionen gepflegt worden sein, die durch eine seltsame „Marienerscheinung" am Hirschgeweih in christliche Bahnen gelenkt werden sollten.

HOHENKRÄHEN Gold- und Schatzberg

Der Hohenkrähen (644 m) im Hegau ist seit 1983 ein Naturschutzgebiet. Von der Burgruine hat man eine wunderbare Aussicht auf den Hohentwiel bei Singen, den Mägdeberg im Nordwesten und das Bodenseegebiet. Einzelfunde belegen eine Besiedlung seit der Jungsteinzeit. Später folgten Römer und Alemannen. Der Wortteil *krähen* oder *krayen* geht auf eine (vor)keltische Sprachwurzel *craig* „Fels, Stein" zurück.

Eine örtliche Sage erwähnt ein „unterirdisches Gewölbe" der Ruine Hohenkrähen. Entsprechend wurde der Berg als Höhlung aufgefasst – als Totenberg, wo die Verstorbenen der Gegend ruhen. Dazu erscheint die Sagengestalt „Poppele" als Ortsgeist „mit vielen Rittern" sowie als ein Totenfürst

Der Vulkanberg Hohenkrähen im Hegau.

der Anderswelt. In der Unterwelt liegen Schätze der Erde – die goldenen Kegelkugeln – die er den Gesellen als Gabe überreicht. Sie versinnbildlichen die Früchte der Erde, welche die Menschen ernähren. Als weitere Gaben kommen in ähnlichen Sagen Kohlen, Steine oder Blätter vor, die sich dann in Gold verwandeln. Aber auch hier haben die Menschen – meistens ist es eine Hebamme, die einer jenseitigen Frau bei der Geburt helfen muss – das wahre Geschenk aus der Unterwelt nicht verstanden und auf dem Heimweg achtlos weggeworfen. Beim Hohenkrähen finden wir nur noch den männlichen Poppele in der Unterwelt, obwohl dort oft ein Erdweiblein oder die drei Schicksalsfrauen lokalisiert werden. Diese leben fort im Mägdeberg, der ebenfalls zur Anderswelt gehört. Beide Kultberge sind gemäß der Sage sogar mit einem unterirdischen Gang verbunden.

HOHENTWIEL Himmelsberg im Hegau

Der Hohentwiel (686 m) ist der Hausberg von Singen und wie die umliegenden Hegauberge vulkanischen Ursprungs. Er ist über eine Fahrstraße gut erreichbar, wo man bis zum Informationszentrum gelangt. Die bewegte Geschichte der Anhöhe ist dort in einem kleinen Museum beschrieben. So hat schon die jungsteinzeitliche Bandkeramikkultur vor 7000 Jahren Spuren am Fuß des Berges auf Singener und Hilzinger Boden hinterlassen. Aus der Bronzezeit von 1200–750 BC kennt man Siedlungsspuren auf der Hohentwiel-Terrasse, also im Bereich des heutigen Informationszentrums. Tonscherben, die auf der Terrasse am Fuß des senkrecht aufsteigenden Felsens gefunden wurden, deuten auf eine Besiedlung der Bergkuppe in der späten Bronzezeit hin. Es dürfte sich um eine Höhensiedlung gehandelt haben, die im Zuge der mittelalterlichen Bebauung der Bergkuppe zerstört wurde. Aus römischer Zeit sind kaum Funde bekannt. Ab 260 folgte allmählich die alemannische Landnahme des Gebietes.

Immer noch rätselhaft ist die Bezeichnung *Twiel*, die erst ab 1521 zu Hohen-Twiel ergänzt wurde. Eine St. Galler Klosterchronik erwähnt um 1000 erstmals den Burgnamen als *castellum tuiel*, der aber nicht weiter gedeutet wird. Manche Sprachhistoriker führen den Namen auf eine indoeuropäische Wortwurzel **tu-* bzw. **tuo-* zurück, die „schwellen“ bedeutet. Somit wäre der Twiel ein „angeschwollener Berg“, wobei diese Herleitung umstritten ist. Eine Alternative zu dieser Deutung wäre, von einem topographischen Namen auszugehen. So fließt unmittelbar beim Hohentwiel die Radolfzeller Aach beim Hügel vorbei. Dieser Flussname ist nicht sehr alt und stammt aus alemannischer Zeit, jedoch hat sich möglicherweise der ursprüngliche Gewässername in der Benennung *Twiel* erhalten. Eine entsprechende, (vor)keltische Sprachform wäre dazu **tavela* (> **tvela*) „Wasser“, wie es zum Beispiel beim *Tawel-sehe* (heute Taulensee) in Osteuropa vorkommt. Gemäß dieser Interpretation wäre der Hohentwiel ein typischer Fluss-Tal-Berg, der den alten Gewässernamen weiter tradiert, während bei der Radolfzeller Aach eine Umdeutung vorliegt.

Doch auch bezüglich der Landschaft ist die Anhöhe bedeutsam. So liegen wie schon erwähnt der Hohentwiel und der nahe Hohenkrähen genau auf einer Nord-Süd-Achse. Außerdem führt eine Sichtlinie vom Twiel nach Südosten zur Insel Reichenau, wo Anfang November bzw. Februar die Sonne aufgeht.

Vulkanberg Hohentwiel mit Ruine bei Singen.

Damit verbunden sind die Jahresfeste Allerseelen (keltisch Samhain) und Maria Lichtmess (keltisch Brigid). Diese Sichtlinie lässt sich auch nach Nordwesten verlängern, und man kommt erstaunlicherweise zum Blauen Stein bei Randen, wo vom Twiel aus die Sonne Anfang Mai bzw. August untergeht. Die entsprechenden Jahresfeste dazu sind Walpurgis (keltisch Beltane) und Erntefeiern (keltisch Lugnasad).

Ebenfalls möchte ich nochmals auf die topographische Raute hinweisen, die wir gedanklich mit den vier Hegaubergen Hohentwiel, Hohenkarpfen, Hohenstoffeln und Hohenhewen bilden können. Möglicherweise hat diese landschaftliche Raute nebst der astronomischen Bedeutung der Winter- und Sommersonnenwenden auch noch eine symbolische Ebene. Denn die Raute ist ein doppeltes V-Zeichen, das wiederum eine stilisierte Darstellung des weiblichen (Erd)-Schoßes darstellt. Die Hegau-Raute steht zudem mit dem Alpstein in Verbindung. Denn vom weiblichen Erdbauchberg Hohenhewen bei Engen führt eine Sichtlinie über den Hohentwiel zur Silhouette des Säntis, wo ebenfalls natürliche Sinnbilder einer Landschaftsahnin erkennbar sind. In diesem Sinn gibt es eine mythische Verbindung zwischen den heiligen Bergen im Hegau und dem facettenreichen Himmelsberg des Alpsteins.

HORN Opferstein

Einen unbekannten Stein entdeckt man auf der Halbinsel Höri in der Gemeinde Horn gegenüber der Insel Reichenau. Bei der Kirche biegt man von der Hauptstraße in die Weilerstraße ein, wo am letzten Haus rechts eine Bootswerft mit einer alten Scheune steht. Vor dieser liegt der einsame Stein. Auffallend ist, dass der Findling eine sehr flache Seitenkante aufweist. Er könnte daher umgestürzt worden und einmal aufrecht gestanden sein. Beobachtet man außerdem den Stein in horizontaler Weise, so lässt sich das Profil eines Gesichts mit Stirn, Augenhöhle, Nase und Kinn erkennen.

Interessanterweise muss der einst aufrechte Stein mit seiner Blickrichtung genau zur Reichenau geschaut haben, wo auf den alten Kirchplätzen vermut-

Der Stein mit Gesicht in Horn gegenüber der Insel Reichenau.

lich ebenfalls Kultsteine standen. In der Frühgeschichte standen am Ufer der Hörispitze in Hornstaad-Hörnle mehrere Siedlungen. Um 3912 BC waren es rund 40 Häuser in lockeren Reihen. Wenn jedes dieser Häuser von einer Sippe von fünf bis acht Personen bewohnt wurde, bestand die Dorfgemeinschaft aus etwa 200 bis 300 Personen. Die Grundlage der Ernährung war Getreide: Nacktweizen, Gerste, Emmer und Einkorn, aus denen Getreidebrei und brotartiges Gebäck hergestellt wurde. Hinzu kamen Lein- und Mohnsamen, Erbsen sowie gesammelte Wildfrüchte. Die Fleischversorgung wurde durch Jagd auf Hirsche, Ure und Wildschweine gedeckt. Haustiere spielten als Fleischlieferanten in Hornstaad-Hörnle eine untergeordnete Rolle. Am häufigsten sind Rinder und Schweine belegt. Zweifellos hatten die Bewohner auch ihre Kultplätze, an denen sie ihre Ahnen verehrten. Der Stein von Horn könnte daher ein Opferstein gewesen sein.

INSEL MAINAU Pfahlbau und Helvetier

Die Insel Mainau bei Konstanz gilt heute als Blumeninsel schlechthin und ist einer der meistbesuchten Orte am Bodensee. Am Südufer der Mainau wurden 1862 Spuren einer frühgeschichtlichen Besiedlung gefunden. Zum Vorschein kamen Keile, Topfscherben, Feuersteinsplitter sowie eine Axt und ein Reibstein. Die dazugehörige Pfahlbausiedlung bestand aus sechs Häusern und ist etwa 5000 Jahre alt. Weitere Pfahlbauten aus der Jungstein- und Bronzezeit entdeckte man entlang des Nordstrandes und südwestlich der Insel in der Flachwasserzone. Etwa um 400 BC kamen Helvetier auf die Mainau und gaben der Insel einen keltischen Namen, der 1250 erstmals schriftlich in der keltisch-alemannischen Form *Maginowe* erscheint. Dieser Flurname besteht aus dem keltischen *magos* „Feld, Feuchtgebiet“ sowie aus dem germanischen *Aue* „Feuchtgebiet“, so dass eigentlich eine Doppelnennung vorliegt.

Die Römer wiederum kamen während eines Alpenfeldzuges an den Bodensee. Gemäß dem griechischen Geschichtsschreiber Strabon soll im Jahr 15 BC der Römer Tiberius im Seekampf gegen die keltischen Vindeliker eine Bodenseeinsel als Flottenstützpunkt genutzt haben. Verschiedene Funde weisen darauf hin, dass es sich bei dieser Insel um die Mainau handelt. Allerdings vermuten manche Historiker diesen Stützpunkt eher auf der Insel Lindau und somit näher beim Stammesgebiet der Vindeliker. Andere wiederum bezweifeln, dass es so einen Seekrieg überhaupt gegeben hat.

Am wahrscheinlichsten ist aber, dass diese beiden Inseln einfach miteinander verbunden waren, jedoch nicht kriegerisch sondern mythologisch. Denn von der Mainau liegt die Insel Lindau so im Südosten des Bodensees, dass dort die Sonne Anfang November und Anfang Februar aufgeht und damit den Beginn und das Ende des Bauernwinters bezeichnet. Die entsprechenden Feste dazu sind im keltischen Jahreskreis Samhain und Brigid. Andererseits gilt diese astronomische Verbindung auch umgekehrt von der Insel Lindau zur Mainau. Dort geht die Sonne Anfang Mai und Anfang August unter. Die keltischen Feste dazu sind Beltane und Lugnasad, die immer auch mit Feuerkulten einher gingen. Ohnehin ist anzunehmen, dass mit den Inseln ein Kult verbunden war, bei dem die See- und Wassergeister geehrt wurden und Weihegaben erhielten.

Wie eine solche Weihegabe ausgesehen hat, sehen wir an einem Fund etwa neun Kilometer gegenüber der Insel Mainau in Hagnau zwischen Meersburg

Wolkenstimmung über der Insel Mainau.

und Immenstaad. Dort entdeckten Archäologen 1892 eine kleine Tierfigur aus Bronze, die ungefähr 2900 Jahre alt ist und aus der sogenannten Urnenfelderkultur (1300–800 BC) stammt. Die Figur stellt einen gehörnten Wasservogel dar, was ein seltenes Motiv ist. Jedoch kommen Wasservogeldarstellungen in der Kunst der Bronzezeit häufig vor. Wir finden sie auf Schmuck, bei Bekleidungen oder als Verzierungen von Grabbeigaben. Oft kommt der Wasservogel zusammen mit dem Wagen und der Sonne vor. (Stahl 2016) Ein ähnlicher Fund wie in Hagnau wurde in Gammertingen auf der Schwäbischen Alb gemacht. Es handelt sich um eine kleine Bronzefigur in Form einer gehörnten Ente aus einem Grab. Das kunstvoll gestaltete Schmuckstück ist etwa 3100 Jahre alt und zierte wahrscheinlich ein Wagenmodell oder ein Trinkhorn. Die Darstellung von gehörnten Tieren (und Mensch-Tier-Wesen) kennen wir schon seit der Altsteinzeit und setzt sich fort mit den zahlreichen Darstellungen von Stierhörnern und dem Geweih von Hirschen.

Beim Hagnauer Wasservogel ist aber seine Darstellungsart von besonderem Interesse, denn nebst den geschwungenen Hörnern weist er einen langgestreckten, flügelosen Körper auf. Zudem erscheint am Hinterteil ein eigenartiges

Gehörnter Wasservogel mit Fischschwanz von Hagnau.

Schwanzgefieder, das deutlich an einen Fischschwanz erinnert. Somit zeigt sich die Bronzefigur als Mischwesen aus Hörnern, Wasservogel und Fisch, die auf drei Tierarten hinweisen, wobei das Gehörn auf Stier- oder Kuhhörner hindeutet. Diese drei Tiere – Vogel, Stier und Fisch – lassen sich nun unmittelbar mit drei übereinander gesetzten Tieren auf einer gallischen Münze vergleichen. Auf dieser ist folgendes zu sehen: Oben sitzt eine Krähe auf einem Pferd in der Mitte, und unten ist eine gehörnte Schlange erkennbar. Das Pferd kann der keltischen Göttin Epona zugewiesen werden und die Krähe der Göttin Bodb. Dabei bilden alle drei Symboltiere eine vertikale Achse, welche die drei Ebenen der Welt verbindet: Ober-, Mittel- und Unterwelt, die durch die Tiere Vogel (Himmel), Pferd (Erde) und Schlange (Tiefe) symbolisiert werden.

Übertragen wir dieses Sinnbild aus alteuropäischer Zeit auf die Hagnauer Bronzefigur, so lässt sich das dargestellte Mischwesen in ähnlicher Weise interpretieren. Der Wasservogel verdeutlicht dabei die Oberwelt, der Stier die Mittelwelt und der Fisch die Unterwelt. Bemerkenswert ist dabei, dass der Wasservogel alle drei Ebenen der Welt verbindet, denn er kann sich im Wasser bewegen, auf der Erde gehen und in der Luft fliegen. Der gehörnte Fisch-Wasservogel ist daher ein sehr umfassendes Symbol, das die drei Ebenen der Welt integriert. Ein solches Drei-Welten-Bild ist in der schamanischen Tradition charakteristisch, und wir dürfen entsprechende Weltbilder auch am Bodensee vermuten.

KISSLEGG-MERAZHOFEN Heiliger Stein

Von Bregenz oder Lindau fährt man Richtung Wangen im Allgäu. Etwa auf der Höhe von Kißlegg liegt rechter Hand Waltershofen. Zwischen diesem Dorf und Merazhofen entdeckt man Mitten im Wald den sogenannten Heiligen Stein. Von der Merazhofer Kirche bzw. vom Dorfplatz führt ein Wanderweg zu diesem Steinplatz, der sich auf einer kleinen Anhöhe befindet. Gemäß der Informationstafel soll am Findling im 30-jährigen Krieg Messe gelesen worden sein, nachdem die Kirche in Waltershofen zerstört worden war. Doch sei der Stein eine altertümliche Kultstätte, an der schon früher Rituale abgehalten wurden. Im 17. Jahrhundert hätten sich die Bauern der Gegend hier mit ihrem Hab und Gut verschanzt und vor den Schweden versteckt. Das soll sich auch im Zweiten Weltkrieg wiederholt haben. Die Bauern kamen erneut beim Stein zusammen und feierten Messe. Heute ist der Heilige Stein ein beliebter Ort, an dem der Brauch aufkam, einen kleinen Stein hinzulegen.

Die Bezeichnung *Heiliger Stein* ist nicht ganz geklärt. Kommt sie wirklich von der christlichen Messe, oder stammt sie – wie die Überlieferung besagt – möglicherweise aus der „altertümlichen" Zeit. Damit können Alemannen oder Kelten gemeint sein. Außerdem ist unklar, was mit „kultischen Riten" gemeint

Der Heilige Stein bei Merazhofen mitten im Wald.

Großer Stein zwischen Arnach und Eintürnen.

ist. Eine Spur führt zum Großen Stein an der Straße zwischen Arnach und Eintürnen im Norden von Kißlegg. Dieser wurde mit einem Kreuz versehen und zusätzlich mit einem Bild des hl. Martin. Einst gingen jedoch die Frauen zu diesem Ahnenstein, um ein Kind zu empfangen. Es handelt sich also um einen kinderschenkenden Kultstein.

Unweit von Kißlegg Richtung Ravensburg liegt das Lauratal der Scherzach zwischen Schlier und Weingarten. Nach einer Sage von Anton Birlinger soll dort die schöne Laura umgehen. Einmal verirrte sich ein Kind dort, wo Frau Laura wohnt: „Auf einmal kam ein warmes Lüftchen und es war da so grün und alles so blühend, wie im Frühling. Es sei gerade gewesen, wie im Paradies. Erdbeeren seien da in Hülle und Fülle gestanden. Das Kind pflückte nach Herzenslust. Fräule Laura sei in diesem Garten schneeweiß spazieren gegangen, immer dem Kind winkend. Das Kind brachte sein Erdbeersträußlein heim. Fräule Laura soll unter einem Stein hervorkommen und dort wieder verschwinden."

Es ist naheliegend, dass der Große und der Heilige Stein weibliche Kultsteine einer Ahnfrau waren, die den Frauen die kleinen Kinder schenkte. Im Lauratal ist sie zum Ortsgeist geworden, jedoch ist ihre paradiesische Anderswelt deutlich erkennbar. In Kißlegg ist sie ebenfalls als Ortsgeist bekannt, und zwar als „schneeweiße Klosterfrau" am Weiher, wo sie ihre weiße Wäsche aushängt.

KONSTANZ Gaben an die Flussgottheit

Die ältesten Siedlungsspuren von Konstanz weisen bis in die jüngere Steinzeit zurück. Später errichteten die Römer auf dem heutigen Münsterhügel eine befestigte Anlage. Aus diesem Stützpunkt entwickelte sich im Frühmittelalter eine städtische Siedlung. Der Name *Constantia* geht dabei auf den römischen Kaiser Constantius I. oder II. zurück und wurde erstmals 525 überliefert.

Als Ursprungsstätte der Stadt gilt der sogenannte Münsterhügel. Es handelt sich um einen alten Moränenhügel südlich des Seerheins und die höchste Erhebung im Stadtgebiet am Konstanzer Trichter, wo der Rhein den Bodensee verlässt. Der Hügel erhebt sich etwa sieben Meter über dem Wasserspiegel. Anders als heute bildete dieser Hügel in der Frühgeschichte eine schmale, nur von Süden zugängliche Landzunge, die von Wasserflächen und im Westen von Sümpfen umgeben war. Um 120 BC siedelten Kelten an diesem besonderen Ort. Etwa hundert Jahre später war das brückenkopfartige Horn für die Römer von Interesse. Sie legten eine Abzweigung der großen Heerstraße von Pfyn nach Arbon gegen Konstanz und über den Rhein an. Diesen Übergang schützten sie

Auf dem Münsterhügel in Konstanz.

Grüner Mann im Goldkleid der Vegetation im Münster von Konstanz.

durch ein kleines Kastell, das sie über der zerstörten keltischen Siedlung errichteten. Es stellt sich die Frage, ob Kelten (wohl Helvetier) und Römer nur aus strategischen Gründen in dieses Gebiet kamen. Eine Rolle spielten sicher auch die klimatisch günstigen Bedingungen und die fruchtbaren Böden.

Mindestens seit keltischer Zeit ist der Konstanzer Münsterhügel ein mythischer Ort. Verehrt wurde ein Ortsgeist, der eng mit der kleinen Anhöhe und dem Wasser verbunden war. Die weitere Mythenlandschaft war der See und der Rhein, in denen Wasser- und Flussgottheiten lebten. Diesen ließ man auch Gaben zukommen. Der Archäologe Helmut Schlichtherle schreibt dazu: „Am Flussübergang bei Konstanz (…) opferte die bronzezeitliche Bevölkerung vielfach Metallobjekte, die man als Gabe an die Götter im Wasser versenkte. Vor allem Waffen und Schmuckobjekte wie Nadeln und Armringe sammelten sich so am Grund der Gewässer." (Der See erzählt)

Am Grund des Wassers sah man die Unterwelt angesiedelt, wo die Verstorbenen weiterlebten und sich die Wassergottheiten in einer paradiesischen Anderswelt aufhielten. Hier gab es Schätze, Schlösser und liebliche Musik. Eine Gabe an die Jenseitsmächte sollte Schutz und Segen bewirken. Und schließlich kam man einmal selbst nach dem Tod in diese wunderbaren Gefilde unter dem Wasser.

Das Rheindelta als Ort der Weihegaben.

Wie diese Anderswelt ausgesehen hat, berichten die vielen Sagen, die von Wasserwesen erzählen. Eine solche Mythensage ist uns zum Beispiel aus dem Schwarzwald bekannt. Darin kommt ein seltsames „Seeweiblein" vor, das als ehemalige Wassergöttin aufzufassen ist. Ihr zugesellt ist ein männlicher Partner, das „Seemännle", das zwischen dem Diesseits der Menschen und der Anderswelt der Ahnen verkehrt. Die Seefrau als Schöpferin des Lebens ist gerade in ihrer Geburt. Und auch die Gabe fehlt nicht, nämlich goldene Ähren (Stroh), die als Früchte der Erdgöttin gelten.

Hebammendienst beim Seeweiblein Das Seemännle holte einst eine Hebamme aus Huzenbach, damit sie seiner Frau bei ihrer Niederkunft beistünde. Als sie zum See kamen, schlug das Männle mit der Rute hinein; das Wasser teilte sich, und eine Treppe erschien, auf der sie ganz trocken hinabsteigen konnten. Drunten lag das kreißende Seeweible in einem schönen Gemach, und es wurde mit Hilfe der Hebamme glücklich entbunden. Das Seemännle fragte, was es schuldig sei, doch die Hebamme wollte nichts nehmen. Daraufhin wurde sie vom Männle ganz mit Stroh umflochten und ließ das ruhig geschehen. Als sie aber droben war, machte sie alles wieder los und warf es fort. Nur ein einziger Halm blieb an ihr hängen und der war in schweres Gold verwandelt, als sie heimkam. Nun hat sie eilends nach dem übrigen Stroh gesucht, aber vergebens. (Meier 1852:67f.)

Der Rhein wurde aber nicht nur in Konstanz verehrt. Zwischen Bregenz und Rorschach bildet der Alpenrhein ein wunderbares Delta, das heute als Naherholungsgebiet dient. In diesem Rheindelta wurde im Fluss bei St. Margrethen-Eselschwanz ein etwa 3000-jähriges Schwert aus der Bronzezeit geborgen. Noch älter sind Steinäxte aus der Jungsteinzeit, die man bei Au und bei St. Margrethen im Rhein entdeckt hat. Es ist unwahrscheinlich, dass solche Gegenstände einfach verloren gehen. Somit bleibt nur die Schlussfolgerung, dass sie als Opfergaben bewusst in den Fluss geworfen wurden. Dies ist beim Bronzeschwert umso deutlicher erkennbar, denn es wurde zunächst in einem Ritual verbogen, bevor es ins Wasser gelangte.

LINDAU Hexenstein und Aurelia

Lindau am östlichen Bodensee grenzt wie das nahe Bregenz unmittelbar an das Allgäu an. Besonders beliebt ist die Lindauer Insel mit dem Hafen, von wo aus fast alle Orte per Schiff rund um den Bodensee erreicht werden können. Von volkskundlicher Bedeutung sind die sogenannten Hexensteine im See, mit denen mehrere Geschichten verknüpft sind. Begibt man sich von der Altstadt in den westlichen Teil der Insel, gelangen wir zur Sternschanze. Es ist ein kleiner Platz, d.h. ein Vorsprung wenige Meter hoch über dem See. Unter einer alten Linde lässt es sich ruhen. Die Aussicht erlaubt nicht nur einen wunderbaren Blick auf den See und die Berge, sondern auch auf den großen und kleinen Hexenstein in der Bucht. Sie sind mit einem roten Seezeichen als Untiefe markiert.

Mindestens drei Erzählungen sind mit diesen Steinen verbunden. Die erste berichtet, dass der Glaubensbote Gallus einmal mit seinen Gehilfen am Bodensee „Dämonen" austrieb – einen Berggeist und einen Seegeist. Eine dieser Dämonen soll eine „Hexe" gewesen sein, die vom Schweizerufer mit einem

Der Hexenstein in der Bucht der Insel Lindau.

Der „Hexenturm“ auf der Insel Lindau.

Schritt zuerst auf den kleinen, mit dem zweiten auf den großen Lindauer Hexenstein und dann mit dem dritten Schritt ans Land gesprungen sei. Bei dieser Flucht über den See hinterließ sie auf den Steinen ihre Fußabdrücke, die früher noch zu sehen und gegen Schwaben gerichtet waren. Ein entsprechender Fußstein (des Gallus) ist im gegenüberliegenden Arbon immer noch zu sehen. Daher könnte die Hexe von hier aus über den Bodensee geflohen sein. (Schöppner 1852:29f.)

Eine zweite Version berichtet, dass im 4. Jahrhundert die heilige Aurelia mit einem einzigen Schritt von Bregenz-Fußach über den See nach Lindau auf „die Burg“ geflüchtet sei. Ein Stein im Wasser zeigte noch Jahrhunderte später den Abdruck ihres Fußes. In Lindau gehe daher immer noch das Sprichtwort, wenn eine recht große Schritte mache: „Die hat Orillen Schritt.“ Die dritte Version lässt die Fuß-Geschichte aus dem Spiel und erwähnt eine junge Römerin, die Christin geworden sei. Von Fußach segelte sie über den See nach Lindau, wo sie auf der Burg Schutz fand. Die Adelige soll Aurelia geheißen haben.

Diese Geschichten sind ziemlich verwirrend und machen zunächst keinen großen Sinn. Daher möchte ich die Gemeinsamkeiten der Berichte auf die wesentlichen Punkte reduzieren. In den Schilderungen kommt eine Frau vor, die entweder vom südwestlichen oder vom südöstlichen Bodenseeufer nach Lindau gelangt bzw. springt. Sie erscheint dabei als „Hexe“ oder als zum Christentum übergetretene Frau. Auf jeden Fall ist sie ursprünglich keine Christin und

Sonnenaufgang am Bodensee im Nebel.

stammt aus früherer Zeit. In der Legende heißt sie „Aurelia", was eine wirkliche Person meint oder aber eine Umschreibung ist – eine „Überschreibung" einer vorchristlichen Gestalt aus keltoromanischer Zeit. Dabei bedeutet *Aurelia* „die Goldene, Glänzende". Das kann eine Eigenschaft einer historischen Person oder aber auch einer mythischen Gestalt sein.

Ich möchte nun diese Grundzüge auf die besondere Topographie der Lindauer Insel übertragen, denn wahrscheinlich liegt der Schlüssel dieser Geschichten in der speziellen Landschaft des Obersees. Ein zentraler Ort ist in diesem Seewinkel die Insel und die beiden Hexensteine. Diese Steine sind etwa 80 Meter voneinander entfernt und liegen interessanterweise ziemlich genau auf einer Nord-Süd-Achse. Wer diese Hauptachse einmal erkannt hat, kann in einer einfachen 90°-Drehung auch die Ost-West-Achse herausfinden und kommt dadurch zu den vier Haupthimmelsrichtungen. Die „Sprünge" der Frauen wiederum ergeben geographische Punkte im Südosten (Bregenz), im Südwesten (Schweizerufer) und in Lindau (Insel). In diesem Dreieck bewegt sich die Legendensage.

Vom Mittelpunkt der Insel führt nun eine Sichtlinie zum Alpstein und dem heiligen Berg Säntis – wobei diese Linie über das Kultsteingebiet von

Heiden-Altenstein verläuft. Sie orientiert sich 36° Nordost und 216° Südwest. Die Transversale der Sichtlinie Insel-Säntis verläuft vom Mittelpunkt der Insel nach Südosten zum Bregenzer Hausberg Pfänder. Nach Nordwesten hingegen zum nördlichen Hexenstein im See und dann weiter Richtung Wasserburg. Das bedeutet für die Lindauer Insel, dass die Sonne zur Sommersonnenwende im Gebiet Wasserburg untergeht, jedoch zur Wintersonnenwende etwa im Gebiet Pfänder aufgeht.

In dieser aufschlussreichen Landschaft im östlichen Seewinkel des Bodensees haben sich auch zwei Flurnamen erhalten, die miteinander in Verbindung stehen. Es handelt sich einmal um die schon erwähnten „Hexensteine" westlich der Insel Lindau. Andererseits um die Flur „Hexenplatz" oberhalb von Bregenz auf dem Gebhardsberg, von wo aus die Insel im See sichtbar ist. Verbinden wir die beiden Hexenplätze gedanklich miteinander, so führt eine Sichtlinie von der Insel mit etwa 135° Südost zum Gebiet des Hexenplatzes auf dem Berg. Das heißt, dass für die Lindauer Insel Richtung Gebhardsberg die südliche Mondwende liegt.

Die astronomischen Grundzüge im sagenumwobenen Dreieck Lindau-Bregenz-Alpstein/Säntis sind damit etwa skizziert. In diesem Landschaftssystem erscheint „Aurelia" als eine Sonnen- oder Mondfrau, die über den See nach Lindau „springt". Sie ist daher primär eine Gestalt der Astral-Mythologie in Verbindung mit entsprechenden Feiern. Eine Verehrung der Gestirne war auch bei den Kelten und im altertümlichen Bregenz nichts Außergewöhnliches. In der Frühgeschichte war der Kalender sowohl Bauernkalender als auch jahreszeitlicher Festkalender. Die Winter- und Sommersonnenwenden waren schon früh wichtige Wendepunkte im mythischen Jahr. Ebenso zeigt der Mond mit seinen Phasen den Monatsverlauf an. Es war die Kunst der Astronomen, beide Kalender in Einklang zu bringen. Die Insel Lindau war für sie ein zentraler Ort für entsprechende Beobachtungen am Obersee.

MEERSBURG-UHLDINGEN
Wasserstadt und Goldkessel

Meersburg liegt gegenüber von Konstanz am nördlichen Ufer des Bodensees. Die Häuser wurden an einen steilen Rebhang gebaut, der direkt zum See führt. Mit seinen verwinkelten Gassen, der malerischen Burg und den Fachbauhäusern hat der Ort seinen mittelalterlichen Charme erhalten. Nicht ganz von ungefähr gilt daher Meersburg als Perle des Bodensees. Dennoch soll diese schöne Stadt einmal versinken. Eine Sage erwähnt nämlich, dass die Ortschaft auf dem Wasser steht. Nur eine dünne Erdschicht trennt Straßen und Plätze vom Wasser. Einmal wollte jemand einen Brunnen graben, aber bald brach das Seewasser aus der Tiefe hervor. Sollte nun ein großes Erdbeben kommen, so fällt Meersburg ins Wasser. Leider berichtet die Sage nicht weiter, was mit der Wasserstadt Meersburg genau gemeint ist. Vielleicht erinnert sich die Erzählung an eine Zeit, wo am Seeufer Pfahlbauten standen? An der Uferzone Meersburg-Hagnau sind solche jedenfalls archäologisch nachgewiesen.

Ganz in der Nähe von Meersburg liegt Uhldingen, das eine lange Geschichte aufweist, die mit dem See verbunden ist. Siedlungsspuren weisen auch hier

Die Meersburg über dem Bodensee.

Ahnenfiguren aus Holz beim Zeitweg in Uhldingen.

in die Jungstein- und Bronzezeit. Die beliebteste Sehenswürdigkeit ist seit Jahrzehnten das Pfahlbaumuseum. Die ersten Häuser entstanden 1922. Im Jahr 2002 kam ein neues Pfahlbaudorf dazu. Es handelt sich um Rekonstruktionen von frühgeschichtlichen Häusern, die man anhand der Funde im Moor bei Bad Schussenried und am Federsee erstellte. Ein Ausstellungsraum bietet die Möglichkeit, Originalfunde zu betrachten. Etwas außerhalb des Museums am westlichen Rand Unteruhldingens entdeckt man einen interessanten Themenweg, den sogenannten Uhldinger Zeitweg. Ein Abschnitt des Rundganges ist dem Thema Ahnenfiguren gewidmet, die im Feld oder am Weg errichtet wurden. Aufgestellt sind menschengestaltige Figuren, die man anhand von Moorfunden in Deutschland kennt. In Uhldingen sind die „Pfahlahnen" aus den Mooren getreue Nachbildungen. Sie erlauben einen Einblick in die ahnenbezogene Gedankenwelt der früheren Menschen.

Eine örtliche Sage könnte darauf hinweisen, wo die Menschen der Uhldinger Frühgeschichte das Totenreich lokalisierten. So soll im Gewann Kaltbrunnenhalden der sogenannte Kesselbrunnen bei Oberuhldingen liegen. Er ist zweifellos der Zugang zu einem unterirdischen Reich. Man erzählt, dass in seiner Tiefe ein Kessel voller Gold sei. Einst versuchten drei Männer, ihn zu heben. Keiner sollte dabei ein Sterbenswörtlein reden. In einer Nacht zwischen elf und zwölf Uhr machten sie sich an die Arbeit und brachten auch wirklich den Kessel an die Oberfläche. „Jetzt haben wir ihn", sagte einer von den dreien, und schon fiel der Geldkessel mit Donner und Getöse wieder in die Tiefe hinab.

MESSKIRCH Tempel der Diana

Meßkirch ist eine Kleinstadt zwischen Stockach und Sigmaringen. Im Westen der Ortschaft liegt die Villa rustica, ein ehemaliger römischer Gutshof, den man auch „Altstadt“ nennt. Der Hof befindet sich etwa fünf Kilometer von Meßkirch entfernt: auf halbem Weg zwischen dem Meßkircher Ortsteil Heudorf und dem Sauldorfer Ortsteil Hölzle. Der Fundort liegt im Waldstück „Bändlehau“ und erstreckt sich etwa je zur Hälfte auf beiden Seiten der das Areal durchschneidenden Bundesstraße 311. Auskunft über die Villa Rustica gibt eine Informationstafel beim Parkplatz an der nördlichen Straßenseite.

Der Dianatempel befindet sich auf der nördlichen Seite, etwas außerhalb des ehemaligen Hofgeländes. Die Villa rustica entstand um das Jahr 100 und dürfte bis um 200 in römischer Verwaltung gewesen sein. Auch ist in der Gegend von einer keltischen Bevölkerung auszugehen. Es ist denkbar, dass ab 233 alemannische Siedler in das Gebiet kamen und den Gutshof in Besitz nahmen. Im Tempel entdeckt man einen kleinen Weihestein. Auf diesem steht eine Widmung an die Göttin Diana. Die Übersetzung lautet: *Marcus Aurelius Honoratus Pancratius hat der Diana einen Altar (ein Heiligtum) errichtet, indem er sein Gelübde froh und nach Gebühr erfüllt hat.* Das Original des Weihesteines steht heute in den Fürstlich Fürstenbergischen Sammlungen in Donaueschingen. Vor Ort ist eine Kopie aufgestellt.

Wer ist nun diese Diana? Die

Dianatempel mit Weihestein bei Meßkirch.

Römer haben vielfach ihre eigenen Gottheiten in die eroberten Gebiete mitgebracht oder diese mit einheimischen Gottheiten vermischt. Außerdem steht nicht selten hinter der römischen Diana eine keltische Göttin, deren Kult sie übernimmt. So wurde im Schwarzwald aus der keltischen Göttin Abnoba die keltoromanische Göttin Diana Abnoba. Sie galt als Beschützerin des Waldes, des Wildes und der Quellen, insbesondere als Schutzpatronin der Heilquellen in Badenweiler. Ein in St. Georgen aufgefundenes Bildwerk an der Brigachquelle zeigt Abnoba mit Gesichtern und Tieren. Andererseits könnte hinter der Diana von Meßkirch auch die alteuropäische Göttin Aericura stecken. Sie wird meistens in Begleitung eines Hundes dargestellt, aber auch mit Apfelkörben. Sie gilt als Göttin der Fruchtbarkeit (des neuen Lebens) sowie als Totengöttin. Ihr Verbreitungsgebiet reicht von Britannien bis nach Frankreich und Italien, von Süddeutschland (Donaugebiet) bis nach Slowenien.

SCHAFFHAUSEN Kulthaus und Rheinfall

Schaffhausen liegt westlich vom Bodensee am Rhein nur wenige Kilometer von Singen und Stein am Rhein entfernt. Die Stadt mit ihren Erkern, Brunnenplätzen und Gassen ist ein beliebtes Ausflugsziel, das man auch mit dem Schiff vom Bodensee aus erreichen kann. Ein Rundgang durch die Altstadt ist eine kleine Entdeckungsreise. Vor allem die vielen Fassaden zeigen unzählige Motive. Wer einen besinnlichen Ort sucht, findet ihn im Kreuzgang zu Allerheiligen beim Münster.

Ein geschichtsträchtiger Platz liegt nur wenige Kilometer nordöstlich von Schaffhausen bei Thayngen. Südlich dieser Ortschaft befindet sich die Fundstätte Thayngen-Weier bei den Hügeln Berg, Trauf und Kapf. Zwischen diesen Anhöhen in einer Geländemulde entdeckten Archäologen verschiedene Pfahlbausiedlungen aus der Jungsteinzeit (3800–3600 BC, Pfyner Kultur). Sie lagen einst auf einer Landzunge zwischen zwei flachen Seen, die heute jedoch verlandet sind. Unter den zahlreichen Fundstücken kamen auch mehrere Hundert Keramikgefäße zum Vorschein. Außerdem Funde mit einem my-

Verzierter Erker in der Altstadt von Schaffhausen.

Lehmbrüste eines steinzeitlichen Kultgebäudes von Thayngen-Weier.

thologischen Hintergrund, denn geborgen wurden wie in Ludwigshafen und Sipplingen aus Lehm modellierte Frauenbrüste. Diese wurden ebenfalls an einer Wand in einem Kulthaus verehrt.

Eine weitere Sehenswürdigkeit ist der Rheinfall, der von Schaffhausen bequem erreichbar ist. Es handelt sich um den größten Wasserfall Europas und einen der meistbesuchten Orte der Schweiz. Eine eigentliche Mythensage ist leider nicht bekannt. Jedoch wird verschiedentlich auf ein ehemaliges Pferdeopfer hingewiesen. Eine Sage behauptet, dass solche Opfer auch beim Rheinfall stattgefunden hätten. Man will in den Ritzen der Felsen Pferdeknochen und Hufeisen gefunden haben. (Runge 2010:36) Gibt es dazu einen historischen Hinweis? Allerdings dürfte das Pferdeopfer nicht einfach aus der Luft gegriffen sein. So wurde dem Rhein in Graubünden noch im 18. Jahrhundert ein Fohlen geopfert, nachdem man dieses bei einem Kultstein mit großer Verehrung getötet hatte. In diesem Zusammenhang sei auf einen Bericht des byzantinischen Geschichtsschreibers Agathias von Myrina hingewiesen, der im 6. Jahrhundert über die Alemannen schreibt: „Sie verehren irgendwelche Bäume und Flüsse, Hügel und Klüfte, und für diese schneiden sie, als wären es heilige Handlungen, Pferden und Rindern und Mengen anderer Tiere die Köpfe ab und verehren sie wie Götter."

Zudem ist es denkbar, dass man dem Rhein nicht nur opferte, sondern von den Steinen im Fluss auch wieder das neue Leben holte. Einen entsprechen-

Der Rheinfall als faszinierender Wasserort.

den Kindlistein kannte man rheinabwärts in Rüdlingen. Eine Sage berichtet dazu: Nahe beim Rettigbachtal konnte man früher einen großen, runden Felsblock im Rhein sehen, der heute im Wasser versunken ist – den sogenannten Gächelstein. Man sagt, daß die Rüdlinger einst von einer Frau aus dem Gächelstein geholt wurden. Dieser Stein barg in seinem Innern eine glitzernde Höhle, die in zwei Kammern geteilt und zur Hälfte mit Wasser gefüllt war. In der einen Kammer schwammen die Jungen, in der andern die Mädchen. Nur eine Frau in Rüdlingen, zuletzt war es die „Tante Rose", besaß den Schlüssel zu dieser Höhle. Der Fährmann ruderte die Frau jeweils im Waidling zum Gächelstein und brachte sie mit dem Kind ins Dorf zurück. Könnte sich ein solches „Kinderholen" nicht auch beim Rheinfall zugetragen haben?

SIPPLINGEN Sieben Churfirsten

In Sipplingen und Ludwigshafen finden wir unzählige Spuren der Frühgeschichte. Hier haben die ersten Ackerbauern und Viehzüchter ein einmaliges Kulturerbe hinterlassen, das auch Einblicke in deren mythologische Anschauungen erlaubt. Aus der Seeuferzone bargen Archäologen tausende Holzreste und Keramik aus Pfahlbausiedlungen. Allein in Sipplingen konnten etwa zwanzig Siedlungen nachgewiesen werden. Anhand der gefällten Bäume können die zeitlichen Abschnitte der Bautätigkeit recht gut ermittelt werden. So datiert die erste Siedlung auf etwa 3919 BC und die letzte auf 933 BC. Im Gegensatz dazu entstand das alemannische Dorf Sipplingen erst zwischen dem 6. und 8. Jahrhundert unserer Zeit.

In der Frühgeschichte verehrte man hier am See mythische Ahnfrauen. Sie erscheinen zum Beispiel als Kruggefäße, an denen weibliche Brüste angebracht wurden. Außerdem waren auf Wänden in Kulthäusern mehrere Ahnfrauen in weißer Farbe zu sehen. Sie weisen lebensgroße, modellierte Brüste auf, die mit milchweißen Punkten übersät sind.

Die Natur-Menhire „Churfirsten" bei Sipplingen erinnern an versteinerte Menschen.

Abendstimmung in der Bucht von Sipplingen.

Andererseits dürften die Menschen ihre Ahnen auch an Naturorten verehrt haben. Ein solcher Platz liegt in der Nähe von Sipplingen-Hödingen und heißt Sieben Churfirsten. Ein schöner Wanderweg führt heute von Sipplingen über einen Teil des Blütenweges zum Haldenhof. Von dort geht es abwärts zu den Churfirsten und wieder zurück nach Sipplingen. Bei diesen „Kurfürsten" handelt es sich um eine beeindruckende Felsformation. Der Name rührt daher, dass die Felsen wie Kurfürsten mit ihren Mützen aussehen. Die Felsen bestehen aus Sandstein, der mit härterem Gestein durchzogen ist. Die „Mützen" bestehen aus solchem harten Gestein, der das darunterliegende Material vor Abtragung geschützt hat. Eindrucksvoll ist auch die erhöhte Lage der „versteinerten Menschen" und die Aussicht auf den See.

Für die Bauern am Seeufer dürften die Naturmenhire „lebende Verstorbene" gewesen sein – Seelensitze der Ahnen, die in einer Anderswelt ruhen. Hier konnten sie ihre Verstorbenen besuchen, mit ihnen sprechen und ihnen Gaben zukommen lassen. Daher war es auch nicht notwendig, am Ufer Steine aufzurichten, wie dies in anderen Teilen Europas üblich war. Im Hinterland von Sipplingen gab es schon einen, für den Ahnenkult bestens geeigneten Steinkultplatz, der von der Natur geschaffen wurde.

ST. GALLEN
Mülenenschlucht und Wasserfrauen

Von St. Gallen ist man in einer halben Stunde am Bodenseeufer. Oberhalb der Stadt liegt St. Georgen, wo der Bach Steinach in die Mülenenschlucht einfließt. Diese von Felsen umgebene Schlucht mit den Wasserfällen, Kaskaden und dunklen Felsnischen bildet eine ganz andere Landschaft als die Ebene der Stadt. Sie ist eine Art Gegenwelt und aus mythologischer Sicht eine Jenseitswelt. Unmittelbar dort, wo sich heute die Stiftskirche befindet, strömt die Steinach aus der Mülenenschlucht, bildet einen Talbach und fließt dann weiter durch das Steinachtobel nach Arbon-Steinach, wo der Bach in den Bodensee mündet. Leider ist der kleine Fluss in St. Gallen unterirdisch verbaut worden und daher nicht mehr direkt erlebbar. Außer eben in der Mülenenschlucht und im Steinachtobel. Als weitere Besonderheit gilt der Berg Menzlen (890 m) und das Sittertal, worin der Fluss Sitter extrem mäandriert. Entsprechend wird der sagenumwobene Fluss als Drache aufgefasst.

Historisch gesehen ist die Stadt mit dem heiligen Gallus verbunden. Dieser soll im 7. Jahrhundert von Arbon mit seinem Gefährten Hiltibold der Steinach entlang marschiert und schließlich an den Ort gekommen sein, wo sich heute die Stiftskirche und das (ehemalige) Kloster in St. Gallen befinden. Die beiden Männer gelangten an die einst fischreiche Steinach, und zwar zum Ausflussgebiet an der Mülenenschlucht. Hier übernachteten die beiden, und am nächsten Morgen ging Hiltibold am Ufer fischen. Bei einem Strudel warf er die Netze aus. Da erschienen ihm plötzlich zwei „Dämoninnen“. Von diesen berichtet die Legende: „Nackt standen sie am Ufer, als wollten sie ins Bad steigen; schamlos stellten sie ihm den Leib zur Schau, warfen Steine gegen ihn und sagten: Du hast jenen Mann in diese Einöde geführt, jenen üblen und missgünstigen Mann!“ Nach dieser Begegnung bannte Gallus die geisterhaften Frauen, die dem Fluss entlang flüchteten bis hinauf zum Gipfel eines Berges, der „Himmelsberg“ heißt und wahrscheinlich der Menzel ist. Und auch hier klagten die Frauen ihr Leid: „Was sollen wir tun und wohin uns wenden? Wegen jenes Fremdlings dürfen wir nicht mehr hier wohnen, weder bei den Menschen noch auch nur in den Einöden.“ (Duft 1988:25f.)

Die geheimnisvollen Wasserfrauen weisen darauf hin, dass schon vor der Christianisierung im Steinachtal Menschen lebten. Außerdem erscheinen sie

Gallus und Hiltibold begegnen den Wasserfrauen an der Steinach.

als Ortsgeist (Genius loci) des Flusstals und der Mülenenschlucht. Ihre Plätze waren der Menzelberg, die Schlucht und das Ausflussgebiet bei der Stiftskirche, von dem sie vertrieben wurden. Hier soll Gallus die erste, christliche Zelle gegründet haben. Also nicht ganz zufällig, sondern an einem altheiligen Ort der „heidnischen", sakralen Frauen. Diese übten einen Wasserkult aus, und der

Die Steinach in der Mülenenschlucht zwischen St. Georgen und St. Gallen

Flussort war ihnen eine mythische Stätte.

Das kann auch aus topographischer Sicht bestätigt werden. Denn die Mülenenschlucht versinnbildlicht den Erdschoß einer Landschaftsahnin mit ihrem Lebensfluss. Und gerade beim Ausfluss verehrten die beiden Wasserfrauen die Lebenskraft der Ahnfrau des Steinachtals. Daher ist es kein Zufall, dass sie diesen Ort beschützten und ihn vor der Zerstörung durch das Christentum bewahren wollten. Dass ihnen der Schutz des natürlichen Kultplatzes nicht gelungen ist, erkennt jeder, wenn er den barocken Prunkbau sieht. Ebenso wurde der Lebensfluss Steinach wie die beiden Wasserfrauen in die Unsichtbarkeit verdrängt. Eine kleine Ahnung vom Naturort erleben wir aber immer noch, wenn wir die Kraft des Wassers in der Mülenenschlucht besuchen.

STEIN AM RHEIN Insel Werd und Drehstein

Stein am Rhein zwischen Konstanz und Schaffhausen bezaubert durch seine intakte Altstadt und die mittelalterlichen Gassen, die immer wieder an das Rheinufer führen. Das malerische Städtchen bietet neben den Erkern und Fassadenmalereien weitere Sehenswürdigkeiten: das Klostermuseum St. Georgen, das Museum zum Lindwurm oder der von alten Bürgerhäusern umrahmte Rathausplatz. Die geographischen Gegebenheiten sind ebenso eindrucksvoll wie die Stadtbauten. Hier bildet der Bodensee als Untersee eine Seemündung, die allmählich in ein Flusstal übergeht. Danach fließt der Rhein weiter nach Schaffhausen und zum Rheinfall. In diesem Ausfluss befinden sich bei Eschenz drei Inseln, nämlich die Hauptinsel Werd sowie die Inseln Mittleres Werdli und Unteres Werdli. Sie bilden heute ein Natur- und Vogelschutzgebiet.

Schon vor 9000 Jahren (Mittelsteinzeit) zogen bei der Werd Menschen einer Jäger- und Wildbeuterkultur vorbei und hinterließen verschiedene Steingeräte. Vor etwa 6000 Jahren (Jungsteinzeit) errichteten dann erste Bauern ihre Pfahlbauten. Die Werd bot offenbar einen idealen Siedlungsplatz, und das

Brücke zur Insel Werd bei Stein am Rhein.

Der Werdlistein beim Ufer der Insel Werd.

bäuerliche Leben ging auch in der Bronzezeit weiter. In keltisch-römischer Zeit hieß das Gebiet von Eschenz Tasgetium. Die Römer bauten im Jahr 50 AD eine Brücke zwischen den damaligen Gebieten Rätien und Germanien. Sie benutzten dabei die Inseln in der Rheinmitte gleichsam als Brückenpfeiler. Zum Andenken an den ersten Abt des Klosters St. Gallen steht seit dem 15. Jahrhundert die Otmarskapelle auf der Hauptinsel.

Die älteste mythologische Stätte der Insel ist der sogenannte Werdlistein. Der Felsblock liegt auf der Nordseite der Werd. Im Sommer ist er meistens vom Rhein überflutet, kommt aber bei niedrigem Wasserstand im Winter oft vollständig zum Vorschein. Der Stein ist ein Stück Gneisfelsen, der vom Rheingletscher aus den Alpen hierher transportiert wurde. Heute ist von ihm leider nur noch ein beklagenswerter Rest vorhanden, denn er wurde in den letzten 200 Jahren ausgebeutet und zum Bau von Häusern verwendet.

Der Werdlistein gehört zu den bekannten Dreh- oder Elfisteinen, wie ein Spruch über ihn belegt: „Wenn der Werdlistein elf Uhr schlagen hört, dreht er sich herum.“ In ganz Europa existieren ähnliche Berichte über Drehsteine. In den Sagen drehen sie sich um elf Uhr, an Mittag oder um Mitternacht. Immer ist mit ihnen ein Wendepunkt verbunden. Die „lebenden Steine“ dürf-

Tierkreiszeichen im Klostermuseum St. Georgen von Stein am Rhein.

ten Ahnensteine gewesen sein. Ebenso besteht ein Zusammenhang mit Festen im Jahreskreis.

Die zweite mythologische Stätte ist die Insel Werd selbst. Hier wurden zahlreiche, bronzezeitliche Mondhörner aus Ton gefunden. Vermutlich haben sie im Hauskult ihre Verwendung gefunden und repräsentieren eine mythische Himmelsfrau, die u.a. das Wachstum im Frühjahr fördert.

In der Seeregion sind sehr viele Bräuche verschwunden, dennoch gibt es verschiedene Spuren davon. Geblieben sind zum Beispiel Reste eines Feuerkultes. Auf den Hügeln oberhalb der Seedörfer loderten einst Feuer am vierten Fastensonntag: „Niemandem fiel es ein, über das Feuer zu springen – man stand nur stumm vor der Riesenflamme und ahnte dumpf etwas von den nie ganz entwurzelten Kräften vorchristlicher Zeit. Das Bauerntum hat am meisten davon bewahrt und in den Häusern (…) sät man den Samen nicht immer im Namen Gottes, aber oft nach den Zeichen des Tierkreises. Es werden Karfreitagseier auf-

Labyrinth im Rasen auf der Insel Werd bei Eschenz.

bewahrt und den kranken Kühen eingegeben. Flurprozessionen ziehen durch blühende Wiesen – es ist manchmal unklar, wo die Grenze liegt zwischen dem Vertrauen in die Urkraft der Erde und das Walten Gottes." (Dutli-Rutishauser 1962)

Diese „Urkraft der Erde" kommt in Stein am Rhein gleich mehrfach vor. So finden wir die Drachenschlange als Wahrzeichen sowohl in der Stadt als auch im Klostermuseum abgebildet. Dabei kämpft der Ritter Georg als Vertreter des Christentums gegen den „heidnischen" Drachen. Dahinter steckt aber auch ein Kampf gegen die Naturkräfte, denn die Drachenschlange symbolisiert die Kraft des Rheinflusses. Dieser Rheindrache kann bei Hochwasser sehr deutlich erlebt werden. Außerdem entdecken wir im Klostermuseum eine wunderbare Darstellung des Tierkreises mit den zwölf Sternzeichen und den vier Winden. Mit den schlichten Symbolen und den konzentrischen Kreisen verweist das Rad auf ein mythisches Zentrum, aus dem alles Leben entsteht, zurückkehrt und wieder hervorgeht. Damit verdeutlicht der Tierkreis auch den zyklischen Jahreskreis der Vegetation. Entsprechend haben die Bauern nach alter Tradition den Samen „nach den Zeichen des Tierkreises" gesät. Sie vertrauten den Erdkräften und wussten, dass die Früchte von der mütterlichen Erde geschenkt werden.

Eine Nachahmung eines Mittelpunktes finden wir heute auf der Insel Werd. Dort wurde in jüngster Zeit ein Labyrinth im Rasen angelegt. Als Vorbild diente das Labyrinth von Chartres in Frankreich. Es lädt zum meditativen Gang ein und macht die Insel zu einem modernen Kultplatz.

SULZBERG Marienlinde und Baumgeist

Vom östlichen Bodenseegebiet findet man Sulzberg (1015 m) im Bregenzerwald an der Grenze zum Westallgäu. Von Bregenz ist es nur eine halbstündige Fahrt zu einem Naturheiligtum, das sich bei der Pfarrkirche erhebt – die etwa 400 Jahre alte Marienlinde. Wie so oft wurde der alte Baum der Muttergottes geweiht, und eine entsprechende Figur ist in eine breite Öffnung der Linde eingelassen. Leider wissen wir kaum etwas über die volksreligiöse Bedeutung dieses Baumes, jedoch haben sich im Allgäu verschiedene Sagen erhalten, die Reste eines ehemaligen Baumkultes überliefern.

So berichtet eine Allgäuer Sage von Holzgau, dass einmal ein Mann in den Wald ging, um Holz zu schlagen. Nachdem er einen Baum gefällt hatte, hörte er plötzlich ein Weinen und eine Stimme rief: „Du hast mir meine Wohnung genommen!" Der Mann entgegnete jedoch ruhig, dass der Baumgeist in seinem Haus unter der Stiege wohnen könne, dürfe aber keinen Schaden anrichten. Der Geist hörte das, und der Holzfäller nahm seine Arbeit wieder auf. Am Abend kehrte er nach Hause zurück, da lief ihm auf halbem Weg seine Frau entgegen und sagte, dass zuhause Unfug sei. So würden Schüsseln und Teller

Linde der Maria von Sulzberg im Bregenzerwald.

hin und her geworfen. Da wusste der Holzfäller, dass der Baumgeist in seinem Haus einen neuen Wohnplatz gefunden hatte. (Eggart 1914:57)

Diese Sage schildert sehr schön die Verbindung zwischen den Hausahnen und den Bäumen. So glaubte man einst, dass eine verstorbene Person im Haus weiterlebte – unter der Schwelle, im Kamin oder im Heuschober. Das Ahnenwesen konnte aber auch in der Natur einen Seelensitz finden, wie hier am Beispiel des Baumes beschrieben. Es hat im Baum „Wohnung genommen", so dass der Ahne zum Baumgeist wurde. Dennoch bleibt der Hausahne mit seinem angestammten Heim eng verbunden, wo er „unter der Stiege" seine Totenstätte hat. Später wird dann aus dem Baum-Ahnen-Geist oft eine christliche Heiligenfigur. Meistens sind es Linden, Tannen, Eichen und Eiben der Muttergottes. Die Verchristlichung der Ahnenbäume ist in dieser Allgäuer Sage allerdings noch nicht geschehen.

Nebst der Linde von Sulzberg entdecken wir in Vorarlberg noch einen zweiten Marienbaum. Es handelt sich um die „Tausendjährige Eibe" von Feldkirch-Tosters neben der Burg und der Kirche von St. Corneli. Der Baum ist heute geschützt, denn seine Rinde soll heilkräftig gewesen sein und wurde vom Volk abgetragen, was der Eibe viel Schaden zufügte. Wer dem Baum aber schadet, kann ohnehin keine Heilung erwarten. Die Baumriesin wurde zudem durch eine mehr oder weniger glaubhafte Legende christianisiert. So soll Maria in drei Schritten von St. Gerold nach Tosters und dann nach Einsiedeln gesprungen sein. Unter der Eibe – die also schon vorher da war – habe sie eine Weile gerastet, und dort, wo sie gesessen sei, entsprangen weiße Lilien (Jlgen). Daher heißt der Kirchplatz im Volksmund nicht St. Corneli sondern *Santanilga* „heiliger Ort der weißen Lilien". (Beitl 1953:145f.)

Es ist nun spannend zu sehen, wie in den Sagen von Tosters ein ganz anderer Ortsgeist erscheint als Maria. Die Eibe war einst kein Marienbaum, sondern ihr sagenbezogener Genius loci zeigt sich in verschiedenen Frauengestalten früherer Glaubensschichten. So sollen einmal beim nahen Burghügel drei weißgekleidete Frauen zu sehen gewesen sein, die je einen goldenen Kuchen in den Händen trugen. Wer diese Goldkuchen annimmt, dem wird sein ganzes Leben lang geholfen. Vielleicht stehen die weißen Lilien von Santanilga mit den „weißgekleideten Frauen" in Verbindung – also gerade nicht mit der Muttergottes. Jedenfalls stehen hinter ihnen die drei Schicksalsfrauen der Mythenwelt, denn sie bestimmen gemäß der Sage das Lebensschicksal eines Menschen. Des Weiteren schenken sie „goldene Kuchen" und sind damit die Reichtumsspenderinnen aus der Anderswelt. Der goldene Kuchen ist dabei ein schöner Ausdruck für die Schätze

Heilige Eibe von Tosters-St. Corneli mit Mandorla-Schoßöffnung.

der Erde, womit die Früchte gemeint sind, welche die Muttergöttinnen den Menschen zur Nahrung schenken.

Aufschlussreich ist in diesem Zusammenhang eine Sage, in der sich Blätter in einem Kessel in Gold verwandeln. Die Kinder von Tosters konnten sich dazu keinen Reim machen. Doch dann erschien einmal eine alte Frau mit einem Korb voller Kuchen auf dem Rücken. Die Kinder liefen vor der Alten davon, doch eines bekam von ihr einen Kuchen geschenkt. Schnell lief das Kind nach Hause und wollte diesen essen, doch der Kuchen verwandelte sich in Gold.

Auch in dieser Geschichte steht hinter der alten Frau keine „Hexe" sondern eine Muttergöttin mit den Schätzen der Erde. Sie schenkt ihre Früchte den Menschen, damit sich diese ernähren können. Der goldene Kuchen ist dabei wiederum ein schönes Sinnbild der Früchte und der Nahrung. Und auch die goldenen Blätter verdeutlichen, dass die Erdmutter die Pflanzen, das Wachstum und die Lebenskraft bewirkt.

Damit haben wir die mythische Ahnfrau der Tostner Eibe gefunden. Sie erscheint entweder als alte Frau oder als drei weiße Frauen. Stets ist sie mit den Erdschätzen sowie mit den Erdkräften verbunden. Außerdem ist sie die Schicksalsfrau, welche die Geschicke der Menschen bestimmt. Die Ahnfrau manifestiert sich ebenso als „Baumgeist" sehr deutlich. Denn wie die Marienlinde von Sulzberg weist auch die Marieneibe von Tosters eine Öffnung im Baum auf. Diese erweist sich als riesige, ovale Mandorla, die zweifellos die lebensspendende Vulva der Baumahnin darstellt. Entsprechend wurde die alte Ahnfrau in Tosters stark verehrt. Eine Legende mit einer Maria unter dem Baum lenkte auch diesen Volksglauben in christliche Bahnen.

ÜBERLINGEN-GOLDBACH Heidenhöhlen

Im westlichen Bodenseegebiet gibt es verschiedene, von Menschenhand geschaffene Höhlen, deren Entstehung und Verwendung unbekannt sind. Allgemein nennt man sie „Heidenhöhlen“ oder „Heidenlöcher“. Die geologischen Verhältnisse mit dem stabilen Sandstein erlaubten es, relativ leicht künstliche Gänge und Räume zu schaffen. Von Fachleuten werden solche Innenräume Erdställe genannt, also „Stellen unter der Erde“. Dennoch trifft dies mit den Heidenhöhlen am Bodensee nur bedingt zu. (Hofmann 2008)

In Überlingen-Goldbach sind von den Heidenhöhlen nur noch unzugängliche Reste vorhanden. In mehreren Etappen wurden die Felsen ab 1846 gesprengt, um Straßen und Eisenbahnlinien nach Sipplingen führen zu können. Eine letzte Bau- und Sprengwut folgte in den 1950er Jahren, die endgültig einen der attraktivsten Touristenplätze am Bodensee zerstörte. Somit lässt sich das ursprüngliche Bild der Heidenhöhlen nur noch mittels alter Bilder, Kupferstiche

Die Heidenhöhlen von Goldbach. Stich von Konrad Corradi vor 1850.

und Photographien rekonstruieren. Sogar Gänge und Räume mit Fenstern waren einst in den Fels geschlagen worden, darunter eine der hl. Katharina geweihte Kapelle. In seinem historischen Roman „Ekkehard“ und mit entsprechender Dichterfreiheit beschreibt Joseph Victor von Scheffel (1826–1886) die Heidenhöhlen von Goldbach. Er muss die Räume noch vor 1846 besucht und deren Stimmung aufgenommen haben. Er schreibt im Kapitel 11 „Der Alte in der Heidenhöhle“:

Der Alte in der Heidenhöhle Bevor der Hahn den Morgen anrief, war Ekkehard schon durchs Tor von Hohentwiel ausgeritten… Sein Roß trabte gut. In wenigen Stunden ritt er über die waldigen Höhen, die den Untersee von dem See von Überlingen trennen. Am herzoglichen Meierhof Sernatingen [Ludwigshafen] grüßte ihn die blaue Flut des Sees, er ließ sein Roß dem Meier und schritt den Pfad voran, der hart am Ufer hinführt. An einem Vorsprung hielt er eine Weile, gefesselt von der weiten Umschau. Der Blick flog unbegrenzt über die Wasserfläche bis zu den rhätischen Alpen, die, eine kristallklare Mauer, sich als Ende der Landschaft himmelan türmen. Wo die Sandsteinfelsen senkrecht aus dem See emporstiegen, lenkte sich der Pfad aufwärts. Stufen im Fels erleichterten den Schritt, gehauene Fensteröffnungen, mit dunkeln Schatten in der Tiefe die Lichte der Felswand unterbrechend, wiesen ihm den Ort, dran einst in Zeiten römischer Herrschaft unbekannte Männer sich in Weise der Katakomben ein Höhlenasyl eingegraben. Das Aufsteigen war beschwerlich. Jetzt trat er auf einen ebenen Geviertraum, wenig Schritte im Umfang, von jungem Gras bewachsen. Vor ihm öffnete sich ein mannshoher Eingang in den Felsen… in senkrechter Tiefe rauschte der See zu seinen Füßen… Sie gingen den dunkeln Gang entlang, dann weitete sich der Höhlenraum, ein Gemach war von Menschenhänden in den Fels gehauen, hoch, stattlich, in spitzbogiger Wölbung; ein rohes Gesimse zog sich um die Wände, die Fensteröffnungen weit und luftig; wie von einer Rahme umfaßt glänzte ein Stück blauer See und gegenüberliegendes Waldgebirge herein, eine flimmernde Schicht Sonnenlicht drang durch sie in des Gemaches Dunkel. Spuren von Steinbänken waren da und dort sichtbar, nah beim Fenster stund ein hoher steinerner Lehnstuhl, ähnlich dem eines Bischofs in alten Kirchen…

Diese Beschreibung ist eigentlich fast alles, was von den einstigen Wunderhöhlen am Bodensee übrig geblieben ist. In Bermatingen bei Markdorf befinden sich zwei Heidenhöhlen in Privatbesitz. Zu diesen Höhlen gibt es auch

Die ehemaligen Heidenhöhlen von Goldbach heute.

eine Sage, die am Ort überliefert ist. Darin wird erzählt, dass im benachbarten Schiggendorf einst ein Schloss stand, worin ein schändlicher Raubritter hauste. Er war Witwer und wollte sich wieder verheiraten. Doch kein Mädchen ließ sich mit ihm ein. Mit Hilfe seines Freundes, dem Ritter von Baitenhausen, entführte er eines Tages die schöne Jungfrau der Burg Ittendorf, die ganz in der Nähe lag. Als sie in ihrem Garten war, wurde die junge Frau geraubt und in die Höhle von Bermatingen gebracht. Dort stand alles für eine geheime Hochzeit mit dem Schiggendorfer Raubritter bereit: ein Altar und ein willfähriger Mönch. Die Ittendorferin wurde gezwungen, den hässlichen Alten zu heiraten. Nach dem Hochzeitsmahl ritt die Gesellschaft zur Burg Schiggendorf, und jede Spur der geheimnisvollen Höhlen-Hochzeit war verschwunden. Später zog der Ritter mit seiner Frau in fremde Lande. Die Raubburg zerfiel und wurde letztlich abgetragen.

Eine weitere Sage spielt unmittelbar in der Nähe von Goldbach und beschreibt eine frühere Situation. Sie erwähnt das nahe Hödinger Tobel und den Ort „auf dem Stein". Die Schilderung lautet: Wenn man von Überlingen gegen Goldbach geht, so gelangt man auf einem Felsenweg zum sogenannten „Stein" bei den drei Kruzifixen. Hier wurde einst im Mai jährlich das Maiengericht mit zwölf Schöffen unter freiem Himmel gehalten. Noch ist der Sitz des Präsidenten in Felsen gehauen sichtbar. Um Pfingsten wurde an dieser Stelle auch die Wahl und die Beeidigung des Bürgermeisters, des Amtmannes und der Mitglieder des kleinen Rats der Stadt Überlingen vorgenommen. Durch eine merkwürdige in Sandstein gehauene Hohlgasse, in die kaum ein Sonnenstrahl von oben eindringen kann, gelangt man in das fast ganz von Felsen umgebene Goldbach. Das Hödinger Tobel war einst die Grenze zwischen Hegau und Linzgau. – Ob dieser Gerichts- und Rechtsstein noch zu finden ist, bleibt ungewiss. Ebenso in welcher Beziehung er zu den Heidenhöhlen stand.

ÜBERLINGEN-LIPPERTSREUTE
Maria im Stein

Von Überlingen sind es nur wenige Kilometer zum Wallfahrtsort Maria im Stein zwischen Owingen, Lippertsreute und Hohenbodman unterhalb der Steinhöfe. Die Stätte liegt im Naturschutzgebiet Aachtobel, ein schluchtenförmiges Tal, das nur durch einen Wanderweg erschlossen ist. Der Felsenort ist seit etwa 500 Jahren der Maria geweiht. Seinen größten Zulauf fand er im 18. Jahrhundert, zahlreiche Votivtafeln sind immer noch zu sehen. Zu Beginn des 19. Jahrhunderts wurde die Wallfahrtsstätte aufgehoben und das Marienbild kam in die Pfarrkirche nach Lippertsreute, wo es weiter verehrt wurde. Erst nach dem Zweiten Weltkrieg entstand wieder eine Kapelle. Hauptwallfahrtszeit ist der Monat Mai. Der Marienort geht auf eine Legende aus der Zeit der Kreuzzüge zurück. Ein aus türkischer Gefangenschaft geflohener Ritter von Bodman soll sein Gelübde erfüllt und an dem Ort, an dem er zum ersten Mal seine Heimat wiedersah, eine Marienkapelle errichtet haben. Schriftlich erwähnt ist diese jedoch erst 1550.

Quelle mit Heilwasser am Weg von Maria im Stein.

Zugang zu Maria im Stein bei Lippertsreute.

Die historische Begründung durch die Legende klingt nicht sehr glaubwürdig. Wie so oft finden wir die Ursprünge des mythischen Ortes in der vorchristlichen Zeit. Dabei fällt auf, dass „Maria im Stein" teilweise in einer Felsenhöhle liegt. Vielleicht wurde der Platz einmal „Heidenhöhle" genannt. In unmittelbarer Nähe des Marienortes befinden sich weitere Sandsteinhöhlen, die Spuren menschlicher Tätigkeit aufweisen. Zudem stützt eine Beobachtung die Vermutung, dass es sich um einen alten Platz handelt. Geht man auf dem Felsweg zur Kapelle, zweigt der Pfad wenige Schritte vor dem Rundbau ab ins Aachtobel. Gerade dort sprudelt eine Quelle aus der Erde, die von den Leuten als Heilquelle genutzt wird.

Somit bilden ursprünglich die Höhle und die Quelle zusammen ein Naturheiligtum, das wahrscheinlich schon in der Frühgeschichte und dann in keltischer, römischer und alemannischer Zeit besucht wurde. Genaueres wissen wir leider nicht. Jedoch können wir davon ausgehen, dass hier im Aachtobel einst eine Ahnfrau verehrt wurde, deren Kult dann in die Marienverehrung überging. Die Heilkraft der Quelle lag einmal in ihren Händen, und sie schenkte Genesung und Wohlergehen.

ZIZENHAUSEN Heidenbühl und Aachtopf

Am westlichen Ende des Bodensees finden wir Zizenhausen bei Stockach. Dort entdecken wir in den Fels gehauene Gänge und Räume, die sogenannten Heidenhöhlen oder -löcher am Heidenbühl. Der Begriff „Hayden Löcher" wird am Bodensee erstmals um 1634 auf einer Karte erwähnt, die sich auf Felsenräume im Überlinger Stadtgarten bezieht. Die künstlichen Höhlen am Heidenbühl befinden sich am Fuß einer senkrechten Felswand aus Sandstein. Sie sind durch einen Wanderweg erreichbar und bestehen zum Beispiel aus einem 17 Meter langen Gang, an den sich zwei Nebenkammern anschließen. (Keller 2010)

Schon vor dem Jahr 1800 sollen am Heidenbühl römische Münzen gefunden worden sein. Zudem hätten in den Höhlen Leute gewohnt. Beschreibungen aus dem 19. Jahrhundert erwähnen, dass dort Feste gefeiert wurden. Welcher Art diese waren, ist bis heute allerdings unbekannt. Leider untersuchte man die Heidenhöhlen auch nie archäologisch. Ebenso fehlen Sagen, die uns den naturmythologischen Hintergrund des Ortes mitteilen könnten. Einzig die Benennung „Heiden"-Bühl ist geblieben. Mit „Heiden" wurden Fahrende,

Aachquelle mit Aachtopf und Sarah-Loch.

Der Heidenbühl bei Stockach-Zizenhausen.

Römer, Alemannen oder Wilde Leute bezeichnet, die nicht zur christlichen Glaubenswelt gehörten.

Eine weitere „heidnische Höhle“ entdecken wir nur 15 Kilometer westlich von Zizenhausen bei der berühmten Aachquelle bei Aach. Dort ist der Aachtopf ein beliebtes Ausflugsziel. Am Ende des Wasserkessels befindet sich eine seltsame Felsnische, die im Volksmund „Sarah-Loch“ oder „Sarah-Spalte“ genannt wird. Hier soll der „Teufel“ gemäß einer Sage in den Felsspalt und in die Erde geschlüpft sein. Doch was bedeutet die Bezeichnung „Sarah“ eigentlich? Handelt es sich um eine Person oder um einen topographischen Namen? Und wer ist mit dem „Teufel“ gemeint, der hier gleichsam in die Unterwelt entschwindet? Leider fehlen in Aach zusätzliche Berichte, die Auskunft geben könnten. Jedoch liegt die Sarah- und Teufelsspalte nur vier Kilometer von Eigeltingen entfernt, wo schon 1859 Spuren eines römischen Landgutes entdeckt wurden. Geborgen wurden die Fundamente und Mauerreste eines größeren Hofes aus dem 1. Jahrhundert, der etwa 200 Jahre bestand und dann verlassen wurde. Unter den Funden kam auch ein Weihestein mit Inschriften zum Vorschein. Glücklicherweise erwähnen die Zeilen auf dem Votivstein, welche Gottheit hier verehrt wurde. Es handelt sich um den römischen Hirten- und Waldgott Silvanus, der auf dem Land sehr beliebt war.

Allerdings steht der Weihestein in einem ehemals keltischen Gebiet, und wir wissen, dass hinter dem römischen Waldmensch Silvanus oft der keltische Cernunnos steckt. Dieser erscheint als gehörnte Gestalt mit Tieren umgeben, besonders mit dem Hirsch. Der alte Hirten- und Waldgott dürfte daher im

Weihestein für den römischen Waldgott Silvanus in Eigeltingen.

Silvanus seine Nachfolge gefunden haben. Ein ganz ähnlicher Vorgang der Übernahme geschah auch auf dem Hirschberg bei Bregenz, wie ich weiter oben schon dargelegt habe. Dort wurde der römische Silvanus in christlicher Zeit zum Einsiedler und heiligen Silvanus, der gemäß einer Legende einen riesigen Hirsch erblickte. Doch auch hinter dem hl. Silvanus verbirgt sich der keltische Hirschheros Cernunnos. Dieser wird aber nicht immer zum römischen beziehungsweise christlichen Silvanus umgewandelt, sondern durch die christliche Dämonologie verschiedentlich zum gehörnten „Teufel" gemacht. Damit kommen wir wieder zur Sarah-Spalte des Aachtopfes, in welche der Teufel gefahren sei. Hinter diesem steht nun wie beschrieben der römische Silvanus alias gehörnter Cernunnos, der im nahen Eigeltingen auf dem Gutshof verehrt wurde. Durch den inschriftlich belegten Namen wissen wir, welche männliche Gottheit in das Sarah-Loch einging und in die Anderswelt beim Aachtopf gelangte.

Die Zusammenhänge zwischen der Aachquelle und dem Eigeltinger Silvanus-Cernunnos könnten zudem einen Hinweis geben, wer mit der geheimnisvollen Sarah gemeint ist, denn neben dem Silvanus-Cernunnos wurde sicher auch eine göttliche Ahnfrau verehrt. Vielleicht war diese wie beim Hirschberg die keltisch-römische Epona. Oder die Hirten- und Waldgöttin Diana, die in

Südwestdeutschland wiederum auf die keltische Quellgöttin Abnoba zurückgeht. Eine Quellfrau als göttliches Wesen der Aachquelle wäre durchaus denkbar. Wie das Beispiel der hl. Notburga von Bühl und ihrer Quelle zeigt, steht eine entsprechende Wassergöttin in einer langen, keltischen Tradition, die überwiegend mit besonderen Naturorten verbunden war.

ANHANG

LITERATUR

4.000 Jahre Pfahlbauten. Begleitband der Großen Landesausstellung Baden-Württemberg 2016. Hrsg. vom Archäologischen Landesmuseum Baden-Württemberg. Ostfildern 2016.

Aenigma. Der rätselhafte Code der Bronzezeit. Hrsg. von Wolfgang David. Schriften des Kelten Römer Museums 4. Manching 2011.

Albrecht, Gerd und Heidi Engelhardt: Eiszeitliche Funde aus dem Brudertal bei Engen. Steinzeitliche Besiedlung der Schwäbischen Alb. Begleitheft zur urgeschichtlichen Ausstellung Engen/Hegau. In: Mitteilungsblatt der Archaeologica Venatoria 13. Sonderheft. Tübingen 1988.

Aufdermauer, Jörg und Alfred Georg Frei: Hegau-Museum Singen. München 1987.

Beitl, Richard: Im Sagenwald. Neue Sagen aus Vorarlberg. Feldkirch 1953.

Birkhan, Helmut: Kelten. Versuch einer Gesamtdarstellung ihrer Kultur. Verlag der Österreichischen Akademie der Wissenschaften. Wien 1997.

Birlinger, Anton: Volkstümliches aus Schwaben. Sagen, Märchen, Volksaberglauben. Freiburg i.B. 1861.

Boesch, Bruno: Die Orts- und Gewässernamen der Bodenseelandschaft. In: Der Bodensee. Hrsg. von Helmut Maurer. Sigmaringen 1982.

Bohnenberger, Karl: Volkstümliche Überlieferungen in Württemberg. Stuttgart 1904.

Brem, Hansjörg: Reger Austausch über den Rhein. Von den Inselleuten auf Werd zum römischen Vicus Tasgetium. In: Zeitreisen am Bodensee, a.a.O., p. 88-89.

Bürgi, Jost: Eine römische Holzstatue aus Eschenz TG. In: Archäologie der Schweiz 1 (1978) p. 14-22.

Caminada, Christian: Naturverehrung in Graubünden. In: Mythologische Landschaft Schweiz. Mythos und Kult im Alpenland. Hrsg. von Kurt Derungs. Grenchen 2010, p. 55-94.

Capitani, Annick de und Urs Leuzinger: Arbon-Bleiche 3: Siedlungsgeschichte, einheimische Tradition und Fremdeinflüsse im Übergangsfeld zwischen Pfyner und Horgener Kultur. In: Jahrbuch der Schweizerischen Gesellschaft für Ur- und Frühgeschichte 81 (1998) p. 237-249.

Dehn, Rolf: Grabhügellandschaft Bodanrück. In: Archäologische Nachrichten aus Baden 82 (1982) p. 26-34.

Dehn, Rolf: Der „Heidenstein" in Schwörstadt. Online unter www.schwoerstadt.de

Denz, Hermann und Manfred Tschaikner: Alltagsmagie, Hexenglaube und Naturheilkunde im Bregenzerwald. Innsbruck 2004.

Derungs, Kurt und Christina Schlatter: Quellen Kulte Zauberberge. Landschaftsmythologie der Ostschweiz und Vorarlbergs. Grenchen 2005.

Derungs, Kurt und Isabelle M. Derungs: Magische Stätten der Heilkraft. Grenchen 2006.

Derungs, Kurt: Der Kult der heiligen Verena. Baden 2007.

Derungs, Kurt und Sigrid Früh: Der Kult der drei heiligen Frauen. Mythen, Märchen und Orte der Heilkraft. Grenchen 2014.

Derungs, Kurt (Hg.): Mythologische Landschaft Schweiz. Mythos und Kult im Alpenland. Grenchen 2010.

Derungs, Kurt: Augen der Alpen. Das Phänomen der Sonnenlöcher. Grenchen 2014.

Derungs, Kurt: Die Seele der Alpen. München 2015.

Deschler-Erb, Sabine, Elisabeth Marti-Grädel und Jörg Schibler: Bukranien in der jungsteinzeitlichen Siedlung Arbon-Bleiche 3 – Status, Kult oder Zauber? In: Archäologie der Schweiz 25/4 (2002) p. 25-33.

Die Welt der Kelten. Zentren der Macht – Kostbarkeiten der Kunst. Hrsg. vom Archäologischen Landesmuseum Baden-Württemberg. Ostfildern 2012.

Die Schwarzen Führer: Schwaben-Bodensee. Freiburg i.B. 1996.

Dobler, Eberhard: Die „Drei Frauen" vom Mägdeberg. In: Hegau – Zeitschrift für Geschichte, Volkskunde und Naturgeschichte des Gebietes zwischen Rhein, Donau und Bodensee. Jahrbuch 60 (2003) p. 199-228.

Duft, Johannes: Die Lebensgeschichte der Heiligen Gallus und Otmar. St. Gallen 1988.

Dutli-Rutishauser, Maria: Legende, Sage, alter Brauch am Bodensee. In: Appenzeller Kalender 241 (1962).

Eggart, Hulda (Hg.): Allgäuer Sagen – Aus K. A. Reisers Sagen, Gebräuche und Sprichwörter des Allgäus. Kempten 1914.

Elsensohn, Josef: Sagen und Volksglauben im inneren Bregenzerwald. Teschen 1866.

Eisenzeit: Die frühe Eisenzeit zwischen Schwarzwald und Vogesen. Hrsg. vom Landesamt für Denkmalpflege Baden-Württemberg. Archäologische Informationen aus Baden-Württemberg, Heft 66. Freiburg i.B. 2012.

Engelmann, Ursmar: Der heilige Pirmin und sein Pastoralbüchlein. Eingeleitet und ins Deutsche übertragen. Sigmaringen 1976.

Failing, Jutta: Frosch und Kröte. Dissertation, Band 1. Giessen 2002.

Genius Loci. Der Geist von Orten und Landschaften in Geomantie und Architektur. Hrsg. von Lara Mallien und Johannes Heimrath. Klein Jasedow 2009.

Glaettli, Konrad Werner: Zürcher Sagen. Zürich 1959.

Groht, Johannes: Menhire in Deutschland. Landesamt für Denkmalpflege und Archäologie Sachsen-Anhalt. Halle (Saale) 2013.

Hager, Daniela: Einführung in die Aufarbeitung und Auswertung prähistorischer Keramik. Skulpturen der Spätbronzezeit: Mondhörner, Feuerböcke, Firstziegel? Deutungen und Befunde der Tonhornobjekte. Seminararbeit Basel, Februar 2007.

Hald, Jürgen: Friedhöfe aus grauer Vorzeit. Grabhügel auf dem Bodanrück. In: Zeitreisen am Bodensee, a.a.O., p. 22-23.

Hansen, Svend: Archäologische Funde aus Deutschland. Berlin 2010.

Hasenfratz, Albin: Attraktive Wohnlage im Seebachtal. Von Jägernomaden, Pfahlbauern und Gutsbesitzern. In: Zeitreisen am Bodensee, a.a.O., p. 92-93.

Hasenfratz, Albin u.a.: Pfahlbaujuwelen am Bodensee. In: Archäologie Schweiz 27 (2004) p. 4-15.

Hirschberg, Walter: Frosch und Kröte in Mythos und Brauch. Wien 1988.

Hoffmann-Krayer, Eduard: Feste und Bräuche des Schweizervolkes. Zürich 1913.

Hofmann, Franz: Die Heidenhöhlen bei Goldbach – Über eines der spektakulärsten

Reiseziele am Bodensee und seine unwiederbringliche Zerstörung. In: Hegau – Zeitschrift für Geschichte, Volkskunde und Naturgeschichte des Gebietes zwischen Rhein, Donau und Bodensee. Jahrbuch 65 (2008) p. 101-130.

Höneisen, Markus: Kesslerloch und Schweizersbild: zwei Rentierjäger-Stationen in der Nordschweiz. In: Archäologie der Schweiz 9 (1986) p. 28-33.

Höneisen, Markus und Sabine Peyer: Schweizersbild – ein Jägerlager der Späteiszeit. Beiträge und Dokumente zur Ausgrabung vor 100 Jahren. Schaffhauser Archäologie 2. Schaffhausen 1994.

Höneisen, Markus: Schweizersbild. In: Historisches Lexikon der Schweiz. Online 28.10.2011.

Jungsteinzeit im Umbruch. Die Michelsberger Kultur und Mitteleuropa vor 6000 Jahren. Hrsg. vom Badischen Landesmuseum Karlsruhe. Karlsruhe 2010.

Keckeis, Peter (Hg.): Sagen der Schweiz – Schaffhausen, Thurgau. Zürich 1988.

Keller, Ralf und Uwe Meyerdirks: Unterirdische Gänge bei Unteruhldingen und Deggenhausen. In: Plattform 2010/11 a.a.O., p. 37-53.

Keller-Tarnuzzer, Karl: Das Bruderloch bei Schönholzerswilen und die verwandten künstlichen Höhlen in Mitteleuropa. Frauenfeld 1924.

Keller-Tarnuzzer, Karl: Die 4500jährige Geschichte einer Insel. In: Appenzeller Kalender 214, Jahrgang 1935.

Keller-Tarnuzzer, Karl: Mondbilder der Insel Werd-Eschenz: Kultsymbole oder Feuerböcke? In: Jahrbuch der Schweizerischen Gesellschaft für Urgeschichte 35 (1944) p. 142-144.

Kelten: Bevor die Römer kamen. Späte Kelten am Bodensee. Hrsg. von Norbert Hasler, Jörg Heiligmann, Urs Leuzinger und Tobias G. Natter. Ausstellungskatalog. Sulgen 2008.

Klug-Treppe, Jutta: Prähistorische Grabhügel als vielfältige Bezugspunkte in Zeit, Landschaft und archäologischer Forschung. Hügel als Bestattungsplatz und Grabform. In: Denkmalpflege in Baden-Württemberg 3. Stuttgart 2000, p. 217-224.

Köninger, Joachim: Zahlen und Zeichen. Mysteriöse Tonobjekte der Bronzezeit. In: 4.000 Jahre Pfahlbauten. Begleitband der Großen Landesausstellung Baden-Württemberg 2016. Ostfildern 2016, p. 436-439.

Kramer, Klaus (Hg.): Internetseite www.heilige-quellen.de. Aichhalden 2017. Rubrik Munderkingen Schlangenkirche.

Kraus, Franz Xaver: Die Kunstdenkmäler des Großherzogthums Baden. Band 2, Freiburg i.B. 1890.

Kriss, Rudolf: Das Gebärmuttervotiv. Augsburg 1929.

Künzig, Johannes: Schwarzwald-Sagen. Düsseldorf 1976 (Original 1930).

Lachmann, Theodor: Sagen und Bräuche vom Überlinger See. Weißenhorn 1976.

Leuzinger, Urs: Die jungsteinzeitliche Seeufersiedlung Arbon-Bleiche 3. Befunde. Archäologie im Thurgau 9. Frauenfeld 2000.

Leuzinger, Urs und Bettina Hedinger: Tabula rasa. Holzgegenstände aus den römischen Siedlungen Vitudurum und Tasgetium. Frauenfeld, Stuttgart, Wien 2002.

Leuzinger, Urs: Der Goldbecher von Eschenz (Kanton Thurgau, Schweiz). In: Gold und Kult in der Bronzezeit. Hrsg. von G.U. Grossmann. Ausstellungskatalog Germanisches Nationalmuseum. Nürnberg 2003, p. 120–125.

Leuzinger, Urs: Pfyn-Breitenloo – Die jungsteinzeitliche Pfahlbausiedlung. Archäologie im Thurgau 14. Frauenfeld 2007.

Leuzinger, Urs: Bevor die Römer kamen – späte Kelten am Bodensee: Museum für Archäologie Frauenfeld. In: Archäologie Schweiz 31/4 (2008) p. 38-39.
Löhlein, Wolfgang und Andrea Bräuning: Grabfunde als Ausdruck religiösen Handelns und Denkens. In: Eisenzeit a.a.O., p. 82-143.
Marti-Grädel, Elisabeth, Sabine Deschler-Erb, Yvonne Gerber und Jörg Schibler: Schamanismus am Bodensee? Ungewöhnliche Verkohlungsspuren an Tierschulterblättern in der neolithischen Siedlung Arbon-Bleiche 3 am Bodensee und ihre möglichen Ursachen. In: Archäologisches Korrespondenzblatt 32 (2002) p. 31-49.
Matzerath, Simon: Feuerböcke und Mondidole aus Gräbern – Ein Beitrag zum Symbolgut der späten Bronze- und frühen Eisenzeit Mitteleuropas. In: Archäologische Informationen 32/1&2 (2009) p. 165-172.
Matzerath, Simon: „Feuerbock" und „Mondidol" in der späten Urnenfelderzeit. Zur kulturgeschichtlichen Bedeutung eines Symbolträgers und seinen frühesten Belegen in der Beigabensitte. In: Vorträge des 29. Niederbayerischen Archäologentages. Hrsg. von Karl Schmotz. Rahden 2011, p. 95-138.
Meder, Willi: Die Brigach, ein Quellfluss der Donau. PDF im Internet unter www.st-georgen.de
Mees, Allard: Der Sternenhimmel vom Magdalenenberg. Das Fürstengrab bei Villingen-Schwenningen – ein Kalenderwerk der Hallstattzeit. In: Jahrbuch des Römisch-Germanischen Zentralmuseums 54 (2007) p. 217-264.
Meier, Ernst: Deutsche Sagen, Sitten und Gebräuche aus Schwaben. Stuttgart 1852.
Meier, John: Der Brautstein. Frauen, Steine und Hochzeitsbräuche. Bern 1996.
Niederstätter, Alois: Zur Konstruktion von Geschichte(n): die „seligen Geschwister" Diedo, Merbod und Ilga. In: Montfort – Vierteljahresschrift für Geschichte und Gegenwart Vorarlbergs. Dornbirn 2008. Jahrgang 60, Heft 3, p. 139-155.
Niederstätter, Alois: Ohne Bregenz kein St. Gallen? In: Montfort – Zeitschrift für Geschichte Vorarlbergs. Innsbruck 2012. Jahrgang 64, Band 2, p. 107-113.
Pfahlbauten rund um die Alpen. Hrsg. von Helmut Schlichtherle. Darmstadt 1997.
Pfahlbauquartett. 4 Museen präsentieren 150 Jahre Pfahlbau-Archäologie. Frauenfeld 2004.
Plattform. Zeitschrift des Vereins für Pfahlbau und Heimatkunde 19/20, 2010/11. Unteruhldingen 2012.
Rieple, Max: Der Poppele vom Hohenkrähen. Sämtliche Sagen, neu gestaltet und mit einer Einleitung versehen. In: Fasnet im Hegau. Hrsg. von Herbert Berner. Verein für Geschichte des Hegaus e.V. Singen 1959, p. 83 ff.
Runge, Heinrich: Wasserkult in der Schweiz. In: Mythologische Landschaft Schweiz. Mythos und Kult im Alpenland. Hrsg. von Kurt Derungs. Grenchen 2010, p. 22-44.
Sales Dörler, Franz: Kurze Chronik im Hondinger „Andachtsbüchlein" von 1869. Auf der Grundlage eines Büchleins von Joseph Wintermantel aus dem Jahr 1821. Beide Dokumente befinden sich im Fürstlich Fürstenbergischen Archiv Donaueschingen.
Sangmeister, Edward und Joseph Schneider: Riesensteingrab und Menhir bei Degernau, Ldkrs. Waldshut. In: Badische Fundberichte. Amtliches Jahrbuch für die ur- und frühgeschichtliche Forschung Badens. 21. Jg., 1958, p. 77–92.
Scheffel, Joseph Victor von: Ekkehard. Leipzig 1927.

Scherer, Josef: Die Stadt am See. Der Bodensee und der bayrische Alemannenwinkel. Lindau 1934.

Scherer, Josef: Rund um Vorarlberger Gotteshäuser. Heimatbilder aus Geschichte, Legende, Kunst und Brauchtum. Bregenz 1936.

Schlichtherle, Helmut: Der See erzählt – Kult. Online unter www.erosion-und-denkmalschutz-bodensee-zuerichsee.eu

Schlichtherle, Helmut: Siedlungen und Funde jungsteinzeitlicher Kulturgruppen zwischen Bodensee und Federsee. In: Die ersten Bauern 2. Pfahlbaufunde in Europa. Zürich 1990, p. 135-156.

Schlichtherle, Helmut: Zu neuen Entdeckungen im Moor und archäologischen Reservaten im Federseeried. In: Denkmalpflege in Baden-Württemberg 27,4 (1998) p. 191-194.

Schlichtherle, Helmut: Kulthäuser in neolithischen Pfahlbausiedlungen des Bodensees. In: Unterwasserarchäologie und Geschichtsbild. Hrsg. von Albert Hafner, Urs Niffeler und Ulrich Ruoff. Basel 2006, p. 122-145.

Schlichtherle, Helmut: Kultbilder in den Pfahlbauten des Bodensees. In: Jungsteinzeit im Umbruch. Die Michelsberger Kultur und Mitteleuropa vor 6000 Jahren. Karlsruhe 2010, p. 266-277.

Schlichtherle, Helmut: Weibliche Symbolik auf Hauswänden und Keramikgefäßen: Spuren frauenzentrierter Kulte in der Jungsteinzeit? In: Ich Mann. Du Frau. Feste Rollen seit Urzeiten? Hrsg. von B. Röder. Freiburg i.B. 2014, p. 114-135.

Schlichtherle, Helmut: Älteste Wandmalereien nördlich der Alpen. In: Denkmalpflege in Baden-Württemberg 1 (2016) p. 11-17.

Schlichtherle, Helmut: Mitten im Leben. Kulthäuser und Ahnenreihen. In: 4.000 Jahre Pfahlbauten. Hrsg. vom Archäologischen Landesmuseum Baden-Württemberg. Ostfildern 2016, p. 178-187.

Schnell, Anton: Kunstführer Betenbrunn. Betenbrunn 1983. Nr. 1428.

Schoch, Willi: Religion und Kirche. In: Sankt-Galler Geschichte 2003 I. St. Gallen 2003.

Schöbel, Gunter: Zur Vor- und Frühgeschichte des Linzgaus. In: Alte Burg und Ort der Stille, 1000 Jahre Ramsberg im Linzgau. Hrsg. von Jakobus Kaffanke u.a. Meßkirch 2012, p. 22-36.

Schöbel, Gunter (Hg.): 23plus – Orte, Funde und Geschichten. Archäologische Fundstücke kehren an ihren Ursprungsort zurück. Eine Ausstellung von Studierenden der Universität Tübingen in Kooperation mit dem Pfahlbaumuseum Unteruhldingen. Unteruhldingen und Tübingen 2016.

Schöppner, Alexander: Sagenbuch der Bayerischen Lande 1-3. München 1852-1853.

Schwarz, Peter-Andrew, Elisabeth Bleuer und Regine Fellmann Brogli: Sicherheit durch übernatürliche Kräfte? Ein Streifzug durch die Epochen. In: Archäologie der Schweiz 2 (2006) p. 44-67.

Spindler, Konrad: Vor- und Frühgeschichte. In: Der Schwarzwald-Baar-Kreis. Stuttgart 1977, p. 56-84.

Spindler, Konrad: Der Magdalenenberg bei Villingen im Schwarzwald. Geschichts- und Heimatverein Villingen. Schriften Jahrgang XXIX 2006.

Stahl, Felicia: Mischwesen aus dem Bodensee als Spiegel religiöser Vorstellungen. Wie kommt der Wasservogel zu seinen Hörnern? In: 23plus – Orte, Funde und Geschichten. Hrsg. von Gunter Schöbel, a.a.O. Unteruhldingen 2016, p. 32-32.

Trnka, Gerhard: Neues zu den „Brotlaibidolen". In: Andreas Lippert und Konrad Spindler (Hrsg.): Festschrift zum 50-jährigen Bestehen des Institutes für Ur- und Frühgeschichte der Leopold-Franzens-Universität Innsbruck. Bonn 1992, p. 615-621.

Tschaikner, Manfred: Die Höhle als Hölle – Höhlen und Tobel in der volkstümlichen Vorstellungswelt Vorarlbergs. In: Vorarlberger Naturschau 15. Dornbirn 2004, p. 9-17.

Tschaikner, Manfred: Der spätmittelalterliche „Unholdenberg" bei Götzis im Vorarlberger Rheintal. In: Montfort – Vierteljahresschrift für Geschichte und Gegenwart Vorarlbergs. Dornbirn 2008. Jahrgang 60, Heft 3, p. 177-181.

Urner-Astholz, Hildegard: Der Ortsname Tasgetium und seine Entwicklung zu Eschenz. In: Jahrbuch der Schweizerischen Gesellschaft für Urgeschichte 31 (1939) p. 157-160.

Vennemann, Theo: Europa Vasconica – Europa Semitica. Berlin 2003.

Vernaleken, Theodor: Mythen und Bräuche des Volkes in Österreich. Als Beitrag zur deutschen Mythologie, Volksdichtung und Sittenkunde. Wien 1859.

Vonbun, Franz Josef: Beiträge zur deutschen Mythologie. Gesammelt in Churrhaetien. Chur 1862.

Vonbun, Franz Josef: Die Sagen Vorarlbergs. Innsbruck 1858.

Waibel, Johannes und Hermann Flamm: Badisches Sagenbuch. Abt. 1: Sagen des Bodensees, des oberen Rheintals und der Waldstädte. Freiburg i.B. 1898.

Wolf, Johannes Wilhelm: Erster Band der Zeitschrift für deutsche Mythologie und Sittenkunde. Göttingen 1853.

Wurzer, Isabella und Vanessa Steinkellner: Die Geschichte der Stadt Bregenz bis ins Frühmittelalter. PDF im Internet unter www.uni-salzburg.at

Zeitreisen am Bodensee. Von den Rentierjägern zu den Alemannen. Hrsg. von Anneros Troll und Jürgen Hald. Steißlingen 2004.

Zender, Matthias: Die Termine der Jahresfeuer in Europa. Göttingen 1980.

Zylmann, Detert: Das Rätsel der Menhire. Mainz 2003.

BILDNACHWEIS

Folgende Bilder und Graphiken wurden von Privatpersonen, Photographen und Institutionen dankenswerterweise zur Verfügung gestellt. Bei wenigen Abbildungen und Zeichnungen konnte das Copyright nicht mehr eruiert werden.

Kantonsarchäologie Schaffhausen 17
Kantonsarchäologie Schaffhausen, Zeichnung von Beat Scheffold 18
José-Manuel Benito, gemeinfrei, wikimedia.org 19
Nationalmuseet, Roberto Fortuna og Kira Ursem, gemeinfrei, wikimedia.org 20, 195
Bullenwächter, gemeinfrei, wikimedia.org 26
Lacus Podamicus, gemeinfrei, wikimedia.org 39
Verein für Heimatgeschichte St. Georgen e.V. 43
Friedrich Böhringer, gemeinfrei, wikipedia.org 46
Thomas Loß, gemeinfrei, wikipedia.org 47
Urs Hähni 71, 136, 139, 141, 210
Dieter Ahlborn 83
Badisches Landesmuseum Karlsruhe, Thomas Goldschmidt 89
Zeichnung und Graphik des Autors gemäß der Rekonstruktion in der Ausstellung „4 000 Jahre Pfahlbauten" 95, 100
Einsamer Schütze, gemeinfrei, wikimedia.org 98
Nach Rudolf Kriss Nr. 9a 103
Berig, gemeinfrei, wikimedia.org 104
Uniwersytet Wrocławski, Bild von T. Gąsior 106
Marsyas, gemeinfrei, wikipedia.org 108
Jonathan M. Strudwick „A Golden Thread" (1885) 111
Hubenschmid, gemeinfrei, wikimedia.org 129
Friedrich Böhringer, gemeinfrei, wikimedia.org 132 unten
Stanko Petek, www.luftbild.com 150
Eduard Tschabold 151
Vorarlberger Landesbibliothek 155
Thomas Bichler www.seeundberge.de 183
Pfarramt Kennelbach, Elisabeth Stöckler 194
Marsyas, gemeinfrei, wikimedia.org 196
Rizzo, gemeinfrei, wikimedia.org 205
Rosgartenmuseum Konstanz 206
Stefan Teuscher 219
St. Galler Legendar von 1452 (Cod. Sang. 602, Stiftsbibliothek St. Gallen) 227

Alle weiteren Bilder stammen vom Autor.

DANKSAGUNG

Ich bedanke mich bei all jenen, die zum Gelingen dieses Buches beigetragen haben. Sei dies für Hinweise, Korrekturen oder besonderes Bildmaterial. Das Buch durchgesehen hat Christine Horn, und für das Lektorat möchte ich Isabelle M. Derungs meinen Dank aussprechen. Ebenso an Urs Hähni, der sich sehr um spezielle Photos bemüht hat. Außerdem folgenden Personen: Markus Höneisen (Kantonsarchäologie Schaffhausen), Erwin Epting (Verein für Heimatgeschichte St. Georgen e.V.), Dieter Ahlborn, Angelika Hildenbrand (Badisches Landesmuseum Karlsruhe), Miriam Anders (Bad Schussenried), Tomasz Płonka (Uniwersytet Wrocławski), Stanko Petek, Eduard Tschabold, Birgitt Humpeler (Vorarlberger Landesbibliothek), Thomas Bichler, Elisabeth Stöckler, Ursula Benkö (Rosgartenmuseum Konstanz) sowie Stefan Teuscher. Ebenso den Studienreisenden der Akademie der Landschaft, die durch ihre Teilnahme dieses Buchprojekt mitgetragen haben.

Verlag edition amalia
Breitengasse 32
CH-2540 Grenchen b. Solothurn
Telefon +41 (0)32 653 31 40
Email: info@amaliabooks.com
Internet: www.amaliabooks.com